读客精神成长文库

100个书单丰富你的灵魂

欢迎你从《人间喜剧》进入读客精神成长文库！

浩瀚的经典文学史，
就是全人类共同的精神成长史，
大师们从各个角度探索、解析、塑造并丰富着
人类的精神世界。
读客从个人成长的角度出发，
为你重新梳理浩若烟海的文学经典，
汲取大师与巨匠淬炼的精神力量：

爱
天真、孤独
自由、尊严、恐惧
好奇、欲望、理性、幽默
乐观、勇气、幻想、善恶、信仰
……

追随读客精神成长文库的100个书单，
了解人类精神成长的脉络，
完成你自己的精神成长。

读客精神成长文库
100个书单丰富你的灵魂

经典不厌百回读,读客立足于国人的精神需求,提供有质量、有价值、有体系的精神成长经典文库,希望更多的读者从中获得乐趣,获得进益。

文洁若

二〇一八年二月二十日

文洁若

著名翻译家,是中国翻译日文作品最多的人。很多日本作家如川端康成、三岛由纪夫的作品,都是经由她首次介绍给中国读者。与丈夫萧乾合译《尤利西斯》,造就了一段文坛佳话。

2002年获日本政府颁发的"勋四等瑞宝章",2012年获"翻译文化终身成就奖"。

人之所以为万物的灵长，宇宙的精华，就因为他会读，他爱读，爱读经典，常读经典，万代不衰。

柳鸣九 2018年8月十日
怕金森手书

柳鸣九

中国社会科学院研究员、教授。
在法国文学史，西方文学思潮，文学理论与美文作评、文学名著翻译以及学者散文写作方面均有丰厚劳绩，有"著作等身""学术胆识卓越"的美誉。
其论著与译作已汇集为《柳鸣九文集》（15卷），共约600万字。
2006年被评选为中国社会科学院最高学术称号"终身荣誉学部委员"。

祝"读客经典"成为用人类创造的全部知识财富来丰富读者头脑的精神宝藏!

郭家申
2018年2月25日
于北京中国社科院
外国文学研究所

郭家申

俄语翻译家,毕业于莫斯科大学文学语言系。

历任中国社会科学院外国文学研究所副所长、编审。

长达60年的翻译经验,累计翻译字数约500万字,翻译作品达30部。

译著有:《外国当代戏剧选》《艺术创造的本性》《高尔基自传三部曲》《一个沉思默想的女人》《迷惘的微笑》等。话剧译本《华沙曲》获辽宁省翻译奖。

阅读经典，就是立足于高起点，
含英咀华，淑奋精神，行健致远。

罗新璋

罗新璋

1957年毕业于北大西语系。
1963年转入国家外文局《中国文学》杂志社从事中译法文学翻译工作，1980年调入中国社会科学院外国文学研究所，从事法国文学创作。
曾花四年时间手抄200多万字的傅雷译文，在翻译时更是字斟句酌，力求精益求精，享有"傅译传人"的美誉。
主要译有《红与黑》《特利斯当与伊瑟》《列那狐的故事》《猫球商店》等。

> 寄语"读写文库"
>
> 普及世界文学经典
> 广播人类文明的果实
>
> 巴蜀译翁（杨武能）
> 二〇一八年冬于广西北海

巴蜀译翁（杨武能）

1938年生于重庆，师从叶逢植、张威廉、冯至等先生，国家社科基金重大研究项目"歌德及其汉译研究"首席专家。

先后荣获联邦德国总统颁授的德国"国家功勋奖章"、联邦德国终身成就奖性质的洪堡学术奖金，以及国际歌德研究领域的最高奖歌德金质奖章。著作译作数量众多，影响较大的包括《浮士德》《少年维特的烦恼》《格林童话全集》《魔山》等。

名著是人类的精品食粮，提供给人立足世上的能量。我自称"心口后"，是最大的受益者。读好书和译好书，从1980年至今，每天都收集新的快乐时光，组成不断升值的人生。

读客们有精神成长路线图，希望更多读者按图索骥，从中受益。

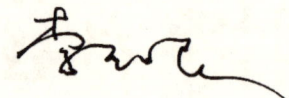

李玉民

从事纯文学翻译近40年，出版作品上百部，总计翻译字数达2500万字。
主要译作有：《巴黎圣母院》《悲惨世界》《缪塞戏剧选》《艾吕雅诗选》等；主编《纪德文集》（5卷）、《加缪文集》（3卷）。
在李玉民的译作中，有半数作品是他首次向中国读者介绍的。

周克希

复旦大学数学系毕业后,在华东师大数学系任教二十八年,又在译文出版社当过十年编辑。译有普鲁斯特、福楼拜、圣埃克絮佩里、大仲马和萨勒纳弗等人的小说。著有随笔集《译边草》《译之痕》《草色遥看集》。

我们说一本书是经典,就意味着我们一生中很可能会不止一次地阅读它。好好读完它们,将来更多的经典等着你。

周克希

> 每一部经典文学作品，都是人类的重要精神基因。读客用经典文学绘制的精神成长基因，希望能够让更多的读者通过文字认识世界，找到自己灵魂的归属。
>
> 谭晶华

谭晶华

文学博士，教授，博士生导师。原上海外国语大学常务副校长，现任该校学术委员会主任。中国日本文学研究会会长、上海翻译家协会会长。出版众多著作、论文、辞典和教材、文学名著译作120多部（篇），350余万字。

> 读客经典精神成长库将人类精神文明的精华做了系统的梳理，让经典更直接地与个体成长结合起来，是一种独到的做法。
>
> 黄宜思
>
> 2018.2.23.

黄宜思

中国政法大学教授，著名翻译家黄雨石之子。译有《罗马帝国衰亡史》《澡盆故事》《远航》《六便士之家》《罗马史》等。于2008年和2009年两度担任中国翻译协会主办的全国"韩素音青年翻译奖"竞赛评委。

与好书为友，拥抱每个能陶冶你心性的机会；
携经典作伴，在读客经典中找到你下一本书。
  ——曹明伦

曹明伦

　　四川大学教授、博士生导师，中国作家协会会员，中国翻译协会理事、成都翻译协会会长，国务院政府特殊津贴专家。译有《爱伦·坡集》《弗罗斯特集》《培根随笔集》《莎士比亚十四行诗集》等多种英美文学经典。

希望读客经典为读者
提供经典的精神享受。
  ——姚锦清

姚锦清

　　上海外国语大学高级翻译学院教授，上海市语委英译专家。参编《20世纪欧美文学史》《外国文学名著赏析辞典》及《外国抒情诗赏析辞典》。主要译作有《布赖顿硬糖》《心灵的激情——弗洛伊德传记小说》等。

> 愿读客经典使青年朋友们
> 快快成长，成年人永远年轻！
>
> 王之光
> 2018.2.22

王之光

　　浙江大学教师，长期从事文学和文化翻译教学与实践，已经出版的有《发条橙》《索多玛的120天》《小妇人》《圣经故事》《法国电影》等，还有汉译英作品如《台湾简史》《中美关系史》等。

> 阅读经典，充实人生。
> 愿读客经典走进千万读者中。
>
> 陆求实
> 二〇一八年三月

陆求实

　　中国翻译协会专家会员、上海翻译家协会理事，致力于日本文学译介多年，译有夏目漱石、谷崎润一郎、吉川英治、渡边淳一、村上春树、岛田雅彦等人作品，曾获"上海翻译新人奖""上海优秀中青年文艺家""上海文艺家荣誉奖"，2011年荣获日本"野间文艺翻译奖"。

> 好读书，读经典
>
> 读经典，提升人生境界，
> 汲取文化精华。
>
> 吴刚

吴刚

上海外国语大学高翻学院副院长、教授，英美文学博士，上海市翻译家协会理事。出版有《霍比特人》《美与孽》《莎乐美》等翻译作品30多部。

> 在这个文库里，总能找到下本要读
> 的书：有你读过但值得重读的书，
> 有你听说过且打算读的书，也有
> 可能发现弃在可能影响你一生的书。

姚向辉

青年译者，译作有《教父》《七杀简史》《漫长的告别》《马耳他之鹰》等。

> 愿我的孩子，我孩子的孩子，都能看着读客经典，进入世界文学的瑰奇殿堂。
>
> ——汪洋

汪洋

毕业于北京大学，翻译家，外国文学资深编辑。从事英、日文文学翻译、编辑工作十余年，已出版译著有《D之复合》《人类灭绝》《鹰翼行动》《百年法》《亲爱的提奥——梵高传》《红字》等，涵盖推理、科幻、军事、惊悚、艺术史及经典文学等领域。

> 品经典之作，读经典译文，祝读客经典多出精品，愿更多读者在阅读经典中找到自我，收获未来！
>
> ——刘勇军

刘勇军

知名青年翻译家，译风简练而深邃。译有《月亮与六便士》《刀锋》《不安之书》《生命不息：归来》《日出酒店》《遗失的时光》等经典作品。

人间喜剧
邦斯舅舅

［法］巴尔扎克 著　傅雷 译

文匯出版社

《人间喜剧》（精选集）编校说明

巴尔扎克的《人间喜剧》一共包括91部小说，塑造了2400多个典型人物，描摹了一个时代、一个世界的人间百态。因其数量之庞大，内容之广阔，成为人类文学史上罕见的文学丰碑，被誉为一部"社会百科全书"。

本套《人间喜剧》（精选集）收录巴尔扎克《高老头》《亚尔培·萨伐龙》《欧也妮·葛朗台》《比哀兰德》《贝姨》《邦斯舅舅》《猫球商店》《夏倍上校》《奥诺丽纳》《禁治产》《于絮尔·弥罗埃》《都尔的本堂神甫》《赛查·皮罗多盛衰记》《搅水女人》《幻灭》共计15篇。其中《猫球商店》一篇译者为罗新璋，其余篇目译者为傅雷。

傅雷，中国著名的翻译家、作家、教育家、美术评论家。法语翻译界泰斗，精通文学、音乐、绘画等多门艺术，译文优美精确、特色鲜明。先生的译文被誉为"傅雷体华文语言"，成为我国翻译界推崇备至的范文，至今无人企及。

罗新璋，编校审核初版《傅雷译文集》，曾花四年时间手抄200多万字的傅雷译文，在翻译时更是字斟句酌，力求精益求精，将法文的美妙准确地传达出来，享有"傅译传人"的美誉。他翻译的法语经典名著《红与黑》是公认的最佳译本。

1938年傅雷开始翻译巴尔扎克的作品；1949年之后，傅雷几乎把翻译的所有心力都倾注在了巴尔扎克身上；1954年，傅雷决定每年至少译一部巴尔扎克的作品，以"把顶好的都译过来，大概在十余种"。截至1965年，傅雷一共翻译15篇，其中一篇《猫儿打球号》在文革中遗失。"傅译传人"罗新璋《猫球商店》深得先生译法精髓，本套《人间喜剧》采用罗新璋译本并入其余14篇，以示"适合我国读者阅读的"巴尔扎克作品原貌。

在编校方面，为方便读者阅读，仅对一些旧译人名、地名、异体字、标点符号作了修改，其余为了尊重傅雷译本，均保持原貌。

读客图书

目 录

01　一个帝政时代的老古董　　001

02　一套少见的服装　　005

03　一个得罗马奖的人的下场　　007

04　好事有时候是白做的　　014

05　一对榛子钳　　019

06　一个到处看得见的被剥削者　　025

07　收藏家的得意　　031

08　倒霉的舅舅不受欢迎　　034

09　信手拈来的宝物　　038

10　一个待嫁的女儿　　044

11　食客所受的百般羞辱，这不过是一例　　048

12　男女门房的标本　　051

13	大为惊奇	055
14	两只鸽子的寓言成了事实	058
15	一心想在遗嘱上有个名字	064
16	德国人中的一个典型	067
17	生在法兰克福的浪子会一变而为百万富翁的银行家	071
18	发财的经过	077
19	从扇子说起	079
20	好日子回来了	084
21	一个妻子要多少开支	088
22	邦斯送了庭长太太一件比篷巴杜夫人的扇子更名贵的艺术品	092
23	一个德国念头	097
24	空中楼阁	101
25	邦斯给结石压倒了	110

26	最后的打击	114
27	从忧郁变为黄疸病	119
28	黄金梦	122
29	古董商的肖像	126
30	西卜女人的第一次攻势	131
31	贞节的表现	135
32	论占卜星相之学	139
33	大　课	146
34	一个霍夫曼传奇中的人物	149
35	懂画的人并不都在美术院	155
36	看门老婆子的唠叨与手段	161
37	一条美丽的手臂能有多少效果	166
38	初步的暗示	170
39	狼狈为奸	174
40	狡猾的攻击	179

41	关系更密切了	183
42	巴黎所有初出道的人的历史	187
43	只要耐心等待，自会水到渠成	193
44	一个吃法律饭的	199
45	不大体面的屋子	203
46	律师的谈话是有代价的	207
47	弗莱齐埃的用意	212
48	西卜女人中了自己的计	218
49	西卜女人上戏院去	222
50	生意兴隆的戏院	226
51	空中楼阁	233
52	容光焕发的弗莱齐埃	238
53	买卖的条件	244
54	给老鳏夫的警告	251
55	西卜女人叫屈	257

56	弱肉强食	263
57	许模克至诚格天	269
58	不可恕的罪恶	277
59	遗嘱人的妙计	284
60	假遗嘱	289
61	大失所望	295
62	初次失风	301
63	荒唐的提议	305
64	梭伐女人再度出现	309
65	他这样地死了	313
66	看护女人趁火打劫	318
67	只有死人不受骚扰	322
68	巴黎的丧事是这样办的	326
69	老鳏夫的葬礼	332
70	巴黎有多少人靠死人吃饭	336

71	继承开始，先得封门	339
72	干预人家的官司是危险的	345
73	三个穿黑衣服的人	349
74	弗莱齐埃的成绩	353
75	一个不大舒服的家	358
76	高狄沙的慷慨	362
77	夺回遗产的办法	366

结 局 　　　　　　　　　　372

01

一个帝政时代的老古董

一八四四年十月,有一天下午三点光景,一个六十来岁而看上去要老得多的男人,在意大利大街上走过。他探着鼻子,假作正经的抿着嘴,好像一个商人刚做了件好买卖,或是一个单身汉沾沾自喜的从内客室走出来。在巴黎,这是一个人把心中的得意流露得最充分的表示。那些每天待在街上,坐在椅子里以打量过路人为消遣的家伙[1],远远的一瞧见这老人,都透出一点儿巴黎人特有的笑容,这笑容包含许多意思,或是讪笑,或是讽刺,或是同情。可是巴黎人对形形色色的场面也看腻了,一定要遇到头等怪物,脸上才会有点儿表情。

那老头儿在考古学上的价值,以及大家眼中那一点笑意,像回声般一路传过去的笑意,只要一句话就能说明。有人问过以说俏皮话出名的戏子伊阿桑德,他那些博得哄堂大笑的帽子在哪儿定做的。他回答说:"我没有定做啊,只是保存在那儿。"对啦!巴黎上百万的居民其实都可以说是戏子,其中有好多人无意中全

---

[1] 指坐咖啡馆的巴黎人。咖啡座每伸展至人行道,故言待在街上。(如无特殊说明,本书注释均为译者注)

做了伊阿桑德，在身上保留着某一时代的一切可笑之处，俨然是整个时代的化身，使你在大街上溜达的时候，便是想着给朋友欺骗那一类的伤心事，也不由得要扑哧一声的笑出来。

那过路人的服装，连某些小地方都十足保存着一八〇六年的款式，所以它让你想起帝政时代而并不觉得有漫画气息。就凭这点儿细腻，有眼光的人才知道这一类令人怀古的景象更有价值。可是要体会那些小枝节，你的分析能力必须像逛马路的老资格一样，如今人家老远看了就笑，可见那走路人必有些怪模怪样。像俗语所说的扑上你的眼睛，那也正是演员们苦心研究，希望一露脸就得个满堂彩的。原来这又干又瘦的老人，在缀着白铜纽扣的，半绿不绿的大褂外面，套着一件没有下摆的栗色短褂，叫作斯宾塞的！……一八四四年上还看到一个穿斯宾塞的男人，岂不像拿破仑复活了一样吗？

顾名思义，斯宾塞的确是那位想卖弄细腰身的英国勋爵的创作。远在一八〇二年亚眠安和会之前，这英国人就把大氅的问题给解决了：既能遮盖胸部，又不至于像笨重而恶俗的卡列克那样埋没一个人的身腰，这种衣服如今只有车行里的老马夫还拿来披在肩上[1]。但因细腰身的人为数不多，所以斯宾塞虽是英国款式，在法国走红的时间也并不久。那些四五十岁的人，看到有人穿着斯宾塞，自然而然会在脑筋里给他补充上一条丝带扎脚的绿短裤，一双翻统长靴，跟他们年轻的时候一模一样！老太太们见了，也得回想起当年红极一时的盛况。可是一般年轻的人就要觉

---

[1] 叫作斯宾塞的短褂，有如现代的夏季礼服，原系英国的约翰·查理·斯宾塞勋爵创行。叫作卡列克的外氅，相传为英人约翰·卡列克所创；上半身披肩部分，长至手腕，共有两三叠之多，故极厚重。

得奇怪：为什么这个老阿契皮阿特要割掉他外套的尾巴呢[1]？总之，那个人浑身上下都跟斯宾塞配得那么相称，你会毫不犹豫的叫他做帝政时代的人物，正如我们叫什么帝政时代的家具一样。但只有熟悉那个光华灿烂的时代的，至少亲眼见过的人，才会觉得那走路人是帝政时代的象征；因为要辨别服装，必须有相当真切的记忆力。帝政时代跟我们已经离得那么远，要想象它那种法国希腊式[2]的实际场面，绝不是每个人所能办到的。

他帽子戴得很高，差不多把整个的脑门露在外面，这种昂昂然的气概，便是当年的文官和平民特意装出来对抗军人的气焰的。并且那还是一顶十四法郎的怕人的丝帽子，帽沿的反面给又高又大的耳朵印上两个半白不白的，刷也刷不掉的印子。帽坯上照例胶得很马虎的丝片子，好几处都乱糟糟的黏在一块儿，尽管天天早上给修整一次，还像害了大麻风似的。

仿佛要掉下来的帽子底下，露出一张脸，滑稽可笑的模样，唯有中国人才会想出来，去烧成那些丑八怪的瓷器。阔大的麻子脸像个脚炉盖，凹下去的肉窟窿成为许多阴影：高的高，低的低，像罗马人的面具，把解剖学上的规则全打破了。一眼望去，竟找不着脸架子。应当长骨头的地方，却来上一堆果子冻似的肉；该有窝儿的部分，又偏偏鼓起软绵绵的肉疙瘩。这张怪脸给压成了南瓜的形状，配上一对灰眼睛——眉毛的地位只有两道

---

[1] 希腊政治家阿契皮阿特，为苏格拉底弟子，以生活奢豪闻于世，众人盛称其所畜之名犬，阿氏即将犬尾割去，俾众人不复提及。
[2] 拿破仑称帝时，提倡希腊罗马的文物与风格，当时的美术，家具，服装，均带希腊风味，美术史上称为法国希腊式（GallO-Grecque）。

红线——更显得凄凉；整个的脸被一个堂·吉诃德式的鼻子[1]镇住了，像平原上的一座飞来峰。这鼻子，想必西万提斯也曾注意到，表示一个人天生的热爱一切伟大的事，而结果是着了迷。那副丑相，尽管很滑稽，可绝对不会教人发笑。可怜虫苍白的眼中有一股极凄凉的情调，会教开玩笑的人把到了嘴边的刻薄话重新咽下去。你会觉得造物是不许这老头儿表示什么温情的，要是犯了禁，就得教女人发笑或是难受。看到这种不幸，连法国人也不作声了，他们觉得人生最大的苦难就是不能博得女人的欢心！

---

[1] 堂·吉诃德身体又高又瘦。根据一般情形，脸相大多与全身调和，故堂·吉诃德的鼻子一定也是很长的。

02

一套少见的服装

这个在造物面前极不得宠的人，穿得跟清寒的上等人一样，那是有钱人常常模仿的装束。帝国禁卫军式的长统鞋罩，把鞋子盖住了，使他可以把一双袜子多穿几天。黑呢裤发出好些半红不红的闪光；裁剪的款式，跟褶痕上面又像发白又像发亮的条纹，都证明裤子已经穿了三年。衣衫的宽大并掩饰不了瘦削的体格。他的瘦是天生的，并非学毕太哥尔的样而素食的缘故；因为老头儿的嘴巴生得很肉感，嘴唇很厚，笑起来一口牙齿跟鲨鱼的不相上下。大翻领的背心也是黑呢料子的，里头衬一件白背心，还露出第三件红毛线背心的边，教你想起从前迦拉穿到五件背心的故事[1]。白纱的领结，扣得那么有模有样，正是一八〇九年的漂亮哥儿为了勾引美人儿而苦心推敲的；可是那硕大无朋的领结，拥在下巴前面，似乎把他的脸埋在一个窟窿里。一条编成发辫式的丝表链，穿过背心，拴在衬衫上，仿佛真会有人偷他的表似的！半绿不绿的大褂非常干净，比裤子的年代还要多上三年；丝绒领跟

---

[1] 迦拉（1762—1823），为当时有名的歌唱家，极讲究穿着。

新换过的白铜纽扣，显得穿的人平时的小心简直是无微不至。

把帽子戴在脑后的习惯，三套头的背心，埋没下巴颏儿的大领带，长统鞋罩，绿色大褂的白铜纽扣，都是帝政时代款式的遗迹；跟这些相配的，还有当年信不信由你的哥儿们[1]那股卖俏的劲儿，衣褶之间那种说不出的细巧，浑身上下那种整齐而呆板的气息，令人想起达维特的画派和约各设计的瘦长家具。只要瞧上一眼，你就会觉得他要不是一个有教养而给什么嗜好断送了的人，便是一个进款不多的家伙，一切开支都是被有限的收入固定了的，万一打破一块玻璃，撕破件衣服，或是碰上募捐等等的要命事儿，就得把他整个月内小小的娱乐取消。你要在场的话，一定觉得奇怪，这张奇丑的脸怎么会浮起一点笑意，它平时的表情不是应当又冷又凄凉，像所有为了挣口苦饭而奋斗的人一样吗？可是这古怪的老人，像母亲保护孩子那么小心的，右手拿着件分明很贵重的东西，藏在双重上衣的左襟底下，生怕不巧给人碰坏了：你看到这个，尤其看到他急急忙忙，活像那些有闲的人偶尔替人跑腿的神气，你可能以为他找到了侯爵夫人的小狗什么的，带着帝政时代的人物所有的那种殷勤，得意扬扬的给送回去；他那位上了六十岁的美人儿，还少不了他每天的问候呢。世界上唯有在巴黎才能看到这等景致，大街上就在连续不断的演这种义务戏，让法国人饱了眼福，给艺术家添了资料。

---

[1] 执政时期（1795—1800）的漂亮人物，当时称为Incroyables，谓其奇装异服，竞骛新奇，令人不可思议。

03

一个得罗马奖的人的下场[1]

一看那人瘦骨嶙峋的轮廓，虽然很大胆的穿着过时的斯宾塞，你也不敢把他当作什么艺术家；因为巴黎的艺术家差不多跟巴黎的小孩子一样，在俗人的想象中照例是嘻嘻哈哈，大有"噱头"的家伙，我这么说是因为"噱"这个古字现在又时行了。可是这走路人的确得过头奖，在法国恢复罗马学院之后，第一支受学士院褒奖的诗歌体乐曲，便是他作的，一句话说完，他就是西尔伐·邦斯先生！……他写了不少有名的感伤歌曲，给我们的母亲辈浅吟低唱过，也作过一八一五与一八一六年间上演的两三出歌剧，跟一些未曾刊行的乐曲。临了，这老实人只能替大街上一所戏院当乐队指挥；又凭着他那张脸，在几处女子私塾内当教员。薪水和学费便是他全部的收入。唉！到了这个年纪还得为了几文学费而到处奔跑！……这种很少传奇意味的生活，原来还藏

---

[1] 一六六六年起，法国政府设有罗马法国学院，简称为罗马学院，由王上指派艺术家前往留学。凡得头奖的（即所谓罗马奖）青年画家，雕塑家，建筑家等，均由国家资送罗马学院研究。一七九三年革命政府曾一度加以停办，一七九五年执政府又下令重开。但音乐专业学生能够参与罗马奖会考，自一八〇三年始。

着多少的神秘哟！

因此，这个穿斯宾塞的老古董不单是帝政时代的象征，三套头的背心上还大书特书的标着一个教训。他告诉你"会考"那个可怕的制度害了多少人，他自己便是一个榜样。那制度在法国行了一百年没有效果，可是至今还在继续。这种挤逼一个人聪明才智的玩意儿，原是篷巴杜夫人的弟弟，一七四六年左右的美术署署长波阿松·特·玛里尼想出来的。一百年来得奖的人里头出了几个天才，你们屈指数一数吧！第一，伟人的产生是可遇而不可求的，在行政或学制方面费多大的劲，也代替不了那些奇迹。在一切生殖的神秘中，这是连野心勃勃，以分析逞能的近代科学也没法分析的。其次，孵化小鸡的暖灶据说当初是埃及人发明的；倘若有了这发明而不马上拿食料去喂那些孵出来的小鸡，你对埃及人又将做何感想？法国政府可就是这么办：它想把"会考"当作暖房一般去培养艺术家；赶到这机械的方法把画家，雕塑家，镂版家，音乐家制造出来以后，它就不再关心，好比公子哥儿一到晚上就不在乎他拴在钮孔上的鲜花一样。而真有才气的人倒是葛涞士，华多，法利西安·达维特，巴涅齐，奂里谷，特刚，奥贝，达维特·特·安越，欧也纳·特拉克洛阿，曼索尼哀等等[1]，他们并不把什么头奖放在心上，只照着那个无形的太阳（它的名字叫作天生的倾向）的光，在大地上欣欣向荣的生长。

政府把西尔伐·邦斯送往罗马，想教他成为一个大音乐家，他却在那儿养成了爱古物爱美术品的癖。凡是手和头脑产生的杰作，近来的俗语统称为古董的，他都非常内行。所以这音乐家

1　凡不加注而书中情节并不暗晦的人名，地名等专门名词，概不加注，免读者有读百科小辞典之感。

一八一〇年回到巴黎的时候，变成了个贪得无厌的收藏家，带回许多油画，小人像，画框，象牙的和木头的雕刻，五彩的珐琅，瓷器等等；买价跟运费，使他在留学期间把父亲大部分的遗产花光了。在罗马照规矩待了三年，他又漫游意大利，把母亲的遗产也照式照样的花完了。他要很悠闲的到佛尼市，米兰，佛罗伦萨，鲍洛涅，拿波里各处去观光，以艺术家那种无愁无虑的心情，像梦想者与哲学家一般在每个城里逗留一番，——至于将来的生计，他觉得只要靠自己的本领就行了，正如娼妓们拿姿色看作吃饭的本钱。那次奇妙的游历使邦斯快活之极；一个心灵伟大，感觉锐敏，因为生得奇丑而不能像一八〇九年的那句老话所说的，博得美人青睐的人，他所能得到的幸福，在那次旅行中可以说达到了最高峰。他觉得人生实际的东西都比不上他理想的典型；内心的声音跟现实的声音不调和，可是他对这一点早已满不在乎。在他心中保存得很纯粹很强烈的审美感，使他作了些巧妙，细腻，妩媚的歌曲，在一八一〇至一八一四年间很有点名气。在法国，凡是靠潮流靠巴黎一时的狂热捧起来的那种声名，就会造成邦斯一流的人。要说对伟大的成就如此严厉，而对渺小的东西如此宽容的，世界上没有一国可与法国相比。德国音乐的巨潮和洛西尼的洋洋大作不久就把邦斯淹没了；一八二四年时，凭他最后几支歌曲，还有人知道他是个有趣的音乐家，可是你想，到一八三一年他还剩点儿什么！再到一八四四年，在他默默无闻的生涯中仅有的一幕戏开场的时候，西尔伐·邦斯的价值只像洪水以前的一个小音符了；虽然他还替自己服务的戏院和几家邻近的戏院，以很少的报酬为戏剧配音，音乐商已经完全不知道有他这个人了。

可是这好好先生倒很赏识近代的名家，倘使有些优秀作品给美满的演奏出来，他会下泪；但他的崇拜，并不像霍夫曼小说中的克雷斯勒那样的如醉若狂；他表面上绝不流露，只在心中自得其乐，像那些抽鸦片吸麻醉品的人。唯一能使凡夫俗子与大诗人并肩的那种敬仰与了解，在巴黎极难遇到，一切思潮在那儿仅仅像旅客一般的稍作勾留，所以邦斯是值得我们钦佩的了。他不曾走红仿佛有点说不过去，可是他很天真的承认，在和声方面他差着点儿，没有把对位学研究到家；倘若再下一番新工夫，他可能在现代作曲家中占一席地，当然不是成为洛西尼，而是哀洛一流[1]；但规模越来越大的配器法使他觉得无从下手。并且，收藏家的喜悦，也把他的不能享有盛名大大的补偿了，倘若要他在收藏的古董与洛西尼的荣名之间挑一项的话，你爱信不信，他竟会挑上他心爱的珍品的。那收藏名贵版画的，博学的希那华说过，他拿一张拉斯达尔，荷培玛，霍尔朋，牟利罗，葛漤士，赛白斯蒂安·但尔·毕翁菩，乔尔乔纳，拉斐尔，丢勒，欣赏的时候，非要那张画是只花五十法郎买来的，才更觉得津津有味。邦斯也是这个主张，他绝不买一百法郎以上的东西；而要他肯花五十法郎，那东西非值三千不可；他认为世上值到三百法郎的神品久已绝迹。机会是极难得的，但他具备三大成功的条件，那就是：像鹿一般会跑的腿，逛马路的闲工夫，和犹太人那样的耐性。

这套办法，在罗马，在巴黎，行了四十年，大有成绩。回国以后每年花上两千法郎的结果，邦斯谁也不让看见的，藏着各种各样的精品，目录的编号到了惊人的一千九百零七号。一八一一

---

[1] 洛西尼的作品，当时在巴黎红极一时。哀洛（1791—1833）则系法国二三流音乐家。

至一八一六年间,他在巴黎城中到处奔跑的时候,如今值一千二的东西,他花十法郎就弄到了。其中有的是画,在巴黎市场上每年流通的四万五千幅中挑出来的;有的是赛佛窑软坯的瓷器,从奥凡涅人手中买来的;这些人是囤货商的爪牙,把篷巴杜式的法国美术品用小车从各地载到巴黎来。总之,他搜集十七十八世纪的遗物,发掘一般有才气有性灵的法国艺术家,例如不出名的大师勒包脱勒,拉华莱-波尚之类;他们创造了路易十五式,路易十六式的风格,给现代艺术家整天待在博物院图版室中改头换面,自命为新创的式样做蓝本。邦斯还有好多藏品是跟人交换来的,这是收藏家无可形容的喜悦!买古董的快乐只能放在第二位;交换古董,在手里进进出出,才是第一乐事。邦斯是最早收鼻烟壶跟小型画像的人[1]。但他在玩古董的人中并不知名,因为他不上拍卖行,也不在有名的铺子里露脸,这样他也就不知道他的宝物的时值估价了。

  收藏家中的巨擘杜索末拉,曾经想接近这位音乐家,但杜氏没有能进入邦斯美术馆就故世了;而邦斯美术馆,是唯一能和有名的索华育的收藏媲美的[2]。他们俩颇有相像的地方:两人都是音乐家,都没有什么财产,用同样的方法收藏,爱好艺术,痛恨有名的富翁与商人们抬价。对一切手工艺,一切神妙的制作,索华育是邦斯的对头,敌手,竞争者。跟他一样,邦斯的心永远不知餍足,对美术品的爱好正如情人爱一个美丽的情妇;守斋街上

---

[1] 小型画像(miniature)是表盖,胸章,妇女饰物上的极小的画。题材不限于人像,亦有风景花鸟等等。
[2] 杜索末拉(1794—1842)的收藏,即今日格吕尼博物馆的藏品。索华育(1781—1860)的收藏,生前即捐与卢浮博物馆。两人均系法国史上有名的大收藏家兼鉴赏家。

的拍卖行内,作品在估价员的锤子声中卖来卖去,他觉得简直是罪大恶极,侮辱古董的行为。他的美术馆是给自己时时刻刻享受的。生来崇拜大作品的心灵,真有大情人那样奇妙的天赋;他们今天的快乐不会比昨日的减少一点,从来不会厌倦,而可喜的是杰作也永远不会老。所以那天他像父亲抱着孩子般拿着的东西,一定是偶然碰上的什么宝物,那种欢天喜地拿着就走的心情,你们鉴赏家自然能领会到!

看了这段小传的第一道轮廓,大家一定会叫起来:"哦!别瞧他生得丑,倒是世界上最幸福的人呢!"不错,一个人染上了一种嗜好,什么烦恼,什么无名的愁闷,都再也伤害不到他的心。你们之中凡是没法再喝到欢乐的美酒的人,不妨想法去搅上一个收藏的瘾,不管收什么(连招贴都有人在收集呢!);那时你即使没有整个儿的幸福,至少能得些零星的喜悦。所谓好癖,就是快感的升华。话虽如此,你们可不必艳羡邦斯;要是你们存下这种心,那就跟其他类似的情操一样,必然是由于误会的缘故了。

这个人,感觉那么灵敏,一颗心老在欣赏人类美妙的制作,欣赏人与造化争奇的奋斗,他可是犯了七大罪恶中上帝惩罚最轻的一桩,换句话说,邦斯是好吃的[1]。既没有多少钱,再加上玩古董的瘾,饮食就不能不清苦,使他那张挑精拣肥的嘴巴受不了。先是单身汉天天在外边吃人家的,把饮食问题给解决了。帝政时代,仰慕名流的风气远过于现在,大概因为那时名流不多,又没有什么政治野心。一个人不用费多大气力,就能成为诗人,作

---

[1] 基督旧教有七大罪恶为一切罪恶之母之说,即骄傲、嫉妒、吝啬、淫乱、愤怒、懒惰、贪馋。

家,或音乐家。邦斯当时被认为可能和尼古罗,巴哀,裴尔登[1]等等抗衡的,所以收到的请帖之多,甚至要在日记簿上登记下来,像律师登记案子一样。他以艺术家的身份出去周旋,拿自己作的歌谱送给饭局的主人们,在他们家弹弹钢琴,把他服务的法杜戏院的包厢票请客,替人家凑几个音乐会,有时还在亲戚家的临时舞会中拉提琴。

---

[1] 尼古罗,巴哀,裴尔登,都是十八世纪末至十九世纪初期的二三流音乐家,与邦斯同时。

04

好事有时候是白做的

那时法兰西最健美的男儿,正在跟联盟国最健美的男儿一刀一枪的厮杀[1];因此,按照埃里安德的理论,邦斯的丑陋被称为别具一格[2]。他替什么美丽的太太办了一点事,人家会叫他一声"可爱的人",但他的安慰也不过是这句空话而已。

在这一段约莫有六年(一八一〇至一八一六)的时期内,邦斯搅上了好吃好喝的坏习惯,眼看请他吃饭的主人们那么豪爽,端出时鲜的菜,开出顶好的酒;点心,咖啡,饭后酒,无一不讲究。帝政时代就有这种好客的风气;正当多少的国王王后云集巴黎的时候,大家都模仿他们光华显赫的气派。当时的人喜欢学帝王的样,正如现在的人喜欢学国会的样,成立好多有会长,副会长,秘书等等的团体,例如苎麻研究会,葡萄改良会,蚕种研究会,农业会,工业会,形形色色,不一而足;有人还在寻访社会的烂疮,把良医国手组成团体呢!

---

[1] 那时指一八一〇至一八一六年间,正是拿破仑战争达于高潮的时期。
[2] 埃里安德为莫里哀名剧《厌世者》中的人物。该剧第二幕第四场,有埃里安德的长篇台词,大意谓爱情与人之美丑无关。即情人眼里出西施之意。

再说邦斯吧。受过这种训练的胃，必然影响到一个人的气节；对烹调的了解越深刻，志气也就越消沉。肉欲盘踞着你整个的心，在那里发号施令，意志和荣誉都给打得粉碎；它要你不惜牺牲使它满足。口腹之欲的专横，从来没有被描写过，因为每个人都得生存，所以连文学批评都把它放过了。但为了吃喝而断送掉的人，你真想象不到有多少。在巴黎，以倾家荡产而论，饮食等于在跟娼妓竞争；并且在另一方面看，一个人的吃是收入，嫖是支出。赶到邦斯因艺术家身份的低落，从无席不与的上宾降而为吃白食的清客的时候，他已经没法离开精美的筵席，跑进四十铜子一餐的饭店去尝斯巴达式的[1]牛奶蛋花羹。可怜他一想到要独立就得做那么大的牺牲，他就发抖，他觉得什么下贱的事都能做，只要能继续好吃好喝，按时按节尝到当今的珍馐美果，吃着精致的名菜大快朵颐！他仿佛觅食的鸟，含了满嘴的食物高飞远走，只要喊喊喳喳唱上一支歌就算道谢。并且那么好的酒饭都吃在人家头上，吃完了扯个鬼脸就跑：邦斯也觉得相当得意。跟所有的单身汉一样，他怕待在家里，喜欢老混在别人府上；凡是应酬场中的门面话，没有真情的假殷勤，他都习惯了，他也学会了把客套随口敷衍；至于看人，他只看个表面，从来不想去摸清底细。

这个勉强过得去的阶段又拖了十年，可是怎样的十年呵！简直是风风雨雨的秋天。邦斯尽量巴结那些走熟了的家庭，以便保住饭桌上的地位。终于他走上了末路，替人当差，跑腿，几次三番的代替佣人和门房的职司。多少买卖都由这一个家庭派他到另一家庭中去探听消息，做个并无恶意的间谍；可是他跑了那么多

---

[1] 古代斯巴达的国民以生活严肃，饮食清苦闻于世。

回腿,当了那么些有失身份的差使,人家并不感激他。

"邦斯是个单身汉,"人家说,"他无聊得很,能够替我们跑跑才高兴呢……要不然他怎么办?"

不久他开始散布出老年人的那点儿凉意,像北风一般把人家的感情都吹凉了,尤其他是个又穷又丑的老人,那不是老上加老吗?这是人生到了冬季,鼻子通红,腮帮灰白,手脚麻木的冬季!

一八三六至一八四三之间,邦斯难得有人请吃饭了。每个家庭都不想再找他,他要上门,就耐着性子耽待他,像忍受捐税一样。大家觉得没有欠他一点儿情,甚至也不把他真正出过力的事放在心上。老人在那里混了一世的几个家庭,都不是尊重艺术的,它们只崇拜成功,只重视一八三〇年以后得来的果实:财富或地位。既然邦斯在思想上举动上都不够气魄,没有那种教布尔乔亚敬畏的聪明或才气,结果他当然变得一文不值,只是还不至于完全被人唾弃罢了。但他跟一切懦弱的人一样,受了社会的白眼不敢说出来。慢慢的他学会了把情感压在胸中,把自己的心当作一个避难所。好多浅薄的人,管这个现象叫作自私自利。孤独的人与自私的人的确很相像,使一般说长道短之辈毁谤好人的话,显得凿凿有据,尤其在巴黎,没有人肯用心观察,一切都快得像潮水,昙花一现像内阁!

所以,人家在背后责备邦斯自私,而邦斯也就给这个罪名压倒了,因为你一朝加了人家罪名,结果终会把他坐实的。诬蔑给一般懦弱的人多大的打击,可有人想到过?谁又会描写他们的痛苦?这个一天天恶化的局面,说明了可怜的音乐家脸上的悲苦;他的生活是以可耻的牺牲换来的。可是为了嗜好而做的丢人的事,反而加强你对嗜好的联系;越需要你卑躬屈膝的嗜好,你越觉得宝贵；你会把所有的牺牲看作消极的储蓄，仿佛有无穷的财富在内。譬如说，给有钱的混蛋极不客气的瞪上一眼之后，邦斯津津有味的呷着包多酒，嚼着焗鹌鹑，像出了一口怨气似的，心里想："总算还划得来！"

在伦理学家心目中，他这种生活是情有可原的。人必须在某方面有点满足才能活。一个毫无嗜好，完全合乎中庸之道的人，简直是妖魔，是没有翅膀的半吊子天使。基督旧教的神话里，天使没有别的，只有头脑。但在我们的浊世上，所谓完人便是那迂腐的葛兰狄逊[1]，连街头的神女对他也不成其为女性的。而邦斯，除了漫游意大利的时期，大概靠气候帮忙而有过一两次平凡的艳遇以外，从来没看见女人对他笑过。好多人都遭到这一类的厄运。邦斯是天生的丑八怪，当初他父母是晚年得子，诞生既过了时令，他自有那些过了时令的瘢痕，例如死尸一般的皮色，很像在科学家保存怪胎的酒精瓶里培养出来的。这位艺术家，生成一颗温柔的心，有幻想，有感觉，却为了一副尊容不得不过那种生活，绝无希望得到女人的爱。可见他的独身并非由于自己喜欢，而是迫不得已。赶到饕餮来勾引他，他就奋不顾身的扑上去，像当年奋不顾身的崇拜艺术品和音乐一样；好吃的罪过，不是连有道行的僧侣都难免吗[2]？为他，珍馐美食与古董代替了女人；因为音乐是他的本行，而世界上哪有人喜欢他挣饭吃的本行的？职业有如婚姻，久而久之，大家只觉得它有弊无利。

勃里拉－萨伐冷，在《食欲心理学》一书中有心替老饕张

---

1 英国理查逊小说《葛兰狄逊》中的主人翁，查理·葛兰狄逊爵士，为一典型的正人君子。
2 基督旧教修院中的僧侣及一般传教士，中世纪起即以讲究饮食闻于世。

目,但对于人在饮食方面真正的快乐,似乎还说得不够。消化食物,需要不少精力,那是一场内部的战斗,对那些供养口腹的人,其快感竟不下于爱情。一个人只觉得生命力在那儿尽量发挥,头脑不再活动而让位给横膈膜那边的第二头脑,同时所有的机能都麻痹,使你入于完全陶醉的境界。便是巨蟒吧,它吞了一头公牛,就会瘫倒在那里听人宰割。一过四十岁,谁还敢吃饱了饭马上工作?……因此,所有的大人物对饮食都是有节制的。大病初愈的人,精美的食物给限制得很严,他们往往觉得吃到一只鸡翅膀就能迷迷糊糊的愣个大半天。安分老实的邦斯,一切乐趣都集中在胃的活动上,所以他老像病后的人,希望凡是珍馐美食所能给他的快感都能享受到,而至此为止他的确每天享受到。可是世界上就没有一个人有断瘾的勇气。好多自杀的人临死都改变了主意,因为丢不下每天晚上去玩"接龙"的咖啡馆。

05

一对榛子钳[1]

一八三五年，邦斯的不获美人青睐，意外的得到补偿，他像俗语所说的有了一根老年的拐杖。这个一生下来就老的人，居然从友谊中获得人生的依傍；社会既不容许他结婚，他便跟一个男人结合——也是个老头儿，也是个音乐家。倘使拉·封丹不曾写下那篇奇妙的寓言，我这本小传大可题作两位朋友[2]。但亵渎名著的行为，不是一切真正的作家都应当避免的吗？咱们的寓言家既然把心中的秘密和梦境写成了一篇杰作，那题目就应该永远归他。因为这首诗简直是一所神圣的产业，一所庙堂，前面像榜额似的标着两位朋友几个大字，将来每一代的人，全世界的人，都得恭恭敬敬进去瞻礼一番，只要有印刷术存在。

邦斯的朋友是钢琴教授。两人的生活，人品，都非常调和，使

---

[1] 榛子钳形容往上抄起的下巴，或是有这种下巴的脸。
[2] 拉·封丹《寓言》第八卷第十一篇，描写两位生死之交的朋友。一天晚上，甲友忽然起床往访乙友，乙友闻讯，即全身武装，一手握剑，一手持钱袋，说道："朋友，你半夜光临，必有大事。倘使你赌输了钱，这儿有钱；倘使你有仇，我马上替你去报仇；倘使你寂寞不寐，这儿有美丽的女奴奉献。"甲友回答说："这些都不是的。我梦中看见你愁容惨惨，怕你遭了祸事，方才半夜奔来……"

邦斯大有相见恨晚之慨，因为他们直到一八三四年，方才在某个私塾的给奖典礼上认识。在违背了上帝的意旨，发源于伊甸园的茫茫人海中[1]，两颗这样心心相印的灵魂恐怕是从来未有的。没有多少时候，两位音乐家变得你少不了我，我少不了你。彼此的信任，使他们在八天之内就跟亲兄弟一般。许模克简直不相信世界上会有一个邦斯，邦斯也不信世界上会有一个许模克。这几句已经把两个好人形容得够了。可是大众的头脑不一定喜欢简单的综合手法。为一般不肯轻易相信的人，必须再轻描淡写的说明一番。

这钢琴家，像所有的钢琴家一样是个德国人，像伟大的李斯特，伟大的门德尔松般的德国人，像史丹贝脱般的德国人，像莫扎特与杜撒克般的德国人，像多尔赫般的德国人，像太尔堡，特莱旭克，希勒，曼尔，克兰茂，齐茂曼，卡克勃兰纳，埃士，胡兹，卡尔，伏尔夫，比克齐斯，克拉拉·维克般的德国人[2]，尤其是像所有的德国人。虽是大作曲家，许模克只能做一个演奏家，因为他天生的缺少胆气，而天才要在音乐上有所表现，就靠有胆气。好多德国人的天真并不能维持到老；倘使在相当的年龄上还有天真，那是像我们从河中引水灌田一般，特意从青春的泉源上汲取得来，使他们能够在科学，艺术或金钱方面有所成就的；因为天真可以祛除人家的疑心。为了这个目的，法国有些刁滑的家伙，用巴黎小商人的鄙俗来代替德国人的天真。可是许模克无意之中把童年的天真全部保存着，正如邦斯保存着帝政时代

---

1 基督教传说，亚当与夏娃在伊甸园中私食禁果，方有人世之苦，而生男育女之事亦系上帝所罚；故作者言人海是违背了上帝的意旨，发源于伊甸园的。
2 除莫扎特，门德尔松，李斯特为世界知名的大师外，其余皆三四流的钢琴家或作曲家。

的遗迹。这高尚而地道的德国人,是演员而兼观众;他玩音乐玩给自己听。他住在巴黎好比一只夜莺住在森林里,孤独无偶的唱了二十年,直到遇见邦斯,才有了个跟自己的化身一样的伴侣。(参看《夏娃的女儿》)[1]

邦斯和许模克两人的性格与感情,都有德国人那种婆婆妈妈的孩子气:例如爱花成癖,爱一切天然景致,在园子里砌些玻璃瓶底,把眼前大块文章的风景,缩成了小规模来欣赏[2];又如探求真理的脾气,使一个日耳曼学者穿着长筒靴,走上几百里地去寻访一点事实,而那事实就在院子的素馨花下,蹲在井栏旁边瞅着他笑;再如他们对微不足道的小事都需要找出一个形而上的意义,从而产生了李赫特那种不可解的作品,霍夫曼那种荒诞不经的故事,和德国印行的那些救世济人的巨著,把芝麻绿豆的问题看作幽深玄妙,当作深渊一般的发掘,而掘到末了,一切都是德国人的捕风捉影。

---

[1] 《夏娃的女儿》为巴尔扎克另一小说的题目。巴氏人物常在许多作品中先后出现,作者又以社会史家自命,故每喜加入"参考某书"一类的注脚,仿佛他的小说就是一部富于考证意味的历史。在《夏娃的女儿》里面,描写许模克的部分大致如下:"这音乐家是一生下来就老的,永远好像五十岁,也永远好像八十岁。脸庞凹陷,打皱,皮肤是褐色的,老带些儿童的天真意味。无邪的眼睛是蓝的,嘴上堆起春天般喜悦的笑意。灰色头发,像基督的一样乱蓬蓬的,使他心不在焉的神气有点儿庄严,不免令人误会他的性格。其实他就在闹笑话的时候也是庄严的。衣服穿的非常随便,因为他的眼睛老望着天,想不到物质。世界上有批健忘的人,把时间与心灵都给了人,永远把手套阳伞丢在旁人家里;许模克便是这等人物。……至于他住的屋子,杂乱到难以置信,可是他习惯成自然,还不承认是乱七八糟。德国式的大烟斗,抽得利天花板跟墙壁都熏黄了。钢琴木料很好,但奇脏无比,琴键七零八落,像老马的牙齿。桌上,椅上,地下,到处是烟灰,果子壳,果子皮,破碟子以及无法形容的破烂东西……"因本书对许模克是体格,相貌,生活,均以"参阅……"一语了之,故译者详注于此。
[2] 玻璃瓶底系做围砌花坛之用,此习惯亦不限于德国。又瓶底玻璃之凸出部分能反映风景。

两人都是旧教徒，他们一同去望弥撒，奉行宗教仪式，可是跟儿童一样，根本没有什么可以向忏悔师说的。他们深信音乐是天国的语言，思想与情感还不能代表音乐，正如语言的不能完全表达思想与情感。因此，他们之间拿音乐来代替谈话，一问一答，可以无穷尽的谈下去；而所谓谈话，无非像情人似的，加强自己胸中的信念。许模克的心不在焉，和邦斯的处处留神，正好是异曲同工。邦斯是收藏家，许模克是幻想家：一个忙着抢救物质的美，一个专心研究精神的美。邦斯瞅着一只小瓷杯想买，许模克却在一旁擤着鼻子，想着洛西尼，裴里尼，贝多芬，莫扎特的某一个主题，推敲这乐句的动机是什么一种情操，或者它的下文又该是什么一种情操。许模克的理财原则是漠不关心，邦斯是为了嗜好而挥霍，结果是殊途同归：每年十二月三十一日，两人的荷包里都一文不剩。

要没有这番友谊，邦斯也许早已悲伤得支持不住；但一朝有了一颗心可以倾诉自己的心，他日子又过得下去了。他第一次把痛苦倒在许模克心中的时候，淳朴的德国人便劝他，与其受那么大的委屈去吃人家的，不如和他一样在家里吃点面包跟乳酪。可怜邦斯不敢对许模克说出来：他的胃跟心是死冤家，凡是教心受不了的事，胃都满不在乎，它不惜任何代价要有一顿好饭尝尝，仿佛一个多情男子需要有个情妇给他……调戏调戏。日子一久，许模克终于了解了邦斯，因为他是十足地道的德国人，看事情不像法国人那样快；可是这样他反倒更喜爱邦斯了。要交情坚固，最好两个朋友中有一个自命为比另一个高明。许模克一发觉朋友的口腹之欲那么强，不由得在旁搓搓手，这种表情便是天使也不能加以责备。第二天，好心的德国人亲自去买了些精致的饭菜，把他们的中饭点缀一下,并且从那天起,他想法每天给朋友换口味;因为从他们同居之后,午饭总是一同在家里吃的。

巴黎人爱讥讽的脾气是对什么都不留情的,倘以为这一对朋友能够幸免,那真是不认识巴黎了。许模克与邦斯,把各人精神的财富与物质的艰苦合在一块儿之后,想出个经济办法,在玛莱区幽静的诺曼底街上一幢幽静的屋子内,合租了一所公寓,虽然房间的分配很不平均,房租是各半负担的。他们常常一同出去,肩并肩的老走着同样几条大街,逛马路的闲人便替他们起了一个诨名,叫作一对榛子钳。有了这个绰号,我不必再描写许模克的面貌了,他之于邦斯,正如梵蒂冈的尼沃贝像之于梅迭西斯的维纳斯像[1]。

一对榛子钳家中的杂务,都以看门的西卜太太为中心。在这一幕使两老的生涯急转直下的悲剧中,西卜太太担任极重要的角色,所以她的面貌且待她登场的时候再描写。

关于两人的心境,还有一点需要说明。但这正是最不容易教一八四七年上的百分之九十九的读者了解的,不了解的原因或许在于铁路的勃兴使金融有了空前的发展。路局不是发行股票,借大家的钱吗?好吧,礼尚往来,让我们向它借用一个形象来做譬喻。列车在铁路上驶过的时候,不是有无数绝细的灰土在轨道上飞扬吗?那些在旅客眼中看不见的沙粒,要是飞进了旅客的肾脏,他们就要有剧烈的痛楚,害那个叫作石淋的可怕的病,而且是致命的。我们的社会正以火车一样的速度在钢轨上飞奔,它对于那些看不见的细沙是毫不介意的,可是灰土随时随地都在飞进

---

[1] 此二像均为古希腊最美的雕刻,巴尔扎克以为双璧,故引作邦斯与许模克之譬喻。

那两位朋友的身体，使他们仿佛心脏里面生了结石[1]。他们对旁人的痛苦已经非常敏感，往往为了爱莫能助而在暗中难受，对自己身受的刺激当然更敏感到近于病态的地步。尽管到了老年，尽管连续不断的看到巴黎的悲剧，两颗年轻，天真，纯洁的心，始终没有变硬。他们俩越活下去，内心的痛苦越尖锐。凡是有操守的人，冷静的思想家，生活谨严的真正的诗人，不幸都是如此。

两老同居以后，因为职业相仿，起居行动像巴黎出租马车的牲口一样，自有一种同甘共苦的友爱的气息。不分冬夏，两人都七时起身，吃过早点，分头到各个私塾去教课，必要时也互相替代。到了中午，逢到排戏的日子，邦斯便上戏院去，所有空闲的时间他都在街上溜达。然后，两人到晚上又在戏院里见面，那是邦斯把许模克荐进去的。下面我们就得把推荐的经过说一说。

---

[1] 人的血液内有许多矿质，例如钙，有机酸，鸟酸，胆脂素等，含量过多时，即于排泄器官（肝，胆囊，膀胱等）内结晶，此种结晶体在医学上称为"结石"。

06

一个到处看得见的被剥削者

邦斯认识许模克的时候,刚当上乐队指挥,那在一个无名的作曲家真是登峰造极的地位了!他并没钻谋,而是当时的部长包比诺送给他的人情。靠七月革命发迹的商界豪杰[1],手头恰好有所戏院,又恰好碰上一个老朋友,一个会教暴发户脸红的朋友,便把戏院交给了他。包比诺伯爵,有一天在车中瞥见那个青年时代的老伙计,狼狈不堪的在街上走,鞋袜不全,穿着件说不出什么颜色的大褂,探着鼻子,仿佛想凭几个小本钱找些大生意做做。那朋友叫作高狄沙,跑街出身,当年对包比诺大字号的兴发很出过一番力。包比诺封了伯爵,进了贵族院,当了两任部长,可并没翻脸不认人。不但如此,他还想让跑街添点服装,捞点儿钱。平民宫廷的政治与虚荣[2],倒不曾使老药材商的心变质。色迷迷的高狄沙,听到有所破产的戏院,便想拿过来;部长给了他戏院,又介绍给他几位老风流做股东,都是相当有钱,能够做女戏子们

---

[1] 一八三〇年七月革命后,路易·菲利普上台,中产阶级得势,暴发商人因缘时会而转入政治舞台的,比比皆是。
[2] 路易·菲利普即位之初,标榜平民作风,以争取中产阶级的拥护,故言平民宫廷。

的后台的。邦斯既是部长府上的食客，部长就把他的名字交了下去。高狄沙公司开张之后，居然很发达，一八三四年上又有了个大计划，想在大街上搞些通俗歌剧。芭蕾舞跟神幻剧的音乐[1]，需要有个过得去而还能写点曲子的乐队指挥。高狄沙接手以前，经理部因为亏本，久已不雇用抄谱员。邦斯便介绍许模克去专管乐谱，虽是起码行业，可非有点音乐的真本领不行。许模克听了邦斯出的主意，跟喜歌剧院的乐谱主任联络之下，无须再照顾刻板工作。两个朋友合作的结果非常圆满。像所有的德国人一样，许模克的和声学工夫极深，总谱的配器工作由他一手包办了去，邦斯只管写调子。他们替两三出走红的戏所配的音乐，颇有些新鲜的段落，得到知音的听众赞赏，但他们以为这是时代的进步，从来不想追究作者姓甚名谁。因此，像戏池里的人看不见楼厅的观众一样，没有人看见邦斯和许模克有什么光荣。在巴黎，尤其从一八三〇年起，要不是千方百计，以九牛二虎之力，把大批竞争的同业排挤掉，谁也休想出头；而这是需要强壮的身体的；两位朋友既然心里长了那块结石，怎么还会有气力去为功名活动呢？

邦斯平时要八点左右才上戏院，那是正戏开场的时间，而正戏的前奏曲和伴奏，都非有严格的指挥不可。小戏院对这些事多半很马虎；邦斯因为从来不跟经理部计较什么，行动更可以随便，并且必要时还能由许模克代庖。一来二去，许模克在乐队里的地位稳固了。高狄沙嘴里不说，心里很明白邦斯的副手是有本领的，有用处的。潮流所趋，人们不得不学大戏院的样，在乐队

---

[1] 神幻剧（féerie）是音乐部分极为重要的一种戏剧，每以希腊神话或著名诗歌为题材。莎士比亚的《仲夏夜之梦》与《狂风暴雨》，莫扎特的《神笛》，韦白的《奥勃龙》，华葛耐的乐剧，以及近代梅特林克的《青鸟》等，均属此类。

里添架钢琴放在指挥台旁边，由义务的助理指挥许模克义务弹奏。当大家把没有野心没有架子的老实的德国人认识清楚之后，所有的音乐师都拿他当自己人看待。经理部开发一份很少的薪水，把小戏院不备而有时非用不可的乐器，统统交给他担任，例如钢琴，七弦竖琴，英国号角，大提琴，竖琴，西班牙响板，串铃，竖笛等等。德国人不会运用"自由"的武器，可是天生的能演奏所有的乐器。

两个老艺术家在戏院里人缘极好；他们对什么事情都像哲学家一样取着洒脱的态度，闭着眼睛，不愿意看任何戏班子都免不了的弊病。譬如说，为了增加收入而把跳舞团跟剧团混在一起的时候，就有种种麻烦事儿，叫经理，编剧和乐师们头疼。可是谦和的邦斯，凭他洁身自好与尊重旁人的作风，博得了大众的敬意。再说，一清如水的生活，诚实不欺的性格，在无论哪个阶层里，即使心术最坏的人也会对之肃然起敬。在巴黎，真正的道德，跟一颗大钻石或珍奇的宝物一样受人欣赏。没有一个演员，一个编剧，一个舞女——不管她怎样的无赖——敢对邦斯和许模克捣鬼或搅什么缺德的玩意的。邦斯有时还在后台出现，许模克却只认识从戏院边门通往乐队的地下甬道。休息时间，德国老头偶尔对池子里瞧一眼，向一个吹笛子的，生在斯特拉斯堡而原籍德国开尔的乐师，打听那些月楼上的怪人物是什么来历。许模克天真的头脑，从笛师那儿受了一番社会教育之后，对于众口喧传的交际花，朝三暮四的姘居生活，红角儿的挥霍，女案目的舞弊，慢慢的也觉得真有可能了。无伤大雅的放荡，这老实人已经认为糜烂的大都会生活中最要不得的罪恶，他听了笑笑，仿佛是海外奇谈，无法相信的。精明的读者，当然懂得邦斯和许模克照时髦的说法是受人剥削的；不错，他们在金钱上是吃了亏，但在人家的尊敬和态度上占了便宜。

高狄沙公司靠了某一出芭蕾舞剧的走红而很快的赚了钱之后，经理们送了一组银铸的人像给邦斯，据说是却里尼的作品，价值的惊人竟成为后台的谈话资料。原来人家花了一千五百法郎！好好先生一定要把礼物退回。高狄沙费了多少口舌才硬要他收下了。

"唉！咱们要找到像他这样的演员才好呢！"高狄沙对股东们说。

两位朋友的共同生活，表面上那么恬静，唯一的扰乱是邦斯不惜任何牺牲的那个癖；他无论如何非在别人家里吃晚饭不可。每逢他穿衣服而许模克恰好在家的时候，德国人总得对这个要命的习惯慨叹一番。

"要是他吃得胖些倒还罢了！"他常常这么说。

而许模克一心希望能有个办法，治好朋友那个可耻的恶习；因为真正的朋友在精神方面的感应，和狗的嗅觉一样灵敏；他们能体会到朋友的悲伤，猜到悲伤的原因，老在心里牵挂着。

许模克虽然丑得可怕，还有股恬静出世的气息给冲淡一下；可是邦斯以纯粹法国人的性格，浪漫谛克的气质，眉宇之间就没有那种风采。你们想罢，他右手小指上还戴着一只钻戒，那在帝政时代还过得去，到了今日岂不显得可笑？德国人看到朋友满面愁容的表情，知道他吃白食的角色越来越当不下去了。一八四四年十月，邦斯能够去吃饭的人家已经很有限。可怜的乐队指挥只能在亲戚中间走动，并且，我们在下文可以看到，他把亲戚两字的意义也应用得太广了。

从前在蒲陶南街上做绸缎生意的富商加缪索，前妻是娶的邦斯的嫡堂姊妹，一个有钱的独养女儿。她的父亲和邦斯的父亲便是供应内廷的刺绣商，有名的邦斯兄弟。音乐家邦斯的父母都是那铺子的合伙老板。一七八九年大革命之前创设的刺绣工场，到一八一五年上，由加缪索太太的父亲盘给了列凡先生。退休将近十年的加缪索，一八四四年时当了国会议员，厂商公会的委员。因为加缪索一族的人对邦斯很好，邦斯便自认为跟加缪索后妻所生的孩子也是甥舅，其实他们之间一点亲戚关系都谈不上。

加缪索的填房是加陶家的小姐，邦斯既是加缪索的舅子，连带就跟加陶家认了亲戚。加陶也是一个布尔乔亚大族，近亲远戚之多，使他们的势力不下于加缪索族。加缪索后妻的兄弟加陶公证人，太太是娶希弗维尔家的，大名鼎鼎的希弗维尔是化学业的巨头，和安赛默·包比诺有姻亲。大家知道[1]，包比诺在药材批发业中称霸的时期很久，又给七月革命捧上了台，成为拥护路易·菲利普的中心人物。邦斯附着加缪索与加陶的骥尾，闯入了希弗维尔家；又从希弗维尔家一路溜进了包比诺家：说起来，他到处是舅子的舅子。

我们知道了老音乐家的这些亲戚关系，便可懂得他怎么在一八四四年上还会有人很亲昵的招待他：第一位是包比诺伯爵，贵族院议员，前任农商部部长；第二位是加陶，退休的公证人，现任巴黎某区的区长兼国会议员；第三位是老加缪索，国会议员，厂商公会的委员，未来的贵族院议员；第四位是加缪索·特·玛维尔，老加缪索前妻所生的儿子，也就是邦斯唯一

---

[1] 包比诺的身世，在《赛查·皮罗多盛衰记》，《大名鼎鼎的高狄沙》两部小说中曾有详细叙述，故作者在此有"大家知道"之句。又包比诺在《贝姨》中亦有提及。

的，真正的嫡堂外甥。

小加缪索为了跟父亲和后母所生的兄弟们有所区别，在姓氏后面加上一处田产的名字——玛维尔。一八四四年时，他是巴黎高等法院的一个庭长。

加陶公证人的女儿，嫁给受盘加陶事务所的后任贝蒂哀。邦斯自命为加陶事务所的一分子，理当一并移交，去做贝蒂哀家的座上客。在那边吃饭的权利，照邦斯说来是有老公证人为证的。

这个布尔乔亚的天地，便是邦斯所谓的亲属，也就是他千辛万苦保留着一份刀叉的人家。

那些人家中间，加缪索庭长照理应当是待他最好的，而他也特别巴结这一家。不幸，庭长夫人——她的父亲蒂里翁是路易十八与查理十世的传达官——对丈夫的舅舅从来没有表示过殷勤。邦斯白白的费了不少时间去奉承她，义务教加缪索小姐弹琴，可是他没法把那个头发半红不红的姑娘造成一个音乐家。本书开场的时候，他正捧着一件宝物要到外甥家里去。玛维尔府上庄严的绿幔子，淡褐色的糊壁花绸，椅子上的丝绒面，古板的家具，屋子里一派森严的法官气息，老是使邦斯心虚胆怯，仿佛走进了蒂勒黎宫。奇怪的是他在城墙街包比诺公馆，因为屋里摆满了艺术品，倒觉得很自在；原来前任部长自从进了政界以后，忽然风雅成癖，也许他在政治上搅的丑事太多了，需要收集一些美妙的艺术品调剂一下。

07

收藏家的得意

　　玛维尔庭长住在汉诺威街，屋子是十年前庭长太太在父母去世之后买下来的。蒂里翁老夫妇大约有十五万法郎的积蓄留给女儿。屋子在街上坐南朝北；外表有点儿阴气；但靠院子的一边是朝南的，院子尽头有所相当美丽的花园。法官住着整个的二层楼，从前是路易十五时代一个极有势力的银行家住过的。三楼租给一位有钱的老太太。整幢屋子又幽静又体面，刚好配合法官的身份。玛维尔乡下那块良田，当初还剩下一部分没有受主，庭长把二十年的积蓄，凑上母亲的遗产，去买了一个年收一万二的农场，一所别墅，那种壮丽的古迹如今在诺曼底还能看到。别墅四周还有个一百亩的大花园。这规模今日之下已经近乎王侯气派了。庭长为了别墅和花园每年得花上三千法郎，把庄园的净收入减到九千。九千之外，再加他的薪俸，一年的进款统共是二万左右，表面上应当是足够的了，尤其他的嫡母只生他一个，父亲方面的遗产将来还有半数可得。但巴黎的开销和因地位关系不得不撑的场面，使玛维尔夫妇差不多把每年的进款花得一文不剩。到一八三四年为止，他们一向是手头很紧的。

这笔账可以说明二十三岁的玛维尔小姐为什么还没有嫁掉。虽然有十万法郎陪嫁,虽然将来还有遗产可得的话常常很巧妙的在嘴上搬弄,依旧没用。邦斯舅舅五年来老听着庭长太太絮絮叨叨的抱怨,她眼看所有的后备员都结了婚,新任的推事已经有了孩子;可是她把玛维尔小姐未来的家私,在毫不动心的,年轻的包比诺子爵前面尽量炫耀,也始终没有结果。这子爵便是药材业大王的长子;据龙巴街上一般眼红的人说,当年闹七月革命简直是为的包比诺,至少也得说他对革命的果实和路易·菲利普平分秋色。

走到旭阿梭街,快要拐进汉诺威街的时候,邦斯就莫名其妙的张皇起来。那种感觉使一个问心无愧的人所受的罪,像最坏的坏蛋看到了宪兵一样。而邦斯的忐忑不安,只是为了不知道庭长太太这一回怎样招待他。老在破坏他心房组织的那颗沙子,并没有给磨钝,棱角倒反越来越尖锐;庭长府上的仆役还要时时刻刻去撩拨那些刺。加缪索他们对邦斯的轻视,邦斯在亲属中间地位的低落,对仆役也有了影响:他们虽不至于对他不敬,却把他看成穷光蛋一流。

他的死冤家是玛维尔太太和玛维尔小姐的贴身女仆,一个干枯瘦削的老姑娘,叫作玛特兰纳·维凡。玛特兰纳虽是酒糟皮色,也许正为了这个酒糟皮色和蛇一般细长的身材,立志要做邦斯太太。她拿两万法郎的积蓄在老鳏夫面前招摇,可是邦斯对这张酒糟脸表示无福消受。一厢情愿的女仆,存心想做主人的舅母而没有做成,从此跟可怜的音乐家结了仇,想尽方法欺侮他。听到老人走上楼梯,玛特兰纳会老实不客气的叫出来,故意要他听见:"哦!吃白食的又来了!"逢着男当差不在,由她侍候开饭的话，她就在老人的杯中只斟一点儿酒，冲上很多的水[1]，使他不容易把满满的杯子端向嘴边而不泼出来。她假装忘了给老人上菜，让庭长太太提醒她（而那种口气简直教邦斯脸红），再不然就泼些汤汁在他衣服上，总之是下人们阴损一个上级的可怜虫的那套玩意儿，他们知道那样做是绝不会挨骂的。

---

[1] 法国人饭桌上喝的红酒白酒，临时常冲凉水，多少任意。但好食善饮的人，绝不喜欢加水，更不喜欢加大量的水。

08

倒霉的舅舅不受欢迎

又是贴身女仆又是管家，玛特兰纳·维凡从加缪索夫妇结婚的时候就跟了他们。主人初期在内地过的苦日子，她是亲眼目睹的：加缪索先生那时在阿朗松地方法院当推事。一八二二年，加缪索在芒德法院的庭长任上调进京里当预审推事，她又帮着他们在巴黎撑持门户。她和这个家庭的关系既这样密切，自然免不了满肚皮的牢骚。想做庭长先生的舅母，岂非跟骄傲而野心勃勃的庭长太太开玩笑吗？这欲望明明是憋在肚子里的怨气逼出来的；她心中的许多小石子，有朝一日简直能变作一场大风雹。

"哦，太太，"玛特兰纳进去报告，"你们的邦斯先生又来了，还是穿的那件斯宾塞！我真想问问他，用什么方法保存了二十五年的！"

加缪索太太听见在她卧房与大客厅之间的小客厅中有个男人的脚步声，便望着女儿耸耸肩。

"玛特兰纳，你老是通报得这么巧妙，教我措手不及。"

"太太，约翰出去了，只有我在家。邦斯先生打铃，是我去开的门；像他这样的熟客，总不成拦着他不让进来：此刻他正在脱他的斯宾塞呢。"

"我的小猫咪,"庭长太太对女儿说,"这一下可完啦,我们只能在家吃饭了。"然后,看见她心爱的小猫咪哭丧着脸,便补充一句:"你说,要不要把他一劳永逸的打发掉?"

"哦!可怜的人,那他不是少了一处吃饭的地方吗?"加缪索小姐回答。

小客厅里响起几声假咳嗽,表示:"我听见你们说话呢。"

"好,让他进来吧。"加缪索太太扯了扯肩膀,吩咐玛特兰纳。

"舅公,想不到你来得这么早,"赛西尔·加缪索小姐装着撒娇的神气,"妈妈刚要去穿衣服呢。"

舅公眼梢里看到庭长太太肩头的动作,不由得一阵心酸,把客套话都忘了,只意义深长的回答一句:

"你老是这么可爱,小外甥!"

然后转身对她母亲弯了弯腰,又道:

"亲爱的外甥,你不会怪我早来了一步吧,你上次要的东西,我特意给捎来了……"

可怜的邦斯每次叫出外甥二字,庭长夫妇和庭长小姐就要觉得头疼。这时他从上衣袋里掏出一只雕刻极工的,小长方的檀香匣子。

"哦!我早就忘了!"庭长太太冷冷的回答。

这句话的确太狠了!那岂非把这位亲戚的情意看作一文不值吗?固然他没有什么错,但谁教他是个穷亲戚呢?

"可是,"她又道,"你太好了,舅舅。这小玩意儿是不是要我花很多钱呢?"

这一问使舅舅心里打了个寒噤，他本想拿这件古玩来缴销他吃了多少年的饭的。

"我想你可以赏个脸，让我送给你吧。"他的声音有点儿发抖了。

"那怎么行！咱们之间不用客气，都是自己人，谁也不会笑话谁。你又不是那么有钱好随便乱花的。费了时间各处去找，不是已经很够了吗？……"

"亲爱的外甥，这把扇子倘使要你出足价钱，你也不想要的了，"可怜虫有点儿生气的回答，"这是一件华多的精品，两边都是他画的；可是，外甥，你放心，以艺术价值来说，我给的钱连百分之一还不到。"

对一个有钱的人说"你穷！"等于对葛勒拿特的总主教说他的布道毫无价值[1]。凭着丈夫的地位，玛维尔的田庄，出入宫廷舞会的资格，庭长夫人素来自命不凡，听到这样的话，尤其是出自穷音乐家之口，还是一个受她恩惠的人，当然是大不高兴了。她马上顶了一句：

"那么，卖这些玩意儿给你的人都是二百五了？"

"巴黎是没有二百五的生意人的。"邦斯冷冷的回答。

"那一定是靠你的聪明喽。"赛西尔想借此转圜。

"告诉你，小外甥，我的聪明就是在于认得朗克莱，巴丹，华多，葛溧士；可是主要我是想讨你亲爱的妈妈喜欢。"

玛维尔太太又虚荣又无知，不愿意显出她从清客手中收受一

---

1 勒沙日小说《奚尔·勃拉》第七卷第三，四章，述葛勒拿特的总主教嘱托奚尔·勃拉，倘发现他的布道不甚精彩，即当直言无讳，以为箴规。后总主教不幸中风，病愈后的布道理路不清，奚尔·勃拉即遵嘱进言，不料竟大拂主教之意。

点儿礼物,而她的无知又刚好帮了她的忙,因为她连华多的姓名都是初次听到。另一方面,邦斯二十年来第一次有勇气跟外甥媳妇顶嘴,可见收藏家的自尊心强到什么程度,原来那是和作家不相上下的。邦斯也对自己的胆气吃了一惊,便赶紧和颜悦色,拿着那把珍奇的扇子,把扇骨的美妙指给赛西尔看。可是要了解好好先生心惊胆战的原因,必须把庭长太太略为描写一番。

玛维尔太太本是矮身量,淡黄头发,从前又胖又滋润,到四十六岁已经干瘪了,人也更矮了。突出的脑门,凹进去的嘴巴,年轻的时候还有鲜嫩的皮色给点缀一下,现在可使她天生傲慢的神色更像老是生气的模样。在家里霸道惯了,面貌之间有股肃杀之气。年纪大了,淡黄头发变成生辣的栗色。目光炯炯而火气十足的眼睛,显出司法界人士的威严和勉强抑捺着的妒意。的确,在邦斯去吃饭的那批暴发户中间,庭长太太算是穷酸的了。她就不能原谅有钱的药材商,从商务裁判所所长一跃而为议员,部长,伯爵,并且进了贵族院。她也不能原谅她的公公,在包比诺进贵族院的时候,竞选到本区的议员,把大儿子的机会给抢掉了。丈夫在巴黎当了十八年差事,她还没有能看到他升做最高法院的法官,其实这也是他庸碌无能所致。一八四四年,司法部长还在后悔,不该在一八三四年上把加缪索发表为高等法院的庭长;人家派他在控诉部工作:因为早先当过预审推事,他总算能起草判决书什么的,办点儿事。

09

信手拈来的宝物

　　遭到这些不如意的事,对丈夫的才具又认识得相当清楚,庭长太太的苦闷不知不觉的把精力消磨完了,使她肝火旺得不得了。泼辣的性子,一天天的变本加厉。她年纪没有老,人已经老悖,有心做得冷酷无情,像刷子一般浑身是刺,教人为了害怕不得不对她予取予求。凶悍狠毒,朋友极少,她可是声势浩大,因为有一批跟她性格相仿,彼此回护的老虔婆替她助威。可怜的邦斯见了这个巾帼魔王,素来像小学生见了一个动不动就用戒尺的老师。所以那天庭长太太很奇怪舅舅怎么敢一下子这样大胆,因为她完全不知道礼物的价值。

　　"这个你在哪儿找来的？"赛西尔仔细瞧着那古董问。

　　"在拉北街上的一个古董铺里。你知道,特滦镇附近有所奥南别墅,从前曼那别墅没有盖起的时候,篷巴杜夫人在那儿住过。最近别墅给拆掉了；其中有最精美的木器,连木雕大家李哀那都保留着两个椭圆框子做模型,认为天下无双的精品……别墅里头好东西多得很。这把扇子,便是我那个古董商在一口嵌木细工的柜子里找到的。我要是收藏木器,一定会买那个柜子；可是甫提啦……一件列斯奈制造的家具,要值三四千法郎!十六、十七、十八世纪,德、法两国嵌木细工的专家做的木器,简直跟图画没有分别:这一点巴黎已经有人知道了。收藏家的长处就在于开风气。你们等着瞧罢,我收藏了二十年的法朗肯塔尔瓷器,再过五年,巴黎的价钱一定要比赛佛软坯高过两倍。"

"什么叫作法朗肯塔尔?"赛西尔问。

"那是巴拉提那选侯的官窑;它比我们的赛佛窑更早,就像有名的海得尔堡园亭比凡尔赛园亭更古老,因为更古老,所以被我国的丢兰纳将军给毁了[1]。赛佛窑好些地方都模仿法朗肯塔尔……说句公道话,德国人在萨克斯和巴拉提那两郡,在我们之前早已做出了不起的东西。"

母女俩互相瞪着眼,仿佛邦斯在跟她们讲外国话。巴黎人的无知与偏狭,简直难以想象;他们什么事情都得有人教了才知道,而且还得在他们想学的时候。

"你怎么辨得出法朗肯塔尔的瓷器呢?"

"凭它的标记呀!"邦斯精神抖擞的回答,"那些宝贝都有标记的。法朗肯塔尔的出品有一个C字和T字(巴拉提那选侯Charles–Théodore的缩写),交叉在一起,上面还有选侯的冠冕为记。萨克斯老窑有两把剑,还有一个描金的数目字。文赛纳窑的图案是个号角。维也纳窑有个圆体的V字,中腰加一画。柏林窑加两画。玛扬斯窑有个车轮。赛佛窑有两个L,王后定烧的那一批有个A字,代表Antoinette,上面还画一个王冠。十八世纪各国的君

---

[1] 海得尔堡为日耳曼名城,宫堡园亭之美,见称于史。一六七三年被法将丢兰纳摧毁一部,迭后屡遭兵燹,终于一七六四年被雷击焚毁。凡尔赛宫在一六七三年时方在兴建,至一六八二年方始竣工。

王,都在制造瓷器上面竞争,把人家的好手拉过来。华多替德累斯顿官窑画的餐具,现在价值连城。可是真要你内行,因为德累斯顿近来出一批抄袭老花样的东西。嘿,当年的出品可是真美,现在再也做不出了……"

"真的?"

"当然真的!现在造不出某些嵌木细工,某些瓷器,正像画不出拉斐尔,铁相,累姆勃朗特,梵·伊克,克拉拿赫!……便是那么聪明那么灵巧的中国人,如今晚儿也在仿制康熙窑乾隆窑……一对大尺寸的真正康熙、乾隆的花瓶,值到六千,七千,一万法郎,现代仿古的只值两百!"

"你这是说笑话吧?"

"外甥,这些价钱你听了出惊,可不算稀奇呢。全套十二客的赛佛软坯餐具,还不过是陶器,出厂的价钱就得十万法郎。这样一套东西,一七五○年已经在赛佛卖到十五万。我连发票都看见过。"

"那么这把扇子呢?"赛西尔问,她觉得那古董太旧了。

"你听我说,承你好妈妈瞧得起我,问我要把扇子以后,我就各处去找,跑遍了巴黎所有的铺子,没有能找到好的。为庭长夫人,非弄一件精品不可,我很想替她找玛丽·安多纳德的扇子,那是所有出名的扇子中最美的一把。可是昨天,一看到这件妙物,我简直愣住了,那一定是路易十五定做的。天知道我找扇子怎么会找到拉北街,找到一个卖铜铁器,卖描金家具的奥凡涅人那里去的!我相信艺术品是有灵性的,它们认得识货的鉴赏家,会远远的招呼他们,对他们叫着:喂!喂!来呀!……"

庭长太太望着女儿耸耸肩,邦斯却并没发觉这一刹那间的动作。

"这些精打细算的旧货鬼,我全认识。那古董商在没有把收进的货转卖给大商人之前,总愿意让我先瞧一眼的,我便问他:'喂,莫尼斯特洛,近来收了些什么呀?有没有门楣什么的?'经我这一问,他就告诉我,李哀那怎样的在特滦圣堂替公家雕刻些很了不起的东西,怎样的在奥南别墅拍卖的时候,趁巴黎商人只注意瓷器和镶嵌木器的当口,救出了一部分木雕。——'我没有弄到什么,可是靠这件东西,大概收回我的旅费是不成问题的了。'他说着给我看那口柜子,真是好东西!蒲舍画的稿本,给嵌木细工表现得神极了!……教人看了差点儿要跪在它前面!他又说:'哎,先生,你瞧这个抽斗,因为没有钥匙,被我撬开了找出这把扇子来!你说,我可以卖给谁呢?……'他拿给我这口檀香木雕的小匣子。'瞧,这是那种跟后期哥特式相仿的篷巴杜式。'我回答说:'哦!匣子倒不坏,我可以要!至于扇子,莫尼斯特洛,我没有什么邦斯太太好送这种老古董;并且现在有的是新出品,非常漂亮,画得挺好,价钱还很便宜。你知道吗,巴黎有两千个画家呢!'说完了,我漫不经心的打开扇子,一点不露出惊叹的表情,只冷冷的瞧了瞧两边的扇面,画得多么轻灵,多么精细!呵,我拿着篷巴杜夫人的扇子呢!华多为此一定花过不少心血。我问他:'柜子要卖多少呢?'——'哦!一千法郎,已经有人出过这价钱了!'——我对扇子随便给了个价钱,大概等于他的旅费。我们彼此瞪了瞪眼,我看出他是给我拿住了。我赶紧把扇子放进匣子,不让奥凡涅人再去细瞧;我只装作对匣子看得出神,老实说,那也是件古董呢。我对莫尼斯特洛说:'我买扇子,其实是看中匣子。至于那口柜子,绝不止值千把法郎,你瞧瞧那些黄铜镶嵌的镂工吧,够得上做模型……人家拿去大可以利用一下,外边绝对没有相同的式样,当初是专为篷巴杜夫人一个人设计的……'那个家伙一心想着柜子,忘了扇子,我又给他指点出列斯奈木器的妙处,他就让我三钱不值两文的把扇子买了来。得啦,就是这么回事。可是要做成这样的买卖,非老经验不可!那是你瞪我一眼,我瞪你一眼,和打仗一样,而犹太人,奥凡涅人的眼睛又是多厉害的哟!"

他提到略施小技把没有知识的古董商骗过了的时候,那种眉飞色舞的表情,老艺术家的兴致,大可给荷兰画家做个模特儿,可是在庭长太太母女前面,一切都白费了,她们冷冷的,鄙夷不屑的彼此眨巴着眼睛,仿佛说:

"瞧这个怪物!……"

"你觉得这些事情好玩吗?"庭长夫人问他。

邦斯一听这句话心就凉了,恨不得抓着庭长夫人揍一顿。他回答说:

"哎,好外甥,觅宝就像打猎一样!你追上去吧,劈面又来了敌人要保护那些珍禽异兽!这一下大家都得勾心斗角了!一件精品加上一个诺曼底人,或是犹太人,或是奥凡涅人,不就像童话里的公主由一些妖魔给看守着吗?"

"你又怎么知道那是华——华什么?"

"华多!我的外甥!他是十八世纪法国最伟大的画家之一。瞧,这不是华多的真迹是什么?"他指着扇面上那幅田园风光的画:缙绅淑女扮着男女牧人在那儿绕着圈子跳舞。"多活泼!多热烈!何等的色彩!何等的工夫!像大书家的签名似的一笔到底!没有一点斧凿的痕迹!再看反面:画的是客厅里的跳舞会。

一边是冬景一边是夏景,妙不妙?零星的装饰又多么讲究!保存得多好!瞧,扇骨的梢钉是金的,两头各有一颗小红宝石,我把积垢都给刮净了。"

"既然如此,舅舅,这么贵重的一份礼,我就不敢收。你还是留着去大大的赚笔钱吧。"庭长夫人嘴里这么说,心里只想把精美的扇子拿下来。

"宠姬荡妇之物,早该入于大贤大德之手了,"好好先生这时非常镇静,"只要一百年之久,才能实现这个奇迹。我敢担保,现在宫廷里绝没有一个公主,能有什么东西比得上这件精品的。可叹古往今来,大家只为篷巴杜夫人一流的女人卖力,而忘了足为懿范的母后!"

"那么我收下了,"庭长太太笑着说,"赛西尔,我的小天使,你去瞧瞧玛特兰纳,叫她把饭菜弄得好一点,别亏待了舅舅……"

庭长夫人想借此还掉一些情分。可是非常不雅的当着客人吩咐添菜,好比在正账之外另给几文小账,教邦斯面红耳赤像小姑娘被人拿住了错处一样。这颗石子未免太大了一点,在他心里翻上翻下的滚了好一会。红头发的赛西尔,那种俨然的态度,一方面学着父亲法官式的威严,一方面也有母亲的肃杀之气,这时她走出客厅,让可怜的邦斯自个儿去对付可怕的庭长太太。

10

一个待嫁的女儿

"我的小丽丽真可爱。"庭长太太说。她老是喜欢用从前的乳名称呼赛西尔。

"可爱极了!"老音乐家把大拇指绕来绕去的回答。

"我简直弄不明白这个时代了,"庭长太太接着说,"父亲当着巴黎高等法院的庭长,荣誉团勋三等,祖父又是百万富翁的国会议员,未来的贵族院议员,绸缎批发业中最有钱的大商人,凭了这些都还不中用!"

庭长对新朝代的竭忠尽智最近换到了三等勋章,有些忌妒的人说他是巴结包比诺得来的。上文已经提过,这位部长虽然很谦虚,还是接受了伯爵的封号,据他对好多朋友的说法是"为了儿子"。

"今日之下大家只晓得要钱,"邦斯回答道,"只敬重有钱的人,而且……"

"要是老天把可怜的小查理给我留下来的话,那又怎么得了呢?……"庭长太太叫起来。

"噢!有了两个孩子,你们就难过日子喽!"舅舅接住了她的话,"平分家产的结果就是这么回事[1];可是甥少奶,你放心,赛西尔早晚会攀亲的。我哪儿也没见过这么完美的姑娘。"

邦斯在他去吃饭的那些人家就得卑躬屈膝到这个田地:他做他们的应声虫,把人家的话加上些无聊而单调的按语,像古希腊剧中的合唱队。艺术家的特色,在他早年妙语横生的辞令中表现得淋漓尽致的,他再也不敢显露出来;长年韬晦的结果,差不多把那点特色给磨蚀完了,即使偶然流露,也得像刚才那样马上给压下去。

"可是我自己出嫁的时候,只有两万法郎陪嫁……"

"那是一八一九年吧,外甥?"邦斯抢着说,"还亏你精明能干,又有路易十八的提拔!"

"说是这样说,我女儿人又聪明,心地又好,十全十美跟天使一样,有了十万法郎陪嫁,将来还有一大笔遗产,还是没人请教……"

玛维尔太太谈谈女儿,谈谈自己,直谈了二十分钟;做母亲的手上有了待嫁的女儿,就有这些特别的唠叨。老音乐家在独一无二的外甥家吃了二十年饭,还没听见人家问过他一声事情混得怎么样,生活怎么样,身体怎么样。并且邦斯好比一个阴沟,到处有人把家长里短的话往他那儿倒;大家对他很放心,知道他不敢不嘴严,因为他要随便溜出一言半语,马上就得尝到多少人家的闭门羹。他除了只听不说之外,还得永远附和别人,什么话都听了笑笑,既不敢替谁分辩,也不敢顺着人怪怨谁:在他看来,谁都没错儿。所以人家不拿他当人看,只当作一个酒囊饭袋!庭

---

[1] 法国旧制规定,长子于分配遗产时可独得大部分,大革命后方改为弟兄姊妹,不论长幼,一律平分。

长夫人翻来覆去的拉扯了一大套之后，对舅舅表示，当然说话之间也很留神，只要有人给女儿提亲，她差不多想闭着眼睛答应了。甚至一个能有两万法郎进款的男人，哪怕年纪上了四十八，她也觉得是门好亲事了。

"赛西尔今年已经二十三，万一耽搁到二十五六，就极不容易嫁掉了。那时大家都要问，为什么一个姑娘在家里待了这么久。便是眼前吧，亲戚中间七嘴八舌，对这个问题已经议论太多了。我们推托的话早已说尽：什么她还年轻呀，舍不得离开父母呀，在家里挺快活呀，她条件很苛，要挑门第呀等等。老是这一套不给人笑话吗？何况赛西尔也等得不耐烦了，她很痛苦，可怜的小乖乖……"

"为什么痛苦？"邦斯愣头磕脑的问。

"哎，"做母亲的口气很像一个专门替小姐做伴的老婆子，"眼看所有的女朋友一个一个都结了婚，她心里不觉得委屈吗？"

"外甥，从我上次在府上吃过饭以后，有了些什么事，会教你觉得连四十八岁的男人也行呢？"可怜的音乐家怯生生的问。

"事情是这样的：我们早先约好，要到一个法官家里去商量亲事；他有个儿子三十岁，家产很可观，玛维尔预备替他出笔钱运动一个审计官，他原在那儿当着候补。不料人家来通知我们，说那个青年人迷上了玛皮伊舞场的红角儿，带着她跑到意大利去了……这明明是推托，骨子里是拒绝。对方母亲已经死了，眼前就有三万一年的进款，将来还有父亲的财产可得，还嫌我们穷呢。刚才我们正为了这件事不痛快，所以你得原谅我们的心绪恶劣。"

邦斯在他见了害怕的主人家里，奉承话老是赶晚一步；那时他正搜索枯肠，想拣些好听的说，玛特兰纳却送进一个字条来，等庭长夫人回话。字条是这样写的：

"好妈妈，你不妨把这封信当作爸爸从法院里写来的，叫你带了我上他朋友家吃饭，说我的婚事又有重开谈判的希望，那么舅舅一定会走了，而我们就能照原定计划，上包比诺家吃饭去了。"

"先生这封信是教谁送来的？"庭长太太急不及待的问。

"法院里的听差。"死板板的玛特兰纳老着脸回答。

这句话等于告诉太太：那计策是她跟不耐烦的赛西尔一块儿想出来的。

"好吧，你回报他，说我跟小姐五点半准到。"

11

食客所受的百般羞辱,这不过是一例

玛特兰纳一出去,庭长太太假装很和善的瞧着邦斯舅舅,那眼神对一个感觉灵敏的人,好比挑精拣肥的舌头碰到了加有酸醋的牛奶。

"亲爱的舅舅,晚饭已经预备了,你自个儿吃罢,我们失陪了;我丈夫送信回来,说又要跟法官商量亲事,教我们上那儿去吃饭……咱们之间一点不用客气,你在这儿尽管自便。我什么都不瞒你的,你瞧我多老实……想必你不会要我们的小天使错过机会吧?"

"我吗?噢,外甥,我真想替她找个丈夫呢;可是在我的环境里……"

"那自然谈不上,"庭长太太很不客气的抢着说,"得啦,那么你不走了?我去穿衣服的时候,赛西尔会来陪你的。"

"噢!外甥,我可以上别的地方吃饭的。"

因为穷而受到庭长太太那种待遇,他固然伤透了心,可是想到要自个儿去应付仆人,他更害怕。

"为什么?……饭菜已经预备好了,还不是得给佣人们吃了吗!"

听到这句难堪的话,邦斯仿佛触电似的马上站起身子,冷冷的对外甥媳妇行了礼,去穿上他的斯宾塞。赛西尔的卧房是跟小客厅通连的,房门半开着,邦斯从前面的镜子里瞧见她在那儿笑弯了腰,对母亲颠头耸脑的做鬼脸;这一下老艺术家才明白她们是通同闹鬼。他忍着眼泪,慢腾腾的走下楼梯;他眼看自己给这一家撵走了,可不知道为的什么。

"我太老了,"他心里想,"穷跟老是人家最讨厌的。从今以后要不是邀请,我哪儿也不去了。"

多么悲壮的话!……

厨房在屋子的底层,正对门房。像业主自用的那些屋子一样,大门老是关上,厨房门老是开着的。邦斯听见厨娘和当差的在那儿哈哈大笑:玛特兰纳没想到老头儿这么快就跑了,正在把要弄邦斯的事讲给他们听。当差的很赞成对这个熟客开一下玩笑,说他过年只给一枚三法郎的小洋钱!厨娘说:

"对,可是他真要呕了气,从此不来了,咱们总是少了三法郎的年赏……"

"哦!他怎么会知道?"当差的回答。

"怕什么!反正早晚是这么回事,"玛特兰纳接着说,"他上哪儿吃饭都招人厌,要不到处给人撵走才怪!"

这时音乐家招呼看门女人:"对不起,开门哪!"一听这声痛苦的叫喊,厨房里的人顿时没有了声音。

"他在那里听着呢。"当差的说。

"再好没有,让他听吧,这个老啬鬼是玩儿完啦。"玛特兰纳回答。

可怜虫把厨房里的话都听了去,连最后那句也没漏掉。他打大街上往回走,神气像个老婆子刚同一个要谋害她的人拼命打过了一架。他一边走一边自言自语,脚步很快,有点哆嗦:受伤的自尊心推着他向前,有如狂风之扫落叶。五点左右他发觉自己到了修院大街,简直不明白是怎么来的;奇怪的是他一点也不觉得饿。

邦斯在这时候回去真是一件出人意料的大事;可是要了解这一点,就得把上文保留的关于西卜太太的情形,在这儿说一说。

12

男女门房的标本

  巴黎颇有些诺曼底街那样的街道，教你一进去就像到了内地：在那儿野草会开花，有个过路人就会引起注意，四邻八舍都彼此认识。房屋全要追溯到亨利第四的朝代，当时特意开辟这个区域，要把每条街题上一个州省的名字，中心造一个规模宏丽的广场题献给国家[1]。以后的欧罗巴区等等，便是这个计划的重演。世界上的一切，连人的思想计划在内，都得到处重演。两位音乐家在一所前有院子后有花园的老屋子内，住着三楼全部；临街的一幢，却是在上一世纪玛莱区最走红的时代盖的[2]。前后两幢都是一个八十老人叫作比勒洛的产业，代管的是他用了二十六年的门房，西卜先生和西卜太太。但因进项不多，使一个在玛莱区当看门的人没法生活，所以西卜除了在房租上拿百分之五的回扣，在每车木柴上抽一定数量的燃料之外，还靠他的手艺挣点儿钱：跟好多门房一样，他是个成衣匠。一来二去，西卜在街坊上有了信

---

1 玛莱区中的广场，原名王家广场（今名伏越广场），故作者言"题献给国家"。
2 玛莱区即今巴黎第三第四区的一部分，兴建于十七世纪初亨利四世与路易十三两朝，至十八世纪为止，素为巴黎勋贵旧家的住宅区。

用,不再替成衣铺老板做活,而专门给周围三条街上的人缝补,翻新;这些活儿,他在本区里是没人竞争的。门房很宽敞,空气很好,附带还有间卧房,因此西卜夫妇被认为一区的同业中最幸福的一对。

西卜生得单薄,矮小,整天坐着不动的生活,把他的皮肤差不多变成了橄榄色。伏在跟临街那个装有铁栅的窗洞一般高低的工作台上,平均挣二法郎一天。虽然到了五十八岁,他还在做活;可是五十八岁正是看门人的黄金时代,他们待在门房里正是得其所哉,仿佛牡蛎守着它的壳一样;而且到了这个年纪,他们在一区里是妇孺皆知的人物了。

西卜太太从前是个牡蛎美人[1],凡是牡蛎美人不用追求而自然能遇到的风流艳事,她都经历过来;然后到二十八岁,因为爱上西卜,向蓝钟饭店辞了工。小家碧玉的姿色是保持不久的,尤其是排列成行,坐在菜馆门口做活的女人。炉灶的热气射在她们脸上,使线条变硬;和跑堂的一块儿喝的剩酒,渗进她们的皮肤;因此牡蛎美人的花容玉貌是衰老得最快的。西卜太太还算运气,正式的婚姻和门房的生活,刚好在紧要关头把她的美貌保住了。凭着那种男性美,她很可以做卢本斯的模特儿[2],诺曼底街上忌妒她的同业却胡说乱道,叫她大阿福。皮肤闪闪发光,跟整堆的伊西尼牛油一样教人开胃。虽是胖子,她楼上楼下做起活来,那股快当劲儿却是谁也不能比。她已经到了那一流的女人需要剃胡子的年纪。这不是说她四十八了吗?看门女人的胡子,对业主是整齐与安全的保障。倘若特拉克洛阿瞧见西卜太太大模大样的扶着

---

[1] 巴黎的大酒店雇有专剖牡蛎的女工。牡蛎美人有如我们所谓的豆腐西施。
[2] 法兰德大画家卢本斯(1577—1640)所作裸体女子,素以丰硕壮健著称。

她的长扫帚,准会把她画做一个罗马时代的女战神的。

古怪的是,西卜夫妇(照法院公诉书的口吻,应当说男人西卜,妻某氏)的地位,竟会有一天影响到两位朋友的生活!所以写历史的人不得不把门房的内情叙述得详细一点,以求忠实。临街的屋子一共有三个公寓,院子和花园之间的老屋也有三个公寓,全部房租共计八千法郎左右。此外有个卖旧铜铁器的商人叫作雷蒙诺克的,占着一个靠街的铺面。这雷蒙诺克近几月来改做了古董生意,很知道邦斯藏品的价值,看见音乐家进进出出,总得在铺子里向他打个招呼。所以西卜夫妇除了住房跟柴火不花钱之外,房租上的回扣大概有四百法郎;西卜做活的收入每年统扯有七八百;加上年赏什么的,进款的总数约有一千六,都不折不扣的给夫妻俩吃掉了。他们日子过得比一般的平民都好,西卜女人老说:"人生一世,只此一遭!"由此可见她这个大革命时期出生的人,干脆不知道什么叫作《教理问答》。

眼睛橘黄色而目光傲慢的看门女人,凭着蓝钟饭店的经历,懂得点儿烹调,使她丈夫受到所有的同业羡慕。因此,到了中年而快要踏进老年的时候,西卜夫妇连一百法郎的积蓄都没有。穿得好,吃得好,他们还靠着二十六年的清白在街坊上受人尊重。他们固然家无恒产,可也没有(用他们说法)拿过人家唔个小钱;因为西卜太太讲话特别多用N音,她对丈夫说:"你唔是个唔宝贝!"这种怪腔怪调,是跟她的不理会宗教一样的无理可说。两口儿对于这种毫无亏心事的生活,六七条街上的人的敬重,业主让他们管理屋子的大权,非常得意;可是有了这些而不能同时也有储蓄,不免使他们暗中发急。西卜常常抱怨手脚酸痛,而西卜太太也嘀嘀咕咕的,说她可怜的西卜到这个年纪还得做活。早晚会有那么一天,一个看门的过了三十年这种生活之后,要怨政府不公平,没有给他荣誉团勋章!只要有人在闲话中间提到某个老妈子只干了靠十年,东家便在遗嘱上给了她三四百法郎终身年金,马上会一传十,十传百,到处在门房里引起许多唠叨,证明巴黎那些干下等行业的存着多少忌妒的心:

"唉!咱们哪,就轮不到在遗嘱上有个名字!咱们没有这福气!可是哼,那些仆人能跟我们比吗?我们是人家的心腹,经手房租,替他们看着这个,守着那个;可是人家只拿我们当狗看待,不多不少,就跟狗一样,你瞧!"

"一切都是运道!"西卜从外边拿着件衣服回来,说。

西卜太太双手插在粗大的腰里和邻居聊天的时候,直着嗓子叫道:

"要是我把西卜丢在门房里,自个儿去当厨娘,现在也能有三万法郎存起来了。我不会做人,只晓得守着舒服的屋子,暖暖和和的,既不省穿又不省吃的。"

13

大为惊奇

一八三六年,两个朋友一搬进老屋子的三楼,西卜家的生活就大起变化。事情是这样的。许模克,和邦斯一样,住到哪儿都是教门房——不管是男的还是女的——招呼家里的杂务。来到诺曼底街,两位音乐家就决定请西卜太太打杂,每月给她二十五法郎,两人各出十二法郎五十生丁。刚满一年,老资格的看门女人在两个男人家里就能支配一切,等于她支配包比诺伯爵夫人的舅公比勒洛的屋子。她把他们的事当作自己的事,口口声声总是"我的两位先生"。并且,她看到一对榛子钳像绵羊一般的柔和,生活挺马虎,绝对不猜疑人,简直是孩子,她便凭着那种下等阶级妇女的心肠保护他们,疼他们,伺候他们,忠心耿耿,甚至有时会埋怨他们几句,不让他们在日常生活上吃亏——许多巴黎家庭便是这样的增加开支的。两个单身汉花了二十五法郎,无意中竟得了个母亲。发觉西卜太太那些好处之后,他们很天真的向她道谢,说些好话,逢时过节送些小礼,使彼此的关系愈加密切了。西卜太太认为受人赏识比得人钱财更快乐;知遇之感能增加工钱的价值也是人之常情。西卜替两位先生当差的时候,不论是补衣服，是跑腿，或是别的什么，都只收半费。

从第二年起，三楼房客和门房的交情又深了一层。许模克跟西卜太太做成一桩交易，使他疏懒的脾气和百事不想管的愿望，完全得到满足。以每天一法郎半，每月四十五法郎的代价，西卜太太包下了许模克的中饭跟晚饭。邦斯觉得朋友的中饭怪不错，便出十八法郎也包了一顿。这种供应伙食的办法，在门房的收入项下每月增加了九十法郎左右，把两个房客变成了不可侵犯的人物，简直是天神，天使，上帝。咱们的王上据说是很精明的，但宫中对他的侍候能不能像人家对两个榛子钳那么周到，倒很难说了。他们喝的牛奶是直接从桶子里倒出来的原货；报纸是白看二楼或四楼的，那些房客起得晚，必要时可以推说报纸还没送到。

他们的屋子，衣服，楼梯间，一切都由西卜太太收拾得像法兰德人家一样干净[1]。许模克从来没想到能这样的快乐；西卜太太把他的生活安排得十分简便；花上六法郎，洗衣服和缝补也归西卜太太包办了。伙食账跟洗衣费之外，另外买十五法郎的烟丝；每月这三项开销共计六十六法郎，一年七百九十二法郎。再加二百二十法郎的房租和捐税，一共是一千零十二法郎。西卜负责许模克的衣着，约需一百五十法郎。这位潇然意远的哲人，一年花上一千二百法郎便对付过去了。在玛莱区诺曼底街，靠西卜太太帮忙，一个人有一千二年金就能快快活活的过日子：那些一心想住到巴黎来的欧洲人听了，不是要喜出望外吗？

那天，看到邦斯在傍晚五点左右回家，西卜太太简直发呆了。不但这是从来未有的事，而且她的先生连看都没有看见她，

---

[1] 法兰德（Flandre）为今比国西北部滨海地区之古称，法兰德人为近代欧洲史上最爱清洁之民族。

更不必说招呼她了。

"喂！西卜，"她对丈夫说，"我看邦斯先生不是发了财，便是发了疯！"

"大概是吧。"西卜回答的时候把一只衣袖掉了下来，照裁缝的俗语说，他正在给那只袖子加衬头。

14

两只鸽子的寓言成了事实[1]

邦斯木偶似的回家,西卜太太刚巧端整好许模克的晚饭。饭菜是整个院子都闻到味儿的一盘所谓红焖牛肉。向一家熟货店买来的零头零尾的白煮牛肉,跟切成小薄片的洋葱放在牛油里尽煎,煎到肉和洋葱把油都吸干了,使看门女人的大菜看上去像炸鱼。西卜太太预备给丈夫和许模克平分的这个菜,加上一瓶啤酒,一块乳酪,就能教德国老音乐家心满意足。你们可以相信,便是全盛时期的所罗门王也没有比许模克吃得更好。今天是把白煮牛肉加上洋葱煨一煨,明天是把残余的子鸡红烧一下,后天是什么冷牛肉和鱼,浇上西卜女人自己发明的一种沙司,连做母亲的也会糊里糊涂给孩子吃的沙司[2];过一天又是什么野味,都得看大街上的菜馆卖给小熟货店的是哪一类东西,有多少数量。这便

---

[1] 许拉·封丹《寓言》第九卷第二篇,题名《两只鸽子》,描写一对友情深厚的鸽子,一只喜欢家居,一只喜欢旅行。旅行鸽不顾居家鸽苦劝,仍欲出外游历。途中先遇到大风雨,狼狈不堪;继而堕入鸟网,险被擒获;又遭鹰隼追迫,几乎丧命;终被儿童弹丸击中,折足丧翼,幸得回巢,与旧侣团聚,共庆更生。
[2] 沙司为西菜中浇在鱼或肉类上面的酱汁,大概可分黑白两种,以牛肉汤或鸡汤为底,调以面粉,另加作料,做法各有巧妙不同。欧洲人对沙司之重视不下于正菜本身。

是许模克的日常菜单；他对于好西卜太太端上来的东西从来没有一句话，总是满意的。而好西卜太太把这个菜单逐渐克减，结果只要一法郎就能对付。

"可怜的好人有什么事，我马上就能知道，"西卜太太对丈夫说，"瞧，许模克先生的夜饭预备好啦。"

西卜太太在陶器菜盘上盖了一只粗瓷碟子，虽然上了年纪，还能在许模克给邦斯开门的时候赶到。

"你怎么啦，好朋友？"德国人看见邦斯面无人色，不由得吓了一跳。

"等会告诉你；现在我来跟你一块儿吃夜饭……"

"怎么！和我一块儿吃？"许模克高兴得叫起来，但又想起了朋友讲究吃喝的脾气，"那怎么行呢？"

这时，德国老头发觉西卜太太以管家的资格有名有分的在那儿听着。凭着一个真正的朋友所能有的灵感，他直奔女门房，把她拉到楼梯间：

"西卜太太，邦斯这好人是喜欢吃的；你上蓝钟饭店去叫点儿讲究的菜：什么鳗鱼呀，面条呀！总之要像罗古罗斯吃的一样[1]！"

"什么罗古罗斯？"西卜太太问。

"得啦，你去要一个清烧小牛肉，一条新鲜的鱼，一瓶波尔多，不管什么，只要挑最好的菜就行了：譬如糯米肉饼，熏腊肉等等！你先把账给付了，一句话都别说，明儿我还你钱就是了。"

---

[1] 罗古罗斯为公元前二世纪时罗马帝国的名将，以饮食奢豪有名于世。

许模克搓着手，喜孜孜的回进屋子；可是听到朋友一刹那间遇到的伤心事，他脸上慢慢的又恢复了发呆的表情。他尽量安慰邦斯，搬出他那一套对社会的看法：巴黎的生活有如一场无休无歇的暴风雨，男男女女仿佛都给疯狂的华尔兹舞卷了去；我们不应该有求于人，他们都只看表面，"不看内心的"，他说。他又提到讲了上百次的老故事，说有三个女学生，是他生平最喜欢而为之不惜任何牺牲的；她们也对他挺好，还每年各出三百法郎，凑成九百法郎的津贴送他；可是她们哪，这些年来一次也没来看过他，都身不由主的给巴黎生活的狂潮冲走了，甚至最近三年他上门去也没能见到她们。（事实上许模克拜访那般阔太太，都是上午十点钟去的！）至于津贴，那是由公证人分季支给他的。

"可是她们心真好。对于我，她们简直就是保护音乐的女神。包当杜哀太太，王特奈斯太太，杜·蒂哀太太，个个都是怪可爱的。我看见她们的时候总是在天野大道，她们可看不见我……她们对我多好，我尽可上她们家吃饭，她们一定很欢迎；我也可以上她们的别墅去住，可是我宁愿和我的邦斯在一起，因为我随时可以看到他，天天看到他。"

邦斯抓起许模克的手紧紧握着，等于把心里的话都表白了。两人相对无语，过了好几分钟，像一对久别重逢的情人似的。

"还是每天在家吃饭吧，"许模克这么说着，暗中反而在感谢庭长太太的狠心，"哎！咱们一块儿去玩古董，那么魔鬼也不会上咱们家来捣乱了。"

要懂得"**咱们一块儿玩古董**"这句悲壮的话，先得知道许模克对古董一窍不通。他为了爱友心切，才不至于在让给邦斯做美术馆用的客厅和书房里打烂东西。许模克全神贯注在音乐里头，一心一意在那儿替自己作曲,他瞧着朋友的小玩意儿,好似一条鱼被请到卢森堡公园去看莳花展览。他对那些神妙的作品很尊敬,因为邦斯捧着他的宝物掸灰的时候很尊敬。朋友在那里低回赞叹,他就在旁凑上一句:"是呀,多好看!"好似母亲看到一个还不会说话的孩子对她做手势,就拿些没有意义的话做回答。自从两位朋友同住之后,许模克眼看邦斯把时钟换了七次,总是越换越好。换到最后,是蒲勒雕的最精美的一座,紫檀木上镶着黄铜,有好几个雕刻做装饰,属于蒲勒第一期的作风[1]。蒲勒的作风有两期,正如拉斐尔的有三期。第一期,他把黄铜与紫檀融和得恰到好处;第二期,他违反自己的主张,改镶螺钿;为了要打倒发明贝壳嵌花的同业,他在这方面有惊人的表现。邦斯尽管引经据典的解释给许模克听,他始终看不出精美的蒲勒座钟和其他的多少钟有什么分别。但既然那些古董与邦斯的快乐攸关,他就格外的爱护,连邦斯自己也不及他那样无微不至。所以听到许模克"咱们一块儿玩古董"的话,难怪邦斯的气都平下去了,因为德国人那句话的意思是:"倘使你在家吃饭,我可以拿出钱来陪你玩古董。"

"请两位先生用饭吧。"西卜太太装着俨然的神气进来说。

我们不难想象:邦斯瞧着尝着这一顿靠许模克的友情张罗得来的晚饭,是怎样的惊喜交集。这一类的感觉一生中是难得有的,彼此老说着"你就是我,我就是你"那样的深情就没有这感觉,因为时时刻刻的关切使受到的人变得麻木了;只要莫逆之交的真情洋溢,与世态炎凉的残酷有了比较,一个人才会恍然大

---

[1] 蒲勒(1642—1732),为法国有名的紫檀木雕刻家,在装饰美术上极有贡献。

悟。两颗伟大的心灵,一朝由感情或友情结合之后,全靠外界的刺激把他们的交谊不断的加强。因此邦斯抹掉了两滴眼泪,而许模克也不能不抹着他湿透的眼睛。他们一句话不说,可是更相爱了,他们只点首示意,而安神止痛的表情,使邦斯忘了庭长太太丢在他心中的小石子。许模克拼命搓着手,几乎把表皮都擦破,因为他心血来潮,忽然有了个主意。德国人平时对诸侯们服从惯了,头脑久已迟钝,这一回许模克念头转得这么快,可以说是了不得的奇事。

"我的好邦斯?"许模克开始说。

"我猜着了,你要我每天跟你一块儿吃晚饭……"

"我恨不得有钱,让你天天过这样的生活……"好心的德国人不胜怅惘的回答。

西卜太太,因为不时从邦斯手中得到些戏票,素来把他和包饭客人许模克同等看待的,这时提出了下面那样的计划:

"嗨,嗨,不供给酒,只要三法郎,我就能每天做一顿夜饭,包你们把盘子舔得精光,像洗过了似的。"

"对,"许模克接口道,"西卜太太给我做的菜,我吃得比那些吃王家焖肉的人还要好……"

循礼守法的德国人,为了急于要把邦斯留在家里,居然学着小报上的轻薄,对王上吃的定价菜也毁谤起来了。

"真的吗?"邦斯说,"那么我明天试一试!"

一听见朋友许了这个愿,许模克便从桌子这一头扑到那一头,把台布,盘子,水瓶一齐拖着走,他拼命搂着邦斯的劲儿,好像一条火舌窜向另一条火舌。

"哎啊,我多快活!"他叫着。

西卜太太也受了感动,很得意的说:"好哇,先生天天在这儿吃饭了!"

她的美梦实现了,可是她并没知道促成美梦的内幕。她奔下楼去,走进门房,好似玉才华在《威廉·泰尔》中出场时的神气[1];她把盘子碟子往旁边一扔,叫道:

"西卜,赶快上土耳其咖啡馆要两小杯咖啡,关照炉子上说是我要的!"

然后她坐下来,双手按着肥大的膝盖,从窗里望着对面的墙,自言自语的说:

"今晚上我得找风丹太太去起个课!……"

风丹太太是替玛莱区所有的厨娘,女仆,男当差,看门的……起课卜卦的。

---

[1] 玉才华系巴尔扎克另一小说《贝姨》中的角色,为有名的女歌唱家。《威廉·泰尔》为洛西尼的歌剧。

15

一心想在遗嘱上有个名字

"这两位先生搬来之后,咱们在储蓄银行已经有了二千法郎。不过八年工夫,总算是运气喽!包了邦斯先生的饭,是不是不要赚他的钱,把他留在家里呢?风丹太太一定会告诉我的。"西卜太太这样想着。

看到邦斯和许模克都没有承继人,西卜太太三年来认为两位先生将来的遗嘱上必定有她的名字。她存了这种非分之想,做事格外巴结。一向是个老实人,她的贪心直到她长了胡子才抬头的。依着女门房的心思,两位先生最好完全由她操纵;可是邦斯天天在外边吃晚饭,并没有完全落在她手里。西卜太太原有一些勾引挑逗的念头在脑海中蠢蠢欲动,看着老收藏家的游牧生活只觉得无计可施;但从那餐值得纪念的夜饭之后,她的念头就一变而为惊人的大计划。过了一刻钟,西卜太太又在饭厅里出现了,手里托着两杯芳冽的咖啡和两小杯樱桃酒。

"好一个西卜太太!"许模克叫起来,"她把我的心思猜着了。"

吃白食的朋友又絮絮叨叨的怨叹了一阵,许模克又想出话来哄了他一阵,家居的鸽子要安慰出门的鸽子是不愁没有话说的[1]。然后两人一同出门了。在邦斯受了加缪索家主仆那场气之后,许模克觉得非陪着朋友不可。他懂得邦斯的脾气,知道他坐在乐队里那张指挥椅上,又会给一些忧郁的思潮抓住,把倦鸟归巢的效果给破坏了的。半夜里许模克搀着邦斯的胳膊回家,像一个人对待心爱的情妇似的,一路上告诉邦斯哪儿是阶沿,哪儿是缺口,哪儿是阴沟;他恨不得街面是棉花做的,但愿天色清明,有群天使唱歌给邦斯听。这颗心中他从来抓握不到的最后一角,现在也给他征服了!

  三个月光景,邦斯每天和许模克一起吃晚饭。第一,他先得把玩古董的钱克减八十法郎一月,因为在四十五法郎的饭钱之外,还得花三十五法郎买酒。第二,不论许模克多么体贴,不论他搬出多少德国式的笑话,老艺术家依然想着他早先吃饭的人家那些好菜,好咖啡,饭后酒,饭桌上的废话,虚伪的礼貌,同席的客人,东家长西家短的胡扯。一个人到了日薄西山的时候,要打破三十六年的习惯是办不到的。一百三十六法郎一桶的酒,斟在一个老饕的杯子里是淡薄得很的;所以邦斯每次举起杯子,总得想到别人家中的美酒而千舍不得,万舍不得。三个月末了,邦斯那颗敏感的心几乎为之破裂的痛苦,已经淡忘了,他只想着应酬场中的快意事儿,正如为女人着迷的老头儿痛惜一个几次三番不忠实的情妇。老音乐家虽然把刻骨铭心的苦闷尽量遮掩着,可是显而易见害着一种说不出的,从精神方面来的病。

  要说明这个因破坏习惯而得来的相思病,只消把数不清的小

---

[1] 鸽子的譬喻即引用拉·封丹的寓言,参看前注。

事举一个例子就行,因为那些小事像铁甲衫上的钢丝一般紧裹着一个人的心。邦斯从前最大的快感,也就是吃白食的最高的享受,有一项是新鲜的刺激。女主人们为了要把饭局点缀得像酒席一样,往往很得意的添一盘精美的菜,教人吃的格外津津有味。邦斯就在念念不忘这种胃的享受。西卜太太有心卖弄,把饭菜预先报给他听,使邦斯的生活完全没有了周期的刺激。他的夜饭谈不上新鲜的感觉,再没有我们祖母时代所谓盖着碟子端出来的菜!这就不是许模克所能了解的了。而邦斯为了面子攸关,也不敢说出他的苦处。可是世界上要有什么比怀才不遇更可悲的事,那就是无人了解的肚子了。一般人夸张失恋的悲剧,其实心灵的需要爱情并非真正的需要:因为没有人爱我们,我们可以爱上帝,他是不吝施舍的。至于口腹的苦闷,那又有什么痛苦可以相比?人不是第一要生活吗?邦斯不胜遗憾的想念某些鸡蛋乳脂,那简直是美丽的诗歌!某些白沙司,简直是杰作!某些鲜菌烧野味,简直是心肝宝贝!而更了不起的是唯独在巴黎才吃得到的有名的莱茵鲤鱼,加的又是多精致的作料!有些日子,邦斯想到包比诺伯爵府上的厨娘,不由得叫一声:"噢!莎菲!"过路人听了以为这好人在想他的情妇,哪知他想的东西比情妇还名贵得多,原来是一盘肥美的鲤鱼!沙司缸里盛着鲜明的沙司,舔在舌头上浓酽酽的,真有资格得蒙底翁奖金!过去那些名菜的回忆,使乐队指挥消瘦了很多,他害上了口腹的相思病。

16

德国人中的一个典型

第四个月初,一八四五年正月将尽的时候,戏院里的同事注意到邦斯的健康了。其中有个吹笛子的青年,像差不多所有的德国人一样名叫威廉,幸而他姓希华勃,才不至于和所有的威廉相混,但仍没法和所有的希华勃分清。他觉得必须把邦斯的情形点醒许模克。那天正上演新戏,用得着许模克所担任的乐器。邦斯愁眉苦脸跨上指挥台的时候,威廉·希华勃便指着他说:

"老人家精神不行呢,怕有什么病吧,你瞧,他目光惨淡,挥起棍子来也不大得劲。"

"人到了六十岁总是这样的。"许模克回答。

他为了每天和朋友一同吃饭的乐趣,简直会把朋友都牺牲掉;这情形很像华德·斯各脱所写的那个母亲,为了把儿子多留二十四小时,结果送了他的命[1]。

---

[1] 华德·斯各脱短篇小说集The Chronicles of Canongate中第一篇,述一青年应征入伍,母亲爱子心切,不忍遽离,服以安眠药;致应召失时,被逻卒目为逃兵加以逮捕;逮捕时受母亲怂恿,又将逻卒一人当场格杀;两罪俱发,卒被枪毙。

"戏院里大家都在为他操心,正像头牌舞女哀络绮思·勃里斯多小姐说的,他连擤鼻子的声音都没有了。"希华勃又说。

往常老音乐家捧着手帕擤起他窟窿很大的长鼻子来,声音像吹喇叭,为此常常受到庭长夫人的埋怨。

"只要能让他有点儿消遣,要我怎样牺牲都愿意;他心里闷得慌。"许模克回答。

"真的,我老是觉得邦斯先生了不起,咱们这批穷小子高攀不上,所以我不敢请他吃喜酒。我要结婚了……"

"怎么样的结婚?"许模克问。

"噢!当然是规规矩矩的。"威廉听到许模克问得这么古怪,以为是句俏皮话,其实这个纯粹的基督徒是根本不会挖苦人的。

听见台上的铃响了,邦斯把乐队里的人马瞧了一眼,叫道:

"喂,大家坐下吧!"

乐队奏着《魔鬼的未婚妻》的序曲;那是一出非常叫座的神幻剧,直演了二百场。第一次休息时间,乐队里人都走尽了,只剩下威廉和许模克,场子里的温度在列氏寒暑表上升到三十六度。

"来,把你的故事讲给我听。"许模克对威廉说。

"那个月楼上的年轻人,你瞧见没有?……你认得是谁吗?"

"不认得……"

"那是因为他戴了黄手套,发了财的缘故;他就是我的朋友弗列兹·勃罗纳,那个美恩河上的法兰克福人……"

"是以前到乐队里来,坐在你旁边看戏的那个吗?"

"就是他。可不是变了一个人，教你不相信吗？"

这故事的主角是代表某一种典型的德国人。他的相貌，一方面有歌德的曼非斯托番那种尖刻辛辣的气息[1]，一方面像奥古斯德·拉风登小说中的人物，爱说爱笑，脾气挺好；他又刁猾又天真；有生意人的贪狠，也有跑马总会会员的洒脱；而最主要的还有使少年维特想自杀的那种苦闷，但他的苦闷不是为了什么夏洛蒂[2]，而是为了德国的诸侯。他的脸十足地道是个德国典型：又狡狯，又朴实，又愚蠢，又勇敢，他所有的那点知识只能增加烦恼，所有的经验给他闹一下孩子气就完了；他滥喝啤酒，滥抽烟；再加美丽而无神的蓝眼睛闪出一点可怕的光芒，使身上那些对比格外显著。

弗列兹·勃罗纳穿扮得像银行家一样讲究，在戏院里耸着一个秃顶的脑袋，皮色像铁相画上的，早年的放浪生活与以后的落难生活，还给他在脑壳两旁留下少许金黄头发蜷作一堆，使他恢复家业的那天还有资格去照顾理发匠。他的脸从前长得又俊又嫩，像画家笔下的耶稣基督，如今颜色变得很难看，长了红红的髭和茶褐色的胡子，愈加阴沉了。跟忧患挣扎的结果，眼睛也蓝得不明净了。落魄巴黎的时期所受的种种委屈，使他的眼皮瘪了下去，眼睛的轮廓也改了样；可是当初母亲还认为这对眼睛就是自己的小影而看得出神呢。这个少年老成，未老先衰的小伙子，原是个后母一手造成的。

---

[1] 曼非斯托番为魔鬼的名字，初见于十六世纪的通俗书籍，后歌德用为《浮士德》中魔鬼的名字，遂更知名。
[2] 夏洛蒂为歌德《少年维特之烦恼》中的女主角。

以下我们要讲一个浪子的故事，在虽是中立而不失为开明的、美恩河上的法兰克福城里，那简直是破天荒的怪事[1]。

1　路易·菲利普治下，自一八三六年起，国会中的政府党称为拥护王朝的左派，而反对党则分为中间偏右与中间偏左两派。巴尔扎克常在讥讽此等"中间"派。美恩河上的法兰克福，为日耳曼帝国会议最后集会处，又为独立自由的城市，故作者以此隐射中间派。

17

生在法兰克福的浪子会一变而为百万富翁的银行家[1]

弗列兹的父亲叫作奚台翁·勃罗纳，是法兰克福许多有名的旅馆主人之一；他们都跟银行家上下其手，在法律许可的范围内盘剥旅客的。除此以外，他是个挺规矩的加尔文教徒，娶了一位改宗的犹太姑娘，带过来的陪嫁便是他起家的资本。犹太女人故世的时候，弗列兹只有十二岁，由父亲和舅舅共同监护。舅舅是莱比锡的一个皮货商，维拉士公司的主人；他的性情可不像皮货那么柔和，他要老勃罗纳把小弗列兹的遗产存入阿尔-萨却尔特银行，不得动用。给舅子这个犹太办法一气之下，老头儿续弦了，说没有主妇的监督与帮忙，他对付不了旅馆。他娶了另一个旅馆主人的女儿，没结婚的时候认为她简直十全十美，可是他对于给父母宠惯的独养女儿完全没有经验。第二位勃罗纳太太的行为脾气，就跟那些泼悍而轻狂的德国少女一模一样。她把自己的钱尽量挥霍，又为了跟故世的勃罗纳太太斗气，使丈夫在家里成

---

[1] 法兰克福（德国有两个城叫作法兰克福，美恩河上的法兰克福比较知名，以下即简称法兰克福）的金融事业，在日耳曼占有重要地位，当地银行常与东部柏林的银行互争雄长，故作者在此又作隐喻。

为法兰克福从来未有的最痛苦的人，据说一般百万富翁知道了竟想要市政当局订一条法律，勒令所有的妻子只许爱丈夫一人。那女的喜欢所有的酸酒（德国人一律叫作莱茵佳酿），喜欢巴黎的商品，喜欢骑马，喜欢装扮；总之只要是花钱的，她都爱，就是不爱女人。她和小弗列兹结了仇；这个加尔文教与犹太教的结晶品，要不是生在法兰克福而有莱比锡的维拉士公司做监护，简直会给她气得发疯。可是维拉士舅舅一心忙着他的皮货，除了照顾存在银行里的遗产以外，让孩子由后母摆布。

  雌老虎般的后母，因为费了火车机头那么大的劲也生不出一个孩子来，所以特别恨第一位美丽的勃罗纳太太生的小天使。该死的女人存着恶毒的心，鼓励年轻的弗列兹在二十一岁上就一反德国人的习惯，挥金如土。她希望英国的名马，莱茵的酸酒，歌德的玛葛丽德[1]，把犹太女人的儿子和他的家私一齐毁掉；因为维拉士舅舅在外甥成年的时候给了他一笔很大的遗产。名胜区域的赌场，包括威廉·希华勃在内的酒肉朋友，固然把维拉士舅舅给的钱花光了；可是上帝还有心要这青年浪子给法兰克福的小兄弟们一个教训：所有的家庭都拿他做坏榜样，吓得孩子们只能乖乖的守着装满马克的铁账柜。弗列兹·勃罗纳并没夭折，还有福气把后母送进公墓，那是德国人因为酷爱园艺，借了尊重死者的名目而收拾得特别美丽的。所以第二位勃罗纳太太是死在丈夫之前，而老勃罗纳只得损失了她在银箱里搜刮得去的钱，白吃了好些苦，把大力士一般的体格，在六十岁上就磨得像吃了鲍儿亚的

---

[1] 玛葛丽德为歌德《浮士德》中人物，受浮士德诱惑而失身。

毒药一样[1]。为后妻受了十年罪而还得不到一点儿遗产，这旅馆主人便成了一座海得尔堡的废墟；幸而还有旅客的账单不断给他修补一下，正如海得尔堡废墟也老是有人修葺，使大批参观古迹的游客不至于扫兴。法兰克福人提到他，仿佛提到什么破产的新闻；大家在背后指手画脚的说：

"你瞧，娶个没有遗产的泼妇，再加一个用法国办法教养大的儿子，结果就是这样！"

在意大利和德国，法国人是一切灾祸的根源，一切枪弹的靶子；可是像诗人勒法郎·特·蓬比涅昂说的：**无名小子尽管出口伤人，上帝的神光早晚能照出事情的真相。**

荷兰大旅馆的主人不但在账单上泄愤，使旅客受到影响，还认为儿子是他间接的祸水。所以当小勃罗纳把产业败光之后，老勃罗纳就什么都不管了：面包，清水，盐，火，屋子，烟草，概不供给；在一个开旅馆的德国老子，这的确是恩断义绝的表示。而地方当局，既不考虑做父亲的错误在先，只觉得他是法兰克福最不幸的人，便有心帮助他一下，无端端的跟弗列兹寻事，把他赶出自由市。法兰克福虽是日耳曼帝国会议集会的地方，司法也不比别处更公平合理。世界上难得有什么法官会追溯罪恶与灾祸的根源，去弄清楚第一次把水泼出来的时候是谁挑的水桶。既然勃罗纳把儿子忘了，儿子的朋友们当然群起效尤。

那晚戏院里的新闻记者，漂亮朋友，巴黎妇女，都在奇怪哪儿来的这个神色悲壮的德国人，混在巴黎的时髦场中，孤零零的坐在月楼上看第一次上演的新戏。唉！倘若上面的故事能在这戏

---

[1] 红衣主教赛查·鲍几亚（1475—1507），为教皇亚历山大第六之子，奸诈险毒，残暴凶横，常以毒药谋害同僚及政敌，为欧洲近代史上有名的阴谋家。

院演出的话,它比当晚演的《魔鬼的未婚妻》不知要有趣多少倍,虽然女人受魔鬼诱惑的故事有史以来已经连续演到几十万次[1]。

弗列兹步行到斯特拉斯堡,在那儿的遭遇可比《圣经》上的那个浪子幸运多了。这一点证明亚尔萨斯是了不起的,他有多少慷慨豪侠的心,让那些德国人看看,法兰西民族的秀气与日耳曼民族的笃实,合在一起是多么完美[2]。威廉·希华勃才得了父母十万法郎遗产。他对弗列兹张开臂抱,掏出心来,接他在家里住,拿钱给他花。弗列兹浑身灰土,潦倒不堪,差不多像害了麻风病,一朝在莱茵彼岸,从一个真心朋友手中拿到一枚二十法郎的钱的那种心境,只要咏为诗歌才能描写,而且只有古希腊的大诗人邦达才有那种笔力,能使普天下的人闻风兴起,重振那行将澌灭的友情。弗列兹与威廉两人的名字,和达蒙与比底阿斯,加斯多与包吕克斯,奥莱斯德与比拉特,杜勃滦伊与梅耶[3],许模克与邦斯,或是你给拉·封丹寓言中那样的朋友起的任何名字(以拉·封丹的天才,也只写了两个抽象的典型而没有给他们一个血肉之体)[4],都可以并列而无愧,因为像威廉当初帮着弗列兹把家

---

1 此二语系指《魔鬼的未婚妻》的故事在人间是最常见的,等于是最走红的戏。同时亦隐射夏娃受蛇诱惑的故事,故言"有史以来"。
2 斯特拉斯堡为亚尔萨斯州的首府,亚尔萨斯为德法两国民族交流的地方,民族性兼有两者之长。
3 加斯多与包吕克斯(孪生兄弟),奥莱斯德与比拉特,在希腊神话中均为以友爱著名之人物。达蒙与比底阿斯为纪元前四世纪西拉古斯人,深信毕太哥尔"朋友不分财"的名言,甚至生死相共。比底阿斯以罪被判死刑,刑前归家料理私事,以友人达蒙作为人质,直至行刑前最后一刻比底阿斯方始赶回,以此感动国王而获赦。杜勃滦伊与梅耶为法国二名医,以交谊深厚,同死于传染病。
4 拉·封丹的寓言,只说在摩诺摩太巴地方有两个朋友,并没提到姓名,故言抽象。

产荡尽一样,此刻弗列兹也帮着威廉抽着各种各式的烟草,把遗产吃光。

奇怪的是,两个朋友的家私是在斯特拉斯堡的酒店里,跟跑龙套的女戏子和声名狼藉的亚尔萨斯姑娘糊里糊涂送掉的。两人每天早上都说:

"咱们怎样也该歇手了吧,拿着剩下的一点钱,该打个主意,干点儿正经才好!"

"噢,今儿再玩一天吧,"弗列兹说,"明天……噢!明天一定……"

在败家子的生活中,今天总是一个头等吹大炮的角色,明天总是一个头等胆怯鬼,听了昨天的大话害怕的;今天好比古时戏剧中的牛大王,明天赛似现代哑剧中的小丑。用到最后一张一千法郎的钞票时,两个朋友搭上王家驿车到了巴黎,投奔一个在奚台翁·勃罗纳手下当过领班侍者,此刻在玛伊街开莱茵旅馆的葛拉夫。他们当下就住在旅馆的阁楼上。葛拉夫把弗列兹荐入格雷兄弟银行当职员,拿六百法郎一年薪水;又把威廉荐到他的兄弟,有名的葛拉夫裁缝那里去当会计。葛拉夫替一对浪子谋这两个小差事,表示他并没忘了自己是荷兰大旅馆出身。有钱朋友招留落难朋友,一个开旅馆的德国人救济两个囊无分文的同乡,这两件事也许教有些人疑心这段历史是虚构的;尤其因为近来的小说一意模仿事实,所以事实倒反更像小说了。

弗列兹当着六百法郎的职员,威廉当着六百法郎的会计,发觉在一个像巴黎那么需要花钱的城里过日子是不容易的。所以他们来到巴黎的第二年,在一八三七年上,威廉靠着会吹笛子,进了邦斯的乐队,多挣几个钱开开荤。至于弗列兹,只能凭外婆家维拉士传给他的做买卖的本领去捞些油水。可是虽然拼命的干，法兰克福人直到一八四三年才挣上二千法郎一年，而这还全靠他有弄钱的本领。贫穷这位圣明的后母，把两个青年管教好了，那是他们的母亲没有能做到的；她教他们懂得节省，懂得人生，懂得世故；她以苦其心志劳其筋骨的方式给大人物（他们的童年都是艰难困苦的）受的那一套严厉的教育，也给他们受过了。可惜弗列兹与威廉都是庸庸碌碌的人，不肯全部接受贫穷的教训，只想躲避她的打击，挣脱她的拥抱，吃不消她瘦骨嶙峋的胳膊；他们不能像天才一样逆来顺受，从困苦中去打天下。可是他们总算明白了金钱的可贵，打定主意，倘使再有财神上门，一定要割掉他翅膀不让他飞走了。

18

发财的经过

威廉用德文把这个故事详详细细讲给钢琴家听了,接着又说:

"嗳,许模克老头,再来两句,事情就全明白了。勃罗纳的父亲死了。勃罗纳和我们的房东葛拉夫,都不知道老头儿是巴登铁道的一个创办人,赚了很多钱,留下四百万!今晚我在这儿是最后一次吹笛子了。要不是因为这是第一场的新戏,我早跑啦,可是我不愿意我那部分音乐给弄糟了。"

"这才对啦,小伙子,"许模克说,"可是你娶的是哪一位呢?"

"就是咱们的房东、莱茵旅馆主人葛拉夫先生的女儿。我爱哀弥丽小姐已经爱了七年,她念的爱情小说太多了,竟然把所有的亲事都回掉,一片痴心等着我。这小姐是黎希留街上葛拉夫裁缝唯一的承继人,将来家私很大。弗列兹把咱们一同在斯特拉斯堡吃掉的钱还了我五倍,五十万法郎!……他组织一个银行,投资一百万;我加进五十万,葛拉夫裁缝也来五十万;我的岳父答应我把二十五万陪嫁也放进去,他自己再加二十五万股子。这样,勃罗纳-希华勃公司就有二百五十万资本。最近弗列兹买进一百五十万法兰西银行股票，作为我们银行往来的保证金。他的家产不止这些，还有他父亲在法兰克福的老店，估计值到一百万，已经租给葛拉夫的一个堂兄弟去经营了。"

"你瞧着你朋友的神气不大高兴，是不是忌妒他呢？"许模克问，他把威廉的话听得很仔细。

"我是为了弗列兹的幸福着急，"威廉说，"瞧他那个表情，可是个知足的人吗？想到巴黎我就替他害怕，只希望他学我的样。他老毛病可能再犯的。咱们两人中间，他意志并不比我强。这副打扮，这个手眼镜，都教我担心。他眼睛只看着池子里那些骚女人。唉！你不知道要弗列兹结婚才不容易呢！他最讨厌法国人所谓的追求；我们只能硬逼他成家，像英国人硬逼一个人进天堂一样[1]。"

在新戏完场例有的喧闹声中，笛师当面邀请乐队指挥去吃喜酒。邦斯挺高兴的接受了。许模克发现朋友脸上三个月来第一次有了点笑容，便一声不出的陪着他回诺曼底街。这一刹那的喜悦使德国人明白邦斯的心病到了什么程度。一个真正高尚的，胸襟如此洒脱，心灵如此伟大的人，竟会有这样的弱点！……那真使清心寡欲的许模克大为惊异而又大为伤心了，因为他觉得为了使邦斯快乐，再不能天天和他一块儿吃饭。而这样的牺牲，他不知道自己能否忍受；想到这里他急坏了。

---

1 恐系隐指英国的清教徒时时刻刻以来世得救的话逼人为善。

19

从扇子说起

邦斯一怒之下躲在诺曼底街一声不出的傲气,当然引起庭长夫人的注意,可是她既然摆脱了吃白食的清客,也就不再为他操什么心。她和她可爱的女儿,都以为舅舅懂得了小丽丽开的玩笑。然而庭长先生的观感并不如此。矮胖的加缪索·特·玛维尔,自从在法院中地位升高之后,变得更庄严了:他欣赏西塞罗,认为喜歌剧院比意大利剧院更高雅,喜欢把这个演员跟那个演员作比较,亦步亦趋的跟着群众;他能背出官方报纸上所有的评论,仿佛是他写的;在会议席上,他把先发言的法官的见解申说一番,就算是发表意见。除了这些主要性格之外,庭长的地位使他对什么都认真,尤其重视亲戚关系。像多数被女人控制的丈夫一样,庭长在小事情上故意独往独来,而太太也表示尊重。对于邦斯的杳无影踪,庭长夫人随便找些理由把庭长搪塞了个把月;可是久而久之,他觉得来往了四十年的老音乐家,正当送了一把篷巴杜夫人的扇子那样贵重的礼物之后,反而不再上门,未免太古怪了。包比诺伯爵认为精品的那把扇子,在蒂勒黎宫中传观之下博得许多恭维,使庭长夫人听了得意之极;人家把十根象牙骨的美,细细指给她看,雕工的精巧真是从来未有的。在包比诺伯爵府上,一位俄国太太(俄国人到哪儿都以为是在俄国)愿意出六千法郎把扇子买过来;她觉得宝物落在这样的手里太可惜了,因为那的确要公爵夫人才配得上。听到有人出价之后,赛西尔第二天就对父亲说道:

"我们不能不承认,可怜的舅公对这些小玩意儿倒真内行……"

"什么!小玩意儿?"庭长叫起来,"政府预备花三十万法郎,收买故杜索末拉参议官的收藏,另外还要跟巴黎市政府合凑一百万把格吕尼古堡买下来重修,存放这些小玩意呢!……告诉你,好孩子,这些小玩意儿往往是古代文明唯一的遗迹。一个伊特卢利亚的古瓶或是一串项链,要值到四五万法郎一件;这些小玩意儿教我们见识到脱洛阿战争时代的艺术多么完美,又告诉我们伊特卢利亚人原来是脱洛阿人逃难到意大利半岛去的!"

矮胖庭长的说笑便是这一类,他只会用毫无风趣的挖苦对付太太和女儿。

"赛西尔,你听着,"他又接着说,"要懂这些小玩意儿,需要好多种学问,那些学问的总名叫作考古学。考古学包括建筑,雕塑,绘画,金银细工,陶器,紫檀木雕——这是近代的新兴艺术——花边,地毯,总而言之,包括人类创造的一切工艺品。"

"那么邦斯舅舅是个学者了?"赛西尔问。

"哎!他怎么不来啦?"庭长问这句话的神气,仿佛一个人忘了好久的念头忽然集中,像猎人说的,瞄准了一点放出来,把自己吓了一跳。

"大概他为了一点小事生气了，"庭长太太回答，"他送这把扇子的时候，也许我没有表示充分的赏识。你知道，我是外行……"

"你！"庭长叫道，"你，赛尔凡教授的高足，会不知道华多？"

"我知道达维特，冕拉，葛罗，还有奚罗台，葛冷，特·福彭，丢尔班·特·克里赛……"

"你应当……"

"我应当什么，先生？"庭长太太瞪着丈夫的神气活像古代的示巴女王。

"应当知道华多是谁，我的好太太，他现在很时髦呢。"庭长的低声下气，显出他什么都是依仗太太得来的。

庭长夫妇谈这些话的时候，就在上演《魔鬼的未婚妻》，乐队里的人注意到邦斯脸色不好的那一晚的前几天。一向招待邦斯吃饭，拿他当信差用惯的人，那时都在打听邦斯的消息；并且在老人来往的小圈子内大家有点儿奇怪了，因为好几个人看见他明明在戏院里服务。邦斯在日常散步中虽是尽量避免从前的熟人，但有一天在新辟的博马舍大街上一个古董铺里，冷不防跟前任部长包比诺伯爵照了面。那位古董商便是邦斯以前跟庭长太太提过的莫尼斯特洛；像他那批有名的有魄力的商人，都很狡猾的把古董天天抬价，推说货色越来越少，几乎找不到了。

包比诺一看见老人就说：

"亲爱的邦斯，怎么看不见你啦？我们都在想你，内人还在问，你这样躲着我们是什么意思。"

"伯爵，"老人回答，"在一个亲戚家里，他们教我懂得像我这样年纪的人在社会上是多余的。一向他们就没有怎么敬重我,可是至少还没有侮辱我。我从来不有求于人,"他说到这里又流露出艺术家的傲气,"凡是瞧得起我招待我的人,我常常帮点儿小忙表示回敬;可是我发现我看错了,为了上亲戚朋友家吃饭,我就得含垢忍辱,笑骂由人!……好吧,吃白食这一行我现在不干了。在我家里,我每天都有无论哪一家的饭桌上都不会给我的享受——一个真正的朋友!"

老艺术家的手势,音调,使这篇话更显得沉痛。包比诺听了不禁大为感动,把邦斯拉在一旁,说道:

"哎啊!老朋友,你怎么啦?能不能把你的伤心事告诉我呢?我敢说,在我家里总不至于有人对你失礼吧……"

"你是唯一的例外。况且你是一个王爷,一个政治家,有多少事要操心,即使有什么不周到,也应当原谅的。"

包比诺在应付人事与调度买卖上面学会了一套很高明的手腕;邦斯禁不起他三言两语,就说出了在玛维尔家的倒霉事儿。包比诺为他大抱不平,回家马上告诉了太太;她是一个热心而正派的女人,一见庭长太太就把她埋怨了一顿。同时,前任部长也跟庭长提了几句,使加缪索不得不追究这件事。虽然他在家里做不了什么主,但他这一次的责备于法于理都太有根据了,妻子和女儿都没法狡辩,只得屈居下风,把错处全推在仆役头上。那些佣人给叫来骂了一顿。听到他们把事情从头至尾都招认之后,庭长才觉得邦斯舅舅的闭门不出真是最聪明的办法。跟大权操在主妇手中的那些主人一样,庭长把丈夫的威严,法官的威严,一齐拿出来,说所有的仆役都得开差,连老佣人应得的酬劳也要一律取消,倘若从今以后,他们对待邦斯舅舅和别的客人不像对他自己一样！玛特兰纳听了这句话，不由得微微一笑。

"你们只有一条生路，"庭长又说，"就是去向舅老爷赔罪，消他的气。告诉他，你们能不能留在这儿全在他手里，他要不原谅你们，我就把你们统统开差。"

20

好日子回来了

第二天,庭长很早就出门,以便上法院之前去看他的舅舅。在西卜太太通报之下,玛维尔庭长的出现简直是件大事。邦斯还是破天荒第一次受到这样的荣誉,觉得这一定是重修旧好的预兆。庭长寒暄了几句,就说:

"亲爱的舅舅,我终于知道了你杜门不出的原因。你的行为使我对你更敬重了。关于那桩事,我只告诉你一句话:下人全给打发了。内人和小女都急得没了主意;她们想见见你,跟你解释一番。舅舅,在这件事情里头,我这个老法官是无辜的;小姑娘为了想上包比诺家吃饭,一时糊涂,没了规矩,可是请你别为此而责罚我,尤其现在我来向你求情,承认所有的错都在我们这方面……咱们三十六年的老交情,即使受了伤害,总还能使你给个面子吧。得啦!今晚请到我们家吃饭去,表示大家讲和。"

邦斯不知所云的回答了一大堆。结果说他乐队里一位同事辞了职要去办银行,今晚请他去参加订婚礼。

"那么明天吧。"

"外甥,明天我得上包比诺家吃饭,伯爵夫人写了封信来,真是客气得……"

"那么后天……"

"后天,我那位乐师的合伙人,一个姓勃罗纳的德国人,请新夫妇吃饭……"

"哦,你人缘多好,这么些人都争着请你,"庭长说,"好吧,那么下星期日,八天之内,像我们法院里说的。"

"哎,那天我们要到乐师的丈人葛拉夫家里吃饭……"

"那么就下星期六吧!这期间,请你抽空去安慰安慰我那小姑娘,她已经痛哭流涕的忏悔过了。上帝也只要求人忏悔,你对可怜的赛西尔总不至于比上帝更严吧?……"

邦斯被人抓到了弱点,不由得说了一番谦逊不遑的话,把庭长一直送到楼梯头。一小时以后,庭长家的那些仆役来了,拿出下人们卑鄙无耻,欺善怕恶的嘴脸,居然哭了!玛特兰纳特意把邦斯先生拉在一边,跪倒在他脚下,哭哭啼啼的说:

"先生,一切都是我做的,先生知道我是爱您的。那桩该死的事,只怪我恼羞成怒,迷了心窍。现在我们连年金都要丢了!……先生,我固然疯了,可不愿意连累同伴……现在我知道没有高攀先生的福分。我想明白了,当初不该有那么大的野心,可是先生,我是永远爱您的。十年工夫,我只想使您幸福,到这儿来服侍您。那才是好福气呢!……噢,要是先生能知道我的心!……我做的一切缺德的事,先生早该发觉……倘使我明儿死了,您知道人家会找到什么?……一张遗嘱!我在遗嘱上把一切都送给先生……真的,遗嘱就藏在我箱子里,压在首饰底下!"

玛特兰纳这番话打动了老鳏夫的心,使他觉得非常舒服;有人为你颠倒,哪怕是你不喜欢的人,你的自尊心总很得意。老人宽宏大量的原谅了玛特兰纳，又原谅了其余的人，说他会向庭长夫人说情，把他们全部留下的。邦斯看到不失身份而能重享昔日之乐，真有说不出的欢喜。这一回是人家来求他的，他的尊严只会增加；但他把这些得意事儿说给许模克听的时候，看到朋友悒郁不欢，嘴上不说而明明在怀疑的神气，他觉得很难受。可是好心的德国人，发觉邦斯脸色突然之间转好了，终于也很快慰，而情愿牺牲他四个月来独占朋友的那种幸福。心病比身病有个大占便宜的地方：只要不能满足的欲望得到了满足，它就会霍然而愈。邦斯在那天早上完全变了一个人。愁眉苦脸，病病歪歪的老人，立刻变得心满意足，神魂安定，跟以前拿着篷巴杜夫人的扇子，去送给庭长太太时一样。可是许模克对这个现象只觉得莫名其妙，不由得左思右想的出神了；真正清心寡欲的人，是永远不能了解法国人逢迎吹拍的习气的。邦斯彻头彻尾是个帝政时代的法国人，一方面讲究上一世纪的风流蕴藉，一方面极崇拜女性像"动身上叙利亚……"那个流行歌曲所称道的那种风气。于是许模克把悲哀埋在心里，用他德国人的哲学遮盖起来；可是八天之内他脸色发黄了，西卜太太用了些小手段把本区的医生请了来。医生怕许模克是害的黄疸病，但他不说黄疸而说了一个医学上的专门名词，把西卜太太吓坏了。

　　两个朋友一同在外边吃饭也许还是破题儿第一遭，但许模克觉得仿佛回到德国去玩了一次。莱茵旅馆的主人，约翰·葛拉夫，他的女儿哀弥丽，裁缝伏弗更·葛拉夫和他的太太，弗列兹·勃罗纳和威廉·希华勃，全是德国人。请的来宾只有邦斯和公证人两位是法国人。葛拉夫裁缝，在小新田街与维勒杜街之间的黎希留街上有所华丽的大宅子，他们的侄女就在这儿长大的；

因为做父亲的怕旅馆里来往的人太杂，不愿意让女儿接触。裁缝夫妇对侄女视同己出，决意把屋子的底层让给小夫妻俩；而勃罗纳－希华勃银行将来也设在这里。以上的计划才不过决定了一个月光景，因为这些喜事的主角勃罗纳，执管遗产也得等待相当时间。裁缝给新夫妇置办家具，把住房粉刷一新。老屋子坐落在花园与院子之间，侧面有一进屋子预备做银行的办公室，从那儿可以通到临街一幢出租的漂亮屋子。

21

一个妻子要多少开支

从诺曼底街到黎希留街的路上,邦斯向心不在焉的许模克打听出浪子的故事,知道旅馆主人那块肥肉竟给死神送到了浪子嘴里。邦斯才跟他的至亲言归于好,立刻想替弗列兹·勃罗纳跟赛西尔·特·玛维尔做媒。碰巧葛拉夫家的公证人又是加陶以前的书记,后来盘下他的事务所又做了他的女婿,邦斯过去常在他家吃饭的。

"哦,原来是你,贝蒂哀先生。"老音乐家向他旧日的居停主人伸出手去。

"哎,你怎么不赏光上我们家吃饭啦?"公证人问,"内人正在挂念你呢。《魔鬼的未婚妻》初次上演那一晚,我们在戏院里看见你,所以我们非但挂念,并且奇怪了。"

"老年人是很会多心的,"邦斯回答,"我们错就错在落后一个世纪;可是有什么法儿?……代表一个世纪已经够受了,再要跟上那个看到我们老死的时代是办不到的了。"

"对!"公证人很俏皮的抢着说,"咱们不能一箭双雕赶上两个世纪。"

"哎喂！"老人把年轻的公证人拉在一旁问，"你干么不替我的外甥孙女赛西尔做媒呢？"

"你问我干么？……这年月连门房都在讲究奢侈了；巴黎高等法院庭长的小姐，只有十万法郎陪嫁，你想年轻人敢请教吗？在玛维尔小姐那个社会里，一年只花丈夫三千法郎的妻子还没听见过。十万法郎的利息，给太太做开销还并不怎么足够。一个单身汉，有着一万五到二万的进款，住着一个精致的小公寓，用不着铺张，只消雇一个男当差，全部收入都可以拿去寻欢作乐，除了要裁缝把他装扮得体体面面之外，不需要别的场面。有远见的母亲们都对他另眼相看，他在巴黎交际场中是一等红人。反之，娶了太太就得撑一个家，她要一辆自己独用的车，上戏院就得要个包厢，不比单身汉只消正厅的散座就行了；总而言之，从前年轻人自个儿享受的钱，现在都得拿给太太去花。假定一对夫妻有三万进款，在眼前这个社会上，有钱的单身汉马上会变做穷小子，连上香蒂伊去玩一次也得计算车钱了。再加上孩子……那就窘相毕露了。玛维尔先生跟玛维尔太太不过五十开外，他们的遗产还要等十五年二十年；没有一个男人愿意把遗产放在皮包里搁上这些年的；这样计算之下，那些在玛皮伊舞场，跟妓女跳着包尔加舞的胡天胡帝的小伙子，心里就长了疙瘩，所有未婚的青年都会研究一下这个问题的两面，也用不着我们提醒他们。并且，咱们之间说句老实话，玛维尔小姐长得并不教人动心，也就不会教人糊涂，候选人见了她只打着不结婚的主意。倘若一个头脑清楚，有二万法郎收入的年轻人，想攀一门能满足他野心的亲事，那么玛维尔小姐还不够资格……"

"为什么？"邦斯很诧异的问。

"嗳！……如今晚儿的男人，哪怕像你我一样的丑吧，亲爱的邦斯，都痴心妄想的要六万法郎陪嫁，高门大族的小姐，长得非常漂亮，人要非常风雅，非常有教养，总之要没有一点疤瘢的完璧。"

"那么我的小外甥是不容易嫁掉的了？"

"只要她父亲舍不得把玛维尔的田产给她做陪嫁，赛西尔就无人问津；要是她父母肯那么办，她早已做了包比诺子爵夫人……噢，勃罗纳先生来啦，我们要宣读勃罗纳公司的合同和希华勃的婚约了。"

邦斯被介绍过了，彼此客气了一番，家长们请他在婚书上也署个名，作个证人。他听人家把合同的条款都念完了，然后到五点光景，大家走进餐厅。酒席的丰腆，就像大腹贾们搁下买卖预备享受一下的那种盛宴，同时证明莱茵旅馆的主人葛拉夫，跟巴黎第一流的伙食商多么够交情。邦斯和许模克从来没有见识过这样讲究的吃喝。有的是教你神魂颠倒的名菜！……面条的细净是破天荒的，香鲇鱼给炸得没有话说，真正的莱芒湖鱼，配上真正的日内瓦沙司，葡萄干布丁上的乳脂之美，连传说发明布丁的那个伦敦名医都要为之叫绝。酒席到晚上十点才散。喝的莱茵酒和法国酒的数量，使公子哥儿都要出惊，因为德国人能够声色不动的灌下多少酒精，简直没有人说得出。你必须在德国吃过饭，眼看多少酒瓶连续不断的给端上来，像地中海浴场上的潮水，前波逐着后波，又眼看多少酒瓶给撒下去，仿佛德国人吸收的能力就跟沙滩和海绵一样；而他们又吸收得多么文雅，没有法国人的喧闹：谈话照常很幽静，像放印子钱的人的闲谈，脱尽火气；脸上的红晕，有如高乃吕斯或舒奈壁画上的未婚夫妻的，若有若无；

而往事的回忆，也像烟斗里飘起来的烟，来得慢腾腾的。

十点半，邦斯和许模克坐在花园里一条凳上，把希华勃夹在中间，也不知是谁把谈话引到了诉说彼此的性情，见解，和不幸的遭遇上去。在一大堆炒什锦似的心腹话中间，威廉讲起他想要弗列兹结婚的愿望，乘着酒意把话说得慷慨激昂。

"为你的朋友，我有个计划在这里，你看怎样？"邦斯凑着威廉的耳朵说，"有个可爱的，懂事的姑娘，二十四岁，门第很高，父亲是司法界的一个大官儿，十万法郎陪嫁，将来还有一百万法郎家产的希望。"

"你等着！"希华勃回答，"我马上跟弗列兹说去。"

于是两位音乐家看着勃罗纳和他的朋友在花园里绕圈子，在他的面前走过好几回，一忽儿这个听着那个说，一忽儿那个听着这个讲。邦斯脑袋重甸甸的，虽没有完全喝醉，可是觉得身子越沉重，思想越轻灵；透过酒精遮在他面前的云雾，他打量着弗列兹·勃罗纳，想在他脸上找出一点想过家庭生活的愿望。不久希华勃把他的朋友兼合伙人给邦斯介绍了。弗列兹对老人的关切再三道谢。然后彼此谈起话来，许模克与邦斯一对单身汉，尽量歌颂结婚的好处，毫无俏皮意味的提到那句双关语，说"**结婚是人生的终极**"。等到在未来的洞房里饮冰，喝茶，呷着杂合酒，吃着甜点心的时候，那些差不多全醉了的富商听到银行的大股东也要结婚的话，顿时叫叫嚷嚷，热闹到了极点。

清早两点，许模克和邦斯打大街上走回家，一路大发议论，觉得尘世的一切都配得像音乐一样和谐，他们拿这个当作题目，说得连自己都忘其所以了。

22

邦斯送了庭长太太一件比篷巴杜夫人的扇子更名贵的艺术品

第二天,邦斯上他外甥媳妇庭长太太家里去了,他因为能够以德报怨而满心欢喜。可怜这心胸高尚的好人!……没有问题,他是到了超凡入圣的境界。现在大家对一般尽本分的,照着福音书行事的人,尚且在分发蒙底翁道德奖金,那么上面那句关于邦斯的话一定不会有人反对的了。

"嘿!他们要欠吃白食的一个大大的情分呢!"他在旭阿梭街上拐弯的时候这么想着。

一个不像邦斯那么得意忘形的人,一个懂世故的,知道提防的人,回到这份人家去一定会留神庭长太太和她女儿的态度的;但可怜的音乐家是个孩子,是个天真的艺术家,他只相信道德的善,犹如他只相信艺术的美;赛西尔和庭长太太的殷勤使他快活之极。这老实人,十二年来尽看着杂剧,喜剧,悲剧在眼前搬演,竟看不透人生舞台上牛鬼蛇神的嘴脸,其实他是早该看饱了的。庭长夫人的心跟身子一样的干枯,可是非常热中,拼命要显出贤德,装作虔诚,因为在家里支配惯了,格外老气横秋。凡是在巴黎社会上混惯而懂得这一类女子的人,自会想象得到,自从庭长夫人向丈夫认错以后,她心中对舅舅抱着多深的仇恨。母女俩面上是笑脸相迎,内里都打着此仇必报的主意,不过暂时把敌忾之心压在那里罢了。阿曼丽·加缪索生平第一次向丈夫低头,而丈夫是她一向当作孩子看待的;可是现在她还得对那个使她吃败仗的人表示亲热!……这个情形,只有红衣主教之间或教会宗派的领袖之间,那种年深月久,口是心非的亲善可以相比。

三点钟,庭长从法院里回来,邦斯还没把故事讲完。他说出认识弗列兹·勃罗纳的那番奇妙的经过,从昨天吃到今天清早的酒席,以及一切有关勃罗纳的细节。赛西尔直截了当的提到正文,打听勃罗纳衣着的款式如何,身腰如何,举动如何,头发什么颜色,眼睛什么颜色;等到她揣摩出弗列兹是个漂亮人物之后,便称赞他的豪爽了。

"对一个患难朋友一出手就是五十万!噢,妈妈,我的车子跟意大利剧院的包厢都不成问题啦……"

母亲为她所抱的野心,她自己唯恐成为泡影的希望,一下子都要实现了:赛西尔想到这里,人也差不多变得好看了。

至于庭长夫人,她只说一句话:

"亲爱的小妞子,你十五天之内就可以结婚了。"

所有的母亲都把二十三岁的女儿叫作小妞子的。

"可是,"庭长说,"要打听对方的底细总还得有些时间;我绝不肯把女儿随便给一个陌生人……"

"你要打听,只消问贝蒂哀,他们的合同和婚书都是他经手的,"老艺术家回答,"至于那小伙子,我的甥少奶,你该记得你和我说过的话!他已经过了四十岁,头发只剩一半了。他想成了家有个避风的港口,我自然不去劝阻他;这也是人的天性……"

"那就更需要打听勃罗纳先生的情形了，"庭长抢着说，"我不愿意给女儿招个病病歪歪的女婿。"

"甥少奶，要是你愿意，五天之内就可以看到那个男的，你自己去判断吧；照你的意思，似乎只要见一次面就行了……"

赛西尔和母亲做了一个极高兴的姿势。邦斯舅舅接着又道：

"弗列兹是个很高明的鉴赏家，他想仔细瞧瞧我的小收藏。你们从来没见过我的画我的古董；就来看看吧，"他对两位女主人说，"你们装作是我的朋友许模克陪来的，尽可不露痕迹的跟对方认识。弗列兹绝对不会知道你们是谁。"

"妙极了！"庭长叫着。

从前被人瞧不起的食客现在受到怎样的敬重，是不难想象的了。那天可怜的人才真是庭长夫人的舅舅。快活的母亲，心中的仇恨给欢乐的巨潮淹没了，竟装出那种眼神，堆起那种笑容，想出那种说话，教老实人喜欢得魂都没有了；他觉得自己不但做了桩好事，而且还有个美丽的远景。将来在勃罗纳家，希华勃家，葛拉夫家，不是都有像订婚那天一样的酒席等着他吗？他眼见酒醉饭饱的日子到了：一连串盖着碟子端出来的菜，意想不到的异味，妙不可言的陈年佳酿！

邦斯走了以后，庭长对太太说："倘若邦斯舅舅做媒做成了，就得送他一笔年金，相当于他乐队指挥的薪水。"

"那当然啰。"庭长太太回答。

他们决定，要是赛西尔看得中那个男的，就由她去教老音乐家收下这笔不登大雅的津贴。

为了对弗列兹·勃罗纳的家私找些真凭实据，庭长下一天就去看贝蒂哀。贝蒂哀预先得到庭长夫人的通知,把他的新主顾,笛师出身的银行家希华勃约了来。希华勃一听朋友可能攀上这样一门亲,不由得惊喜交集(大家知道德国人是多么看重头衔的,在德国,一位太太不是元帅夫人,便是参议夫人,或是律师夫人),他对谈判处处迁就,仿佛一个收藏家自以为教古董商上了当,占了便宜似的。

"第一,"赛西尔的父亲对希华勃说,"因为我想在婚书上把玛维尔的产业给女儿,我要采取奁赠制度。勃罗纳先生得拿出一百万来扩充玛维尔庄田,凑成一份奁赠产业,使我女儿和她的孩子们将来不至于受到银行的风波。"

贝蒂哀摸着下巴颏儿想道:"庭长先生倒真有一招!"

希华勃问明了什么叫作奁赠制度[1],立刻代朋友一口承应。这项条件正好符合朋友的愿望,因为弗列兹曾经表示,希望成家的时候能有个办法,使他不致重蹈覆辙。

"眼前就有一百二十万法郎的农场跟草原预备出让。"庭长又说。

"法兰西银行的一百万股票,做我们往来的保证金是尽够的了,"希华勃回答,"弗列兹也不愿意在生意上的投资超过二百万;庭长的条件,他一定会接受的。"

听到庭长回家报告这些消息,两位妇女简直乐死了。在捕婿的网里,从来没有这样的一条大鱼肯这样听人摆布的。

"你将来可以叫作勃罗纳·特·玛维尔太太,"父亲对女儿

---

[1] 奁赠制度乃由夫妻双方各拨一部分动产或不动产,在婚约上订明为奁赠产业,由丈夫执管,收益归夫妇共有;但不能出卖,公家亦不得没收。即丈夫破产,此项产业仍可保留,不受牵累。

说,"我要替你丈夫正式申请用这个姓;以后他还能获得法国籍。要是我当了贵族院议员,他可以承继我!"

庭长夫人花了五天工夫装扮女儿。相亲那天,她亲自替赛西尔穿衣,在化装上细磨细琢所费的心血,不下于英国舰队的司令官的装配那艘游艇,让英国女王坐了上德国去访问。

另一方面,邦斯和许模克,把邦斯的美术馆,屋子,家具,掸尘抹灰的那股劲儿,好比水手擦洗海军司令的战舰。雕花的木器连一星灰都没有。所有的铜器都闪闪发光。粉笔画外面的玻璃,教人把拉都,葛溕士,李奥太(他是那张不能经久的名画[1],《巧克力女郎》的作者)的作品看得格外分明。佛罗伦萨铜雕上神妙的珐琅,毫光四射,变化无穷。彩色玻璃上细腻的颜色,绚烂夺目。在两个诗人一般的音乐家布置之下,那些杰作都放出异彩,发出声音,直扣你的心,使这个展览会同时也成为一个音乐会。

---

[1] 粉笔画的颜色极易脱落,故不能经久。

23

一个德国念头

两位妇女相当聪明，懂得避免进场时的发窘，便抢着先到，以便巩固自己的阵地。邦斯把他的朋友许模克介绍了，被她们看作是个呆子。一心想着四百万富翁的新郎，两个无知的女人听着邦斯关于艺术的解释简直不大在意。她们很冷淡的，瞧着三个精美的框子里铺在红丝绒上的贝蒂多彩色珐琅。梵·华萨姆，达维特，和埃姆的花卉，亚伯拉罕·弥浓的草虫，梵·伊克，丢勒，真正的克拉拿赫，乔尔乔纳，赛白斯蒂安·但尔·毕翁菩，巴古逊，霍培玛，奚里谷，所有的名画都引不起她们的好奇心，因为她们等着照明这些实物的太阳。可是看到某些伊特卢利亚的首饰，一望而知是贵重的鼻烟壶，两位妇女也觉得惊奇。她们正为了敷衍主人而拿着佛罗伦萨铜雕出神的时候，西卜太太通报勃罗纳先生来了！她们并不转过身子，却利用一面镶着大块紫檀木雕花框的佛尼市镜子，来打量这个天下无双的候选人。

弗列兹得到威廉的通知，把仅有的一些头发集中在一处，穿一条颜色很深而调子很柔和的裤子，一件大方而新式的绸背心，一件有空眼子的荷兰细布衬衫，系一条白地蓝条的领带。表链和手杖柄是法劳朗－夏诺的出品。上衣是葛拉夫老头挑最好的料子亲手裁剪的。那双瑞典皮的手套就显出他是个吃光母亲遗产的哥儿。要是两位娘儿们没有听到诺曼底街上的车声，单看他光可鉴人的靴子，也能想象出银行家的低矮的双马篷车。

既然二十岁的浪子就有银行家的神气，到四十岁上当然成为察言观色的老手了，而且勃罗纳特别精明，因为他还懂得一个德国人可以凭他的天真取胜。那天早上，正如一个人到了或是娶妻生子，或是花天酒地继续独身下去的关头，他眉宇之间颇有怅然神往的意味。在一个法国化的德国人身上，这种表情使赛西尔觉得他真是小说中人物。她把维拉士的后人认作少年维特。再说，哪个姑娘不把她的结婚史编成一部小小的传奇呢？勃罗纳对四十年的耐性所搜集的那些精品看得非常有劲，邦斯因为第一次有人赏识他收藏的真价值，也十分高兴，而赛西尔更觉得自己是世界上最幸福的女人。她心里想：

"哦，他是一个诗人！他把这些玩意儿看作值几百万。诗人是不会计算的，能让太太支配家产的；那种人很容易对付，只消让他玩玩无聊的小东西就什么都不问了。"

老人卧房的两扇窗上，每块玻璃都是瑞士古代的彩色玻璃，最起码的一块也值到一千法郎，而他一共有十六块，全是现代收藏家不惜到处寻访的精品。一八一五年，这些花玻璃每方只卖六法郎到十法郎。藏的六十幅又无一不精，无一不真，没有经后人补过一笔，它们的价钱只有在拍卖行紧张的情绪中才见分晓。给每幅画做陪衬的框子又是些无价之宝，式样应有尽有：有佛尼市造的，大块的雕花像现代英国餐具上的装饰；有罗马造的，那是以艺术家的卖弄技巧出名的；有西班牙造的，把枯干老藤雕得多么大胆；有法兰德的，有德国的，刻满了天真的人物；有嵌锡，嵌铜，嵌螺钿，嵌象牙的贝壳框子；有紫檀的，黄杨的，黄铜的框子；有路易十三式的，路易十四式的，路易十五式的，路易十六式的，总之，最美丽的款式都给包括尽了，可以说是独一无二的收藏。邦斯比德累斯顿与维也纳的美术馆馆员更运气，他藏有大名鼎鼎，号称木雕上的米开朗琪罗的，勃罗多洛纳手造的一个框子。

不消说，玛维尔小姐见到每样新古董都要求说明。她请勃罗纳介绍她认识那些奇珍异宝。听到弗列兹说出一幅画，一座雕像，一个铜器的美跟价值，她显得那么快活，惊讶赞美之声那么天真，使德国人有了生气，脸也变得年轻了。结果双方都越出了预定的范围，以初次会面而论是表示得过火了一些，因为他们始终自认为偶然相遇的。

他们在一起一共有三小时。下楼的时候，勃罗纳挽着赛西尔的胳膊。赛西尔很聪明的放慢了脚步，老在那儿谈着美术，觉得那男的把邦斯舅舅的古董赞不绝口有些奇怪。

"我们刚才看的那些东西，你认为值很多钱吗？"

"哎，小姐，倘若邦斯先生肯出让他的收藏，我立刻可以出八十万法郎，而这还是桩好买卖。标卖的时候，单是六十幅画就不止值这些。"

"既然你这么说，我当然相信，"她回答，"那一定假不了，因为你全副精神都在那些东西上面。"

"噢！小姐……"勃罗纳叫道，"给你这么一说，我没有话回答了，我只能请求令堂大人允许我到府上去拜访她，让我能不胜荣幸的再看到你。"

庭长夫人紧跟在女儿后面,心里想:"瞧我的小姐子多机灵!"然后她高声说:

"欢迎之至,先生。希望你和我们的邦斯舅舅一同来吃饭;庭长能够见见你才高兴呢……——多谢,舅舅!"

她把邦斯的胳膊紧抓了一把,那意义比"咱们这是生死不变的了!"那样神圣的话还有过无不及。她一边说着"多谢,舅舅",一边对他做了个媚眼。

等到把小姐送上车,出租马车拐进了夏洛街之后,勃罗纳跟邦斯谈着古董,邦斯跟勃罗纳谈着亲事。

"你说,没有问题吧?……"邦斯问。

"哦!小姑娘无聊得很,母亲的神气有点儿僵……咱们再谈吧。"

"将来的家私可不小,"邦斯特别点醒他,"有一百万以上呢……"

"星期一见!"百万富翁打断了他的话,"倘若你愿意出让你的画,我可以出五六十万法郎……"

"噢!"老人叫起来,他想不到自己会有这么大的家私,"我唯一的快乐就靠这些画……要卖也只能在我身后交货。"

"好,慢慢再说吧……"

"这一下倒发动了两件事啦。"收藏家心中只想着婚事。

勃罗纳向邦斯行了礼,坐上华丽的马车走了。邦斯目送小篷车渐渐远去,没有注意到在门口抽着烟斗的雷蒙诺克。

24

空中楼阁

当天晚上,玛维尔庭长夫人跟公公去商量,碰巧包比诺全家人马也在那儿。做母亲的没有能招到一个亲戚的儿子做女婿,自然想等机会出口气;玛维尔太太便透露一些口风,表示赛西尔攀了一门了不起的好亲事。"赛西尔攀给了谁呢?"大家异口同声的问。于是,庭长太太自以为守着秘密,说了好多半吞半吐的话,也说了好多咬耳朵的心腹话,再加贝蒂哀太太从旁证实,使那件事第二天在邦斯吃饭的小圈子里归纳成这样的几句:

"赛西尔·特·玛维尔攀了一个年轻的德国人,存心济世的银行家,噢!他有四百万呢;简直是小说中人物,真正的少年维特,极有风度,心地极好,早年也荒唐过来,这一下可发疯似的爱上了赛西尔;真是一见生情,连邦斯画上所有的圣母都比不过赛西尔一个,你说这爱情还不可靠吗?"诸如此类。

再过一天,有几位客人上门来向庭长太太道喜,目的只为探探是否真有那颗金牙齿¹，庭长夫人那套措辞巧妙，大同小异的对答，可以给所有的母亲做参考，好似从前大家参考《尺牍大全》一样。

"一桩婚事，"她对希弗维尔太太说，"要等新人从区公所跟教堂里回来才算确定，而我们这时还不过在相亲的阶段；所以我希望你看在我们的老交情面上，别在外边张扬……"

"你好福气，庭长太太，这年月结亲也真不容易。"

"可不是！这一回是碰巧；不过婚姻多半是这样成功的。"

"哎，赛西尔真的要大喜了吗？"加陶太太问。

"是的，"庭长夫人懂得对方用"真的"二字挖苦她，"我们一向太苛求，耽搁了赛西尔的亲事。现在可是一切条件都齐备了：财产，性情，品格，而且长得一表人才。我亲爱的小姑娘也的确配得上这些。勃罗纳先生非常可爱，非常漂亮；他喜欢排场，见过世面，可是爱赛西尔爱得发疯似的，真诚得不得了；所以，虽然他有三四百万，赛西尔也牺牲了清高的念头接受了……我们并没这么大的野心，可是……有钱总不至于是坏事。"

庭长夫人对勒巴太太说的又是一套：

"噢！我们决意应允他，倒并非为他的财产，而是为他对赛西尔的感情。勃罗纳先生急得很，希望满了法定期限就结婚²。"

"听说他是一个外国人？……"

"是的，太太；可是老实说，我觉得很高兴。我将来不是招

1　十六世纪末，德国竟传某七岁儿童于换齿时长出金臼齿一枚，四方好事者争往瞻仰奇迹。学者霍斯脱亲往检验确实，为文证明，引起学术界争辩。迄后一金银工匠前往检视，发现所谓金臼齿者乃以金叶子贴在齿上伪装而成。

2　法国民法规定，婚姻须先经区公所公告，满十日后方可举行婚礼。此之谓法定期限。

了个女婿,而是得了个儿子。勃罗纳先生真是太懂事了。你简直想不到他对奁赠制度会那么高兴的接受……这是对家属最可靠的保障……他要买一百二十万法郎的农场和草原,并入玛维尔田庄。"

第二天,她又把同样的题目做了几篇不同的文章。据说勃罗纳先生是个王爷,行事全是王爷气派,从来不斤斤较量;要是玛维尔先生替他弄到了完全国籍[1],(以庭长的勋劳,司法部也应当为他破一次小小的例)女婿将来可以承继岳父做贵族院议员。没有人知道勃罗纳先生的家私有多大,他养着全巴黎最好的马,有全巴黎装备最好的车……诸如此类。

加缪索一家兴高采烈的宣传,正好说明这件事在他们是喜出望外的。

在邦斯舅舅家相过亲以后,玛维尔先生受着太太怂恿,立刻邀请司法部长,高等法院的首席庭长,检察署长,在理想的女婿晋谒那天到家里来吃饭。虽然约的日子很局促,三位大人物居然答应了;他们懂得家长希望他们扮的角色,也就不吝臂助。对那些想钓个有钱女婿的母亲,法国人都很乐意帮忙的。包比诺伯爵夫妇虽然觉得这种请客有些俗气,也答应来凑满那一天的贵宾名单。客人一共有十一位。其中当然少不了赛西尔的祖父,老加缪索和他的太太。请这顿饭的目的,是预备以那些客人的地位声望,使勃罗纳先生当天就开口求亲。至于勃罗纳,像上文所说的,早已给描写成一个德国的大资本家,鉴赏力极高(有他对小

---

[1] 外国人归化法国的待遇有两种:一种叫作半国籍,享有一切公民权,但无立法议会的被选举权;一种叫作完全国籍,即享有此种被选举权。此项条例至一八八九年修改为:凡获得法国国籍的外侨,满十年后即享有立法议会的被选举权。

妞子的爱情为证），将来在银行界准是纽沁根，格雷，杜·蒂哀等等的劲敌。

庭长夫人装着挺随便的神气，把当天的客人告诉她心目中的女婿。

"今天是我们每星期照例的便饭，只有熟客，并无外人。先是庭长的父亲，想你已经知道，他不久就要晋升为贵族院议员了；其次是包比诺伯爵和伯爵夫人，虽说他们的儿子因为财产不够，配不上赛西尔，我们照旧是好朋友；还有是我们的司法部长，我们的首席庭长，我们的检察署长，都是些熟朋友……我们开饭要晚一些，因为议院总得六点钟散会。"

勃罗纳意味深长的瞅着邦斯，邦斯搓着手，仿佛说："是呀，都是我们的朋友，我的朋友！……"

机灵的庭长夫人有话要跟舅舅谈，让赛西尔跟她的维特单独在一块儿。赛西尔拉拉扯扯说了好多话，故意教弗列兹瞧见她藏在一边的一本德文字典，一本德文文法，一本歌德的集子。

"哦！你在学德文？"勃罗纳说着，不由得脸上一红。

世界上只有法国女人才会想出这种迷人的圈套。

"噢！这怎么行！怎么可以翻我的东西呢，先生？"她又补上两句，"我想读原文的歌德，已经念了两年德文了。"

"大概文法很难懂吧，书还只裁开了十页[1]……"勃罗纳很天真的说。

赛西尔羞得马上转过身去，不让他看见脸上的红晕。德国人是经不起这种诱惑的，他挽着赛西尔的手把她拉回来，瞧得她好

---

[1] 法国平装书都是毛边而不裁开的。

难为情的，他的眼神，和奥古斯德·拉风登小说中那些未婚夫妻的一样。

"你可爱极了！"他说。

赛西尔做了个热烈的手势，表示说："可是你呢！谁见了你不喜欢呢？"

庭长夫人和邦斯回进客厅，女儿凑在她耳边说：

"事情很顺当，妈妈！"

在这种晚会中，一个家庭的景象是不容易描写的。看到母亲为女儿俘获了一个有钱的夫婿，每个人都觉得高兴。大家对新人和家长说些双关的或针对双方的吉利话；在听的人方面，勃罗纳只是装聋作傻，赛西尔是心领神会，庭长是但愿多听几句，邦斯全身的血都在耳朵里嗡嗡作响，仿佛看到他戏院里台上全部的脚灯都亮了起来，因为赛西尔很巧妙的，悄悄的告诉他，说父亲有意送他一千二百法郎年金；老人当下便坚决的谢绝了，说他自己有的是财产，勃罗纳最近不是提醒了他吗？

部长，首席庭长，检察署长，包比诺夫妇，那些忙人都走了，只剩下老加缪索，退休的公证人加陶，和在场照呼他的贝蒂哀。邦斯这好好先生以为都是自己人了，便非常不雅的向庭长夫妇道谢赛西尔刚才的提议。好心肠的人都是这样的，什么都凭感情冲动。勃罗纳觉得这笔年金等于给邦斯的佣金，不由得犯了犹太人的疑心病，立刻变得心不在焉，表示他不光是在冷冷的打算盘。

"我的收藏或是它的售价，不管我跟我的朋友勃罗纳做成交易也罢，我保留下去也罢，将来终是归你们家里的。"邦斯这样告诉他的亲戚。他们听到他有着这么大的财富都很出惊。

勃罗纳冷眼旁观，注意到那些俗物对邦斯从穷光蛋一变而为有产人士以后的好感，同时也发觉赛西尔是给父母宠惯的全家的偶像，便有心教这些布尔乔亚诧异一下，惊叹几声。他说：

"关于邦斯先生的收藏，我对小姐说的数目只是我出的价；以独一无二的艺术品而论，没有人敢预言这个收藏在标卖的时候能值多少。单是六十幅画就可能卖到一百万，其中有好几张都值到五万一幅。"

"做你的承继人倒真有福气喽。"加陶对邦斯说。

"嗳，我的承继人不就是我的小外甥赛西尔吗？"老人绝对不肯放松他的亲戚关系。

这句话使在场的人都对老音乐家表示不胜钦佩。

"那她将来好发笔大财啦。"加陶一边笑着说一边告辞了。

那时屋子里只有老加缪索，庭长，庭长夫人，赛西尔，勃罗纳，贝蒂哀，和邦斯，大家以为男的就要正式开口了。果然，等到只剩下这些人的时候，勃罗纳问了一句话，父母一听就觉得是好预兆。

"我想小姐是独养女儿吧……"勃罗纳问庭长太太。

"一点不错。"她很骄傲的回答。

"所以你跟谁都不会有纠葛的。"好人邦斯凑上一句，让勃罗纳能放心大胆的提亲。

勃罗纳却上了心事，没有下文了，屋子里顿时冷冰冰的有些异样的感觉。庭长夫人那句话仿佛是承认女儿害了瘟疫。庭长觉得女儿这时不应该在场，便对她递了个眼色。她出去了。勃罗纳还是不作声。大家你望着我，我望着你，成了僵局。幸亏老加缪索经验丰富，把德国人带往庭长太太屋里，只说要拿邦斯找来的扇子给他瞧瞧。他猜到一定是临时有了问题，便向儿子媳妇做个暗号，教他们留在客厅里。

"你瞧瞧这件好东西！"老绸缎商拿出扇子来。

"值五千法郎。"勃罗纳仔细看过了回答。

"先生，你不是来向我孙女求婚的吗？"

"是的，先生。你可以相信，我觉得这样一门亲事对我是莫大的荣幸。我从来没见过比赛西尔小姐更美，更可爱，对我更合适的姑娘；可是……"

"噢！用不着可是，要就把可是的意义马上说给我听……"

"先生，"勃罗纳郑重其事的回答，"我很高兴我们彼此还没有什么约束，因为大家把独养女儿的资格看作了不得的优点，我可完全看不出好处，反而觉得是个极大的障碍……"

"怎么，先生，"老人大为诧异，"你会把天大的利益看作缺点的？你这个观念未免太古怪了，我倒要请教一下你的理由呢。"

"先生，"德国人的态度非常冷静，"我今晚到府上来，是预备向庭长先生求亲的。我有心替赛西尔小姐安排一个美丽的前程，把我的财产献给她。可是一个独养女儿是被父母优容惯的，从来没人违拗她的意志。我见过好些人家都供奉这一类的女神，这儿也不能例外：令孙女不但是府上的偶像，而且庭长夫人还加上些……你也知道，不必我多说了。先生，我眼见先父的家庭生活为了这个缘故变成了地狱。我所有的灾难都是我后母一手造成的，她便是人家百般疼爱的独养女儿，没有出嫁的时候千娇百媚，结了婚简直是化身的魔鬼。我不说赛西尔小姐不是一个例外；可是我年纪不轻，已经到四十岁，因年龄差别而发生的龃龉，使我没有把握教一个年轻的女人快活，因为庭长对她百依百顺惯了,她的话平日在家里像圣旨一样。我有什么权利要求赛西尔小姐改变她的思想跟习惯呢?过去她使些小性子,父亲母亲都乐于迁就的,将来和一个四十岁的中年人相处,她可是自私自利的呢;她要固执一下,低头服输的准是那个中年人。所以我采取老老实实的办法,把来意打消了。再说,我只到这儿来拜访一次,倘使必要的话,我愿意牺牲我自己[1]……"

"先生,倘若你的理由是这样,"未来的贵族院议员说,"那么虽然有些古怪,倒也言之成理……"

"先生,千万别怀疑我的诚意,"勃罗纳立刻接过他的话,"要是在一个兄弟姊妹很多的家庭里有个可怜的姑娘,尽管毫无财产,只消教养很好——那种人家在法国很多——只消我认为她品性优良,我就会娶她。"

说到这里,彼此不作声了,弗列兹·勃罗纳趁此丢下老祖父,出来向庭长夫妇客客气气行了礼,走了。赛西尔面无人色的回进客厅,把少年维特匆匆告辞的意义揭晓了;她躲在母亲的更衣室里把话全听了去。

"他回绝了!……"她咬着母亲的耳朵说。

"为什么?"庭长夫人问她的公公,他神气非常不自然。

"推说独养女儿都是宠惯的孩子,"老人回答,"嗯,这句话倒也不能完全派他错。"他因为二十年来给媳妇磨得厌烦死了,乐得借此顶她一下。

"我女儿会气死的!你要她的命了!……"庭长夫人扶着女

---

[1] 当时中产阶级遇有未婚夫毁约情事,在未婚妻及其家庭方面为极不名誉之事。勃罗纳此言,犹:"倘使你们已经把婚事张扬(即原文'倘使必要的话'的意思)则我愿意牺牲自己,你们可推说是女方看不中男的而毁约。"

儿对邦斯叫着。赛西尔听了就顺水推舟倒在母亲怀里。

庭长夫妇俩把女儿扶在一张椅子上,她终于完全晕了过去。祖父便打铃叫人。

25

邦斯给结石压倒了

"我看出来了,这是你的阴谋诡计!"狂怒的母亲指着可怜的邦斯说。

邦斯浑身一震,好似听到了最后审判的号角。庭长太太两只眼睛像两道火,接着说:

"先生,人家随便跟你开个玩笑,你就用恶毒的侮辱来报复。谁相信那个德国人不是昏了头?他要不是你的帮凶,就是发了疯。你想教我们丢脸,要教我们坍台,那么好吧,邦斯先生,从今以后别再上这儿来教我们生气!"

邦斯变成了一座石像,眼睛盯着地毯上的玫瑰花纹,绕着大拇指。

"怎么,你还不走,忘恩负义的恶棍!……"庭长太太转过身来嚷着,又指着邦斯对下人们说:"要是他敢再来,别让他进门。——约翰,你去请医生。——玛特兰纳,把鹿角精[1]找来!"

以庭长太太的想法,勃罗纳所说的理由只是借端推托,骨子

---

[1] 鹿角精为从鹿角中提炼出来的液体,属于亚摩尼亚类,有提神醒脑之功。

里必定别有隐情；唯其如此，这亲事更没法挽回。女人在重大关头，主意总来得特别快，玛维尔太太马上觉得唯有说邦斯存心报复，才能补救这次的失败。这种思想，在邦斯看来固然是恶毒万分，为挽回家庭的面子却是再好没有。她根据自己对邦斯的宿恨，把普通女人的疑心肯定为事实。一般的说，女人总另有一套信仰，另有一种规律，凡是能满足她们的利益和情感的，都被认为千真万确之事。庭长夫人还更进一步，整个晚上把自己的信念灌输给丈夫，把他说服，下一天，法官也真的相信舅舅是罪大恶极了。读者一定觉得庭长夫人的行为令人发指，但在同样的情形之下，每个母亲都会学加缪索太太的样，宁可牺牲外人的名誉来保全自己的女儿的。手段尽可不同，目的始终不变。

老人很快的奔下楼梯；但一出门就脚步很慢的从大街上走到戏院，木偶似的进去，木偶似的跨上指挥台，木偶似的指挥乐队。休息时间，许模克看见邦斯对他的招呼都似理非理，不禁暗暗发急，以为邦斯疯了。对于天性像儿童一般的邦斯，刚才那一幕简直是滔天大祸……一片好心而招来那么深刻的仇恨，这不是世界翻了身吗？在庭长夫人的眼睛，举动，声调之间，他终于发现了一股势不两立的敌意。

到明天，加缪索太太下了一个大决心，这是事势所迫，而庭长也同意的。他们决定把玛维尔庄田，汉诺威街的住宅，连同十万法郎，一齐给赛西尔做陪嫁。庭长太太懂得，对这样一个挫折，只能拿一门现成的亲事来弥补。她早上便去拜访包比诺太太，把邦斯的毒计和可怕的报复讲了一遍。人家听到亲事的破裂是为了独养女儿的缘故，也觉得庭长太太的解释是可信的了。接着她把包比诺·特·玛维尔那样显赫的姓氏，数目惊人的陪嫁，说得非常动听。玛维尔庄田现有的收入是二厘利,不动产本身值到九十万;汉诺威街的住宅估计值二十五万。只要是懂事的家庭,绝不会拒绝这样一门亲事的。所以包比诺夫妇就接受下来;然后,为了新亲家里的面子,他们答应对隔天的倒霉事儿帮着向外边解释。

在赛西尔的祖父老加缪索家里,还是原班人马,还是几天以前把勃罗纳捧上天的那位庭长夫人,虽然没有人敢向她开口,她可是勇气十足的出来解释道:

"真的,这年月一牵涉到亲事,简直防不胜防,尤其是跟外国人打交道。"

"为什么呢,太太?"

"你碰到了什么事啊?"希弗维尔太太问。

"你们不知道我们跟那个勃罗纳的事吗?他好大胆子,居然想向赛西尔求亲!……哪知他父亲在德国是个开小酒店的,舅舅是卖兔子皮的。"

"怎么会呢?像你这样精明的人!……"一位太太凑上来说。

"那些冒险家真狡猾!……可是我们从贝蒂哀那里全打听出来了。那德国人的好朋友是个吹笛子的穷光蛋!来往的有成衣匠,有在玛伊街开小客栈的……他自己吃喝嫖赌,无所不为,已经把他娘的遗产败光了,再有天大的家私也不够他花……"

"你家小姐嫁了他可真要吃苦呢!……"贝蒂哀太太说。

"他又怎么被介绍到府上来的呢?"勒巴太太问。

"那是邦斯要找我们出气;他介绍那家伙来想丢我们的脸……勃罗纳,德文的意思是一口井,人家说得他像王爷一样,可是身体坏得可怜,头也秃了,牙齿也坏了;我看见他一次就起了疑心。"

"你说起的那笔好大的家私又是怎么回事呢？"一位年轻的太太怯生生的问。

"也并没像人家说的那么了不起。那些成衣匠，那个开旅馆的，倾其所有想办个银行……如今晚儿新开一个银行算得什么！不过预备倾家荡产罢了。做太太的今儿睡觉的时候有一百万，明儿醒过来只剩她自己的一份私房了。听他一开口，看他第一面，就不是个有身份的，我们对他就拿定了主意。他戴的手套，穿的背心，处处显出他是个工人，在德国开小酒店人家的儿子，谈不到什么高尚的心胸，他滥喝啤酒，滥抽烟……哎啊，太太！烟斗一天要抽二十五筒！跟了这样的男人，我可怜的丽丽还有日子过吗？……我现在想想还寒心呢。总算是上帝救了我们！再说，赛西尔也不喜欢他……你怎么想得到，一个亲戚，一个自己人，在我们家吃了二十年饭。每星期两次，得了我们多少好处，竟然捣这个鬼！邦斯也真会做戏，还当着司法部长，检察署长，首席庭长，承认赛西尔是他的承继人！……那勃罗纳和他串通了，这个说那个有几百万，那个说这个有几百万！……真的，我敢说，你们几位要是碰上了这种艺术家的诡计，一定也会上当的！"

几星期之内，包比诺与加缪索两家，和他们的羽党联合之下，毫不费劲的打了个大胜仗，因为谁也不替可怜的邦斯辩护，大家拿他看作吃白食的，又奸刁，又啬刻，又是假装的老实人，又是埋伏在旁人家里的毒蛇，极凶恶极危险的小丑，应当把他忘掉才好。

26

最后的打击

伪装的维特拒婚以后一个月光景,可怜的邦斯发了场神经性的高热病第一次起床,由许模克搀着,在太阳底下沿着大街溜达。修院大街上的人看到这一个满面病容,另一个小心扶持,谁也没有心肠笑两个榛子钳了。走到鱼市大街,邦斯呼吸着闹市的空气,脸上有了血色;肩摩踵接的地方,空气中的生命力特别强,所以罗马那个肮脏的犹太人区域连疟疾都是绝迹的。见到从前每天看惯的景象和巴黎街头的热闹,或许对病人也有影响。在多艺剧院对面,邦斯跟并肩走着的许模克分开了;他一路常常这样的走开去,瞧橱窗里新陈列的东西。这时他劈面遇见了包比诺,便恭恭敬敬的上前招呼,因为前任部长是邦斯最崇拜最敬重的一个人。

"嘿!先生,"包比诺声色俱厉的回答,"你有心糟蹋人家的名誉,丢人家的脸,想不到你还敢向那份人家的至亲来打招呼!那种报复的手段,只有你们艺术家才想得出……告诉你,先生,从今以后,我再也不认得你了。伯爵夫人对你在玛维尔家的行为,也跟大家一样的深恶痛绝。"

前任部长走了,把邦斯丢在那里,像给雷劈了一样。情欲,法律,政治,一切支配社会的力量,打击人的时候从来不顾到对方的情形的。那位政治家,为了家庭的利益恨不得把邦斯压成齑粉,根本没有发觉这个可怕的敌人身体那么衰弱。

"怎么啦,可怜的朋友?"许模克的脸跟邦斯的一样白。

好人靠着许模克的肩膀回答说:"我心上又给人扎了一刀。现在我相信,只有上帝才有资格做好事,谁要去越俎代庖,就得受残酷的惩罚。"

他竭尽全身之力,才迸出这几句艺术家辛辣的讽刺。可怜这好心的家伙,看到朋友脸上的恐怖还想安慰他呢。

"我也这样想。"许模克简简单单回答了一句。

邦斯简直想不过来。赛西尔的结婚,加缪索和包比诺两家都没有请帖给他。走到意大利大街,邦斯看见加陶迎面而来。虽然去年还每隔半个月在他府上吃一顿饭,邦斯鉴于包比诺的训话,不敢再迎上前去,只向他行了个礼;可是那位区长兼国会议员,非但不还礼,反而怒气冲冲的瞪了邦斯一眼。

邦斯早已把倒霉事儿详详细细告诉过许模克;这时他吩咐许模克:"你去问问他,为什么他们都跟我过不去。"

"先生,"许模克走过去很婉转的对加陶说,"我的朋友邦斯才害了场病,也许你认不得他了?"

"当然认得。"

"那么你有什么事怪怨他呢?"

"你交的朋友是个忘恩负义的坏蛋,他那种人还能活着,那就像俗语说的,败草是拔不尽的。怪不得大家见了艺术家都要提防,他们又刁又恶,像猴子一样。你的朋友想扫他家族的面子,破坏一个姑娘的名誉，来报复一个无伤大雅的玩笑，我不愿意再跟他有什么关系；我但愿当初没有认识他，当作世界上根本没有这个人。先生，这不但是我的心理，而且我的家族，他的家族，所有赏他脸给他吃过饭的人都这样想……"

"先生，你是一个明白人，可不可以让我把事情解释给你听……"

"你要有那个心肠，你去跟他做朋友吧，我管不着，"加陶回答，"可是别多说了，我告诉你，谁要替他开脱，替他辩护，我就认为跟他是一丘之貉。"

"连替他分辩一下都不行吗？"

"不行。他的行为是不齿于人的，所以是不容分辩的。"

把这两句自命为妙语的话说完了，塞纳州议员便扬长而去，不愿再听一个字。

许模克把那些恶毒的谩骂告诉了邦斯，邦斯苦笑道："已经有两个官儿跟我作对了。"

"大家都跟我们作对，"许模克很痛心的接着说，"回家吧，免得再碰到那些畜生。"

谦恭了一辈子的许模克，这种话还是破题儿第一遭出口。他素来超然物外，荣辱不系于心，自己要临到什么患难，可能很天真的一笑置之；但看到高风亮节，韬光养晦的邦斯，以那种豁达的胸襟，慈悲的心肠而受人凌辱，他就不由得义愤填胸，把邦斯的居停主人叫作畜生了！在这个天性温和的人，他那种激动已经是大发雷霆，不下于洛朗的狂怒[1]。许模克恐防再遇到熟人，便搀

---

[1] 洛朗为法国史诗（题目即叫作《狂怒的洛朗》）中人物，生于第八世纪，为查理曼大帝的勇将。

着朋友往修院大街回头走；邦斯迷迷糊糊听凭他带路，似乎一个战士已经挣扎到筋疲力尽，也不在乎多挨几拳了。而可怜的音乐家，命中注定要受尽世界上的打击，落在他头上的冰雹包括了一切：有贵族院议员，有国会议员，有亲戚，有外人，有强者，有弱者，也有无辜的老实人。

在沿着鱼市大街回去的路上，对面来了加陶的女儿。这位年轻的妇女是经过患难而比较宽容的。她因为做了桩至今瞒着人的错事，不得不永远向丈夫低头。邦斯在招待他吃饭的那些人家，只有对贝蒂哀太太是称呼名字的，叫她"法丽西"，以为她有时还能了解他。那性情温和的太太当时一见到邦斯舅舅就有点儿发窘。虽然加陶是加缪索填房面上的亲戚，和邦斯毫无关系，但加陶家一向把他当作舅舅看待。法丽西·贝蒂哀没法躲开，只得在病人面前站住了：

"舅舅，我不相信你是坏人；可是人家说你的话，只要有四分之一是真的，那你的确虚伪透了……"她看见邦斯做了个手势，便抢着往下说，"噢！不用分辩！第一，我对谁都没有权利责备，批判，或是定什么罪名，因为我推己及人，知道理屈的人总有办法推诿；第二，你的申辩毫无用处。贝蒂哀先生——玛维尔小姐和包比诺子爵的婚约是他经手的——对你非常生气，要是知道我和你说过话，是我最后一个跟你攀谈，还会埋怨我呢。大家都对你很不好。"

"我亲眼看到了，太太！"可怜的音乐家声音异样的说着，恭恭敬敬向她行了个礼。

他费了好大的劲走回诺曼底街，靠在许模克肩上的重量，使德国人觉得他是硬撑在那里不让自己倒下来。跟这位太太的相遇，仿佛听到了睡在上帝脚下的羔羊的判决；而这是天上最后的判决，因为羔羊是可怜虫的天使，平民的象征。两个朋友一声不出的回到家里。人生有些情形，你只能觉得有个朋友在你身边；说出安慰的话只能刺痛创口，显出它的深度。在此你们可以看到，老钢琴家天生是个友谊的象征；无微不至的体贴，表示他像饱经忧患的人一样，知道怎样应付旁人的痛苦。

这次散步是邦斯老人最后的一次。他一场病没有完全好，又害了另一场病。本是多血质兼胆质的人，胆汁进到血里去了，他患着剧烈的肝脏炎。这是他一辈子仅有的两场病，所以他没有相熟的医生。忠心而懂事的西卜太太，开头是凭她的好意，甚至还带着点儿母性，把本区的医生给找了来。

27

从忧郁变为黄疸病

在巴黎，每个区域都有一个医生，他的姓名住址只有下等阶级，小布尔乔亚，和门房知道，所以大家管他叫作本区医生。这种医生既管接生，也管放血，在医学界的地位等于分类广告上招聘或应征的打杂的佣人。他人缘很好，因为对穷人不得不慈悲，靠老经验得来的本领也不能算坏。西卜太太陪着来的波冷医生，许模克一见面就认得了。他不大在意的听着老音乐家的诉苦，说身上痒得他整夜的搔，直搔到失去了知觉。眼睛的神气和四周那圈发黄的皮色，跟上述的症象恰好相符。

"这两天中间，你一定受了剧烈的刺激吧。"医生对病人说。

"唉！是啊。"

"你这是黄疸病，上回这先生也差点儿得这个病，"他指着许模克说，"可是没有关系。"波冷一边开处方一边补上一句。

医生嘴里说着安慰的话，对病人瞧着的眼光却是宣告死刑的判决，虽然他照例为了同情而隐藏着，真正关切病情的人还是能琢磨出来。西卜太太把那双间谍式的眼睛对医生瞅了一下，马上感觉到他敷衍的口气和虚假的表情，便跟着医生一起出去了。

"你认为这个病真的没有关系吗？"西卜太太在楼梯头上问医生。

"好太太，你那位先生是完了，倒并非为了胆汁进了血里去，而是为了他精神太不行。可是调养得好，还能把他救过来；应当教他出门，换个地方住……"

"哪儿来钱呢？……他的进款只有戏院里的薪水，他的朋友是靠几位好心的阔太太送的年金过日子的，也是个小数目，他说从前教过她们音乐。这是两个孩子，我招呼了九年啦。"

"我生平看得多了：好些病人都不是病死而是穷死的，那才是无可救药的致命伤。在多多少少的顶楼上，我非但不收诊费，还得在壁炉架上留下三五个法郎！……"

"哎唷，我的好先生！"西卜太太叫道，"街坊上有些守财奴，真是地狱里的魔鬼，倒有十万八万一年的进款；你要有了这么些钱，那真是上帝下凡了！"

波冷医生靠着区里诸位门房先生的好感，好容易有了相当的主顾给他混口苦饭吃；这时他举眼向天，对西卜太太扯了个答丢夫式的[1]鬼脸表示感谢。

"你说，波冷医生，要是好好的调养，咱们亲爱的病人还有救是不是？"

"对，只要精神上的痛苦别过分的伤害了他。"

"可怜的人！谁能给他受气呢？这样的好人，世界上除了他的朋友许模克，就找不出第二个！……我会打听出来究竟是怎么回事！哼，哪个把我的先生气成这样的，我一定去把他臭骂一

---

[1] 莫里哀名剧《伪君子》中的主角答丢夫，是个天字第一号的大骗子。

顿……"

"你听着，好太太，"医生说着已经到了大门口，"你这位先生的病有个特点，为些无聊的小事就会时时刻刻的不耐烦，他不见得会请看护，那么是你照顾他的了，所以……"

"你们是说邦斯先生吗？"那个卖旧铜铁器的咬着烟斗问。

他说着从门槛上站起身子，加入看门女人和医生的谈话。

"是啊，雷蒙诺克老头！"西卜太太回答那奥凡涅人。

"哎，他可是比莫尼斯特洛，比那些玩古董的大老都有钱呢……这一门我是内行，他有的是宝物！"

"哟！我还当作你说笑话呢，那天我趁两位先生不在家带你去看古董的时候。"西卜太太对雷蒙诺克说。

在巴黎，阶沿上有耳朵，门上有嘴巴，窗上有眼睛；最危险的莫过于在大门口讲话。彼此临走说的最后几句，好比信上的附笔，所泄漏的秘密对听到的人跟说的人一样危险。只要举一个例子就可以使本书的情节更显得凿凿有据。

28

黄金梦

在帝政时代男人注意修饰头发的时候，有个最走红的理发匠，在一幢屋子里替一位漂亮太太梳完头走出来。那屋子里有钱的房客都是这理发匠的主顾，其中有位上了年纪的单身汉，雇的女管家恨死了主人的承继人。单身汉那时病得很重，才请了几位名医会诊，那时他们还没称为医学界之王。碰巧几位医生和理发匠同时出门。做戏似的会诊过后，拿到了事实，根据了医学，他们之间照例有番话说的。到了大门口快分手的时候，奥特里医生说："这家伙必死无疑。"台北兰医生[1]回答道："除非是奇迹，他活不到一个月了。"理发匠把这些话都听了去。跟所有的理发匠一样，他和下人们都是通声气的。一念之间起了贪心，他立刻回到楼上，答应给病人的女管家一笔很大的佣金，倘使她能说服主人把大部分的产业押作终身年金。病人五十六岁，实际还要老上一倍，因为过去太风流了。他产业中有所漂亮屋子坐落在黎希留

---

[1] 奥特里，台北兰，与皮安训（见《高老头》《贝姨》）都是巴尔扎克书中的医生，在许多小说中出现。加陶，贝蒂哀，汉纳耿等等的公证人，纽沁根，格雷，杜·蒂哀等等的银行家，均属此类。

街，值到二十五万。理发匠看中这幢屋子，居然以三万法郎的终身年金[1]买了下来。这件事发生在一八〇六年。退休的理发匠现在年纪已经七十多，到一八四六年还在付那笔年金。单身汉已经九十六岁，老糊涂跟女管家结了婚，可见一时还不会死。理发匠给了女仆三万法郎；前前后后屋子花了他一百万以上，而今天的市价不过是八九十万。

学这个理发匠的样，奥凡涅人把勃罗纳相亲那天和邦斯在大门口说的话听了去，便想偷偷的进邦斯美术馆去瞧一眼。雷蒙诺克和西卜夫妇混得很好，所以两位先生一出门，马上被带进屋子。他看着那些宝物呆住了，觉得这倒是个发横财的机会。五六天以来，他只想着这个念头。

"我不是说着玩的，"他对西卜太太和波冷医生说，"咱们不妨仔细谈一谈；倘若他先生肯接受五万法郎终身年金，我可以送你一篮家乡的好酒，只要你……"

"真的吗？五万法郎的终身年金！……"医生对雷蒙诺克说，"要是老头儿这么有钱，有我给他医，有西卜太太给他看护，那他的病一定能好的……害肝病的人往往身体很强……"

"我说五万吗？哎，有位先生，就在这儿，在你门房外边的走道里，对他出过七十万，还光是为他的画呢，嗨嗨！"

听了雷蒙诺克这句话，西卜太太神气好古怪的望着波冷医生，她橘黄色的眼里射出一道魔鬼的凶光。

医生知道病人能够付诊费，不由得很高兴，嘴里却说着："得

---

[1] 终身年金为长期存款之一种，存款人每年可支取定额利息，但故世后本金即被没收。产业买卖亦可以此种方式付款。此处言三万法郎的终身年金，即理发匠每年付三万法郎与卖主，待卖主故世，不问已付一年二年或十年二十年，屋价即作为全部清讫。

了吧,别听那些废话。"

"噢,医生,既然先生躺在床上,只要西卜太太答应我把我的专家找来,保险要不了两个钟点,就能捧出七十万法郎……"

"得了吧,朋友,"医生说道,"喂,西卜太太,千万别跟病人闹别扭;你得非常忍耐,他对每样事都要生气,连你的好意也会教他不耐烦的;你得预备他怎么样都不如意……"

"那可不容易啰……"看门女人回答。

"你记着,"波冷拿出他医生的威严,"邦斯先生的命就操在招呼他的人手里;所以我每天要来,也许要来两次,早晨出诊先从这儿开始。"

医生从漠不关心——对穷苦病人的命运他一向是这样的——一变而为非常卖力非常殷勤,因为看那投机商人一本正经的态度,他觉得病人真的可能有笔财产。

"好,我一定把他服侍得像王上一样。"西卜太太装作很热心。

看门女人预备等医生拐进了夏洛街再跟雷蒙诺克谈话。卖旧货的背靠着铺子的门框,抽着最后几口烟。他那样站着并不是无心的,他等着看门女人。

铺面从前是开咖啡馆的,奥凡涅人租下来之后并没改装。像现代的铺子一样,橱窗高头有块横的招牌,上面还看得见诺曼底咖啡馆几个字。奥凡涅人大概没有花什么钱,教一个漆匠的学徒在诺曼底咖啡馆下面空白的地方,漆上一行黑字:**雷蒙诺克,买卖旧铜铁器,兼收旧货**。不用说,那些玻璃杯,高脚凳,桌子,搁板,诺曼底咖啡馆所有的生财都给卖掉了。雷蒙诺克花了六百法郎,租下这个店面,连带一个后间,一个厨房,和二层搁上一间卧房，以前是咖啡馆的领班睡的，因为咖啡馆主人住着另外一幢屋子。原有的体面装修，现在只剩下浅绿色的糊壁纸，橱窗外边的粗铁栏杆和插销了。

29

古董商的肖像

七月革命以后,雷蒙诺克在一八三一年到这儿来开始摆些破门铃,破盘子,废铜烂铁,旧天平,禁止使用的老秤。(政府定了法律推行新度量衡,它自己却把路易十六时代的一个铜子两个铜子的钱照旧流通。)这奥凡涅人是抵得上五个普通的奥凡涅人的,他第二步是收买厨房用具,旧框子,旧铜器,和残缺不全的瓷器。买进卖出的过了些时候,不知不觉他铺子里的货跟尼古莱的滑稽戏一般,越来越像样了[1]。他用那个稳赢的赌博方法,连本带利的押上去,使有眼光的过路人,从铺子陈列的商品上看得出他经营的成绩。画框和铜器,慢慢的代替了白铁器,高脚油灯,和破瓶破罐。接着又出现了瓷器。铺子变成卖旧画的,不久又变成了美术馆。忽然有一天,满是尘埃的玻璃窗擦得雪亮,屋子也给装修过,奥凡涅人竟脱下他的灯芯呢裤和短装,穿上大褂了!那模样好比一条龙保护着它的宝物。他周围摆着好东西,人也变得挺内行,把本钱加了十倍,把这一行的诀窍全学到了家,再不

---

1 尼古莱为戏子出身,于一七六〇年在修院大街开一杂耍剧院,营业蒸蒸日上,戏码亦力争上游;至一七九二年已成为大街上有名的戏院之一。

会上人家的当。这猛兽待在那儿,好似老鸨坐在一二十个年轻姑娘中间等主顾来挑。什么美,什么艺术的奇迹,他全不理会;他又狡猾又粗野,要赚多少钱都是早打算好的,遇到外行就狠狠的敲一笔。他学会了做戏,假装喜欢他的画,喜欢他嵌木细工的家具,他装穷,或是说收进的价钱多高,甚至拿出拍卖行的字条给你瞧。总之,他一忽儿这样,一忽儿那样,又装小丑又做傻子,简直无所不为。

从第三年起,雷蒙诺克颇有些可看的时钟,盔甲,古画。他要上街就教他的姊妹看着铺子,那是一个又胖又丑的女人,特意为了他从乡下步行来的。这个女的雷蒙诺克,目光迟钝像个白痴,穿扮得像日本瓷器上的神道,对兄弟告诉她的价钱连一个子儿都不肯让;并且她兼管家务,把不可能的事也变作可能,就是说他们俩差不多是靠塞纳河上的雾过日子的。姊弟两人只吃些面包,青鱼,还有从饭店扔在墙根的垃圾堆上捡来的蔬菜或老叶。连面包在内,两人花不了十二铜子一天,而女的雷蒙诺克还要靠缝衣或纺纱把这几个铜子挣回来。

初到巴黎的时候,雷蒙诺克只替人家跑腿,在一八二五至一八三一年之间,他给博马舍大街上的古玩商和拉北街上的铜匠铺做捐客。他这段开场的历史便是一般古董商的历史。犹太人,诺曼底人,奥凡涅人,萨瓦人这四个民族[1],本能相同,弄钱的方法也相同。一个小钱都不花,一个小钱都要挣,利上滚利的积聚:这些是他们的基本原则,而这些原则的确是不错的。

那时雷蒙诺克和他从前的东家莫尼斯特洛又讲和了,跟一些

---

[1] 诺曼底人(法国北部),奥凡涅人(法国中南部),萨瓦人(法国东南部),在法国都成为特殊典型的民族,以刻苦耐劳,善于积聚见称。

大商人做着买卖，专门到巴黎四乡去收货。诸位都知道，所谓巴黎的四乡是包括一百六十里周围的。干了十四年，他积下六万法郎财产，和一个存货充足的铺子。贪图房租便宜，他待在诺曼底街，不捞额外的油水，光是跟同行做交易，只赚一些薄利。他跟人谈生意都是用的奥凡涅土话。他有个梦想，希望有朝一日，到大街上去开铺子，成为一个有钱的古董商，直接和收藏家打交道。的确，他骨子里是个很厉害的商人。因为每样事都亲自动手，脸上厚厚的一层积垢全是铜屑铁屑和着汗堆起来的；劳作的习惯，使他跟一七九九年的老兵一样镇静，一样刻苦，所以他的表情更显得莫测高深。雷蒙诺克外表是个瘦小的男人；生得像猪眼似的小眼睛，配上冷冷的蓝颜色，表示他贪得无厌，奸刁阴狠，不下于犹太人，所不同的是，犹太人还要面上谦卑而暗中一肚子的瞧不起基督徒。

　　西卜夫妇对雷蒙诺克姊弟很帮忙。因为相信两个奥凡涅人真穷，所以西卜太太把许模克和西卜吃剩下来的东西卖给他们的时候，也就便宜得不像话。他们买一磅发硬的面包头和面包心子，只付两生丁半，一钵番薯只付一生丁半，诸如此类。狡猾的雷蒙诺克，从来不肯说他的买卖是为自己做的。他老说代莫尼斯特洛经手，受一般大商人的剥削，所以西卜夫妻真心的可怜他。十一年如一日，奥凡涅人还穿着他的灯芯呢上装，灯芯呢裤，和灯芯呢背心；而这三件衣服，奥凡涅最通行的服装，是由西卜不收工资，东拼西凑的维持在那里的。由此可见世界上的犹太人并不都在依色拉。

　　"雷蒙诺克，你别跟我开玩笑，"西卜女人说，"难道邦斯先生有了那么大的家私，还这样过日子吗？他家里连一百法郎都没有！……"

"玩古董的全是这样的。"雷蒙诺克很简洁的回答。

"那么，你真的相信他有七十万了？……"

"七十万，光是他的画……特别有一张，只要他肯，我就是拼了命也想出五万法郎买下来呢，你知道挂肖像的地方，有些铺着红丝绒的，嵌珐琅的小铜框子吗？嗳，那是贝蒂多珐琅，有位药材商出身的部长出到三千法郎一个……"

"他一共有三十个呢。"门房的女人睁大了眼睛说。

"那他有多少财产，你去算吧！"

西卜太太一阵眼花，把身子转了半个圈子。她马上想要在邦斯老人的遗嘱上有个名字，学那些管家女仆的样；她们不是为了得到主人的年金，在玛莱区教多少人眼红的吗？她脑子里有幅图画，看到自己住在巴黎近郊一个小镇上，在一所乡下屋子里大摇大摆，养些鸡鸭，弄个菜园，教人家服侍得舒舒服服的，跟她心疼的西卜一块儿养老；他像所有被人遗忘，无人了解的天使一般，也应该享享福了。

一见看门女人这个突如其来的天真的动作，雷蒙诺克就知道事情有了把握。收旧货的行业（就是从外行的物主手里去买便宜货），最难的是走进人家的屋子。你真不知道他们为了要穿房入户想出多少玩意儿，那种狡猾，奸诈，哄骗，跟莫里哀剧中的坏佣人不相上下，大有搬上舞台的资格。而那些活剧的动机，像这儿一样，永远是下人们的贪心。尤其在乡下或内地，仆人为了想捞进三十法郎的现款或东西，会让收旧货的做成净赚一二千法郎的交易。有些赛佛古窑的餐具，要是把收进的故事讲给你听，你会觉得尼美根，乌特累支，列斯维克[1]，维也纳，那些国际会议上发挥的权术和聪明才智，还不及收旧货的商人，他们的可笑要比外交家的来得朴实。收旧货的手段，和外交使节为破坏别国邦交而苦思得来的计策，以挖掘人性而论是同样的深刻。

"西卜女人给我说得心眼儿都痒了，"雷蒙诺克对他的姊妹说，她正在坐上她坐惯的那张草垫散乱的破椅子，"现在我要去请教一个独一无二的内行，那个犹太，只收咱们分半利的好犹太！"

雷蒙诺克把西卜女人的心看透了。这种性格的妇女，一有欲望就得行动；她们只问目的，不择手段，能从一丝不苟的诚实一刹那间变成无恶不作。诚实，像我们所有的情操一样，应当分成消极的与积极的两类。消极的诚实便是西卜女人那一种，在没有发财的机会时，她是诚实的。积极的诚实是每天受着诱惑而毫不动心的，例如收账员的诚实。

---

[1] 尼美根，乌特累支，列斯维克，均为荷兰城市，十七八世纪时，欧洲各国数次重要条约均在各该地订立。

30

西卜女人的第一次攻势

卖旧货的那番恶魔式的话，仿佛打开了水闸，把一大堆坏念头灌进了看门女人的头脑和心里。从门房到她两位先生的屋子，她不是奔了去，而是飞过去的；邦斯和许模克正在那儿长吁短叹，她便装得满脸同情的跨进门。许模克看见打杂的女人来了，赶紧递个眼色，教她别把医生的实话当着病人说，因为这朋友，这了不起的德国人，也看出了医生眼中的意思；她也递个眼色回答，表示很难过。

"喂，好先生，你觉得怎么样？"西卜女人问。

她站在床跟前，把拳头插在腰里，不胜怜爱的瞅着病人，可是她眼中射出多少金星！在旁观的人看来，那就和老虎眼睛一样可怕。

"不行哪，"可怜的邦斯回答，"我一点儿胃口都没有了。"——他又紧紧握着许模克的手嚷道："噢！那些人！"许模克坐在床前抓着邦斯的手，大概邦斯正和他谈着致病的原因。——"亲爱的许模克，我早听了你的话就好啦！从我们同住之后，就该和你一起在这儿吃饭！别再跟那些人来往！他们像一车石头压一个鸡子似的把我压得粉碎，不知道为什么！……"

"得啦，得啦，好先生，别诉苦啦，"西卜女人说，"医生告诉了我真话……"

许模克扯了扯看门女人的衣角。

"哎！他说你这一关是挨得过的，可是非要招呼得好……放心，你身边有这样一个好朋友，再加上我，不是我夸口，准会把你招呼得像母亲招呼第一个孩子一样。从前西卜害过一场病，波冷医生说他完了，像俗语说的，已经把尸衣扔在他头上了，当作死人看待了，结果我还把他救了过来！……你现在虽是病势不轻，可是谢谢上帝！还没到西卜那个田地……单凭我一个人，就能教你挨过这一关！放心吧，可是你别这样的乱动呀。"

她把被窝拉上，盖住病人的手。

"你瞧吧，小乖乖，夜里我跟许模克先生陪你，坐在你床边……包你比王爷还要给侍候得周到……再说，你又不是没有钱，为了治病，尽可以要什么有什么……我才跟西卜讲妥了；哎啊，那可怜的人，没有了我就不知怎么办呢！……可是我把他开导明白了，你知道，我们俩都那么喜欢你，所以他答应我到这儿来陪夜……像他这样的男人，真是大大的牺牲哪！因为他对我的爱情还跟第一天一样。不知道他怎么的，大概在门房里咱们成天守在一起的缘故吧！……哎，你别把被窝推开呀！……"她奔到床头把被单拉到邦斯胸口。"你看波冷医生好得像上帝一样，你要不听他的吩咐，要不是乖乖的，那我就不管啦……你得听我的话……"

"是的，西卜太太，他一定听话，"许模克回答，"我知道，为了他的好朋友许模克，他要活下去的。"

"最要紧是不能烦躁，"西卜女人接着说，"便是你自己不闹脾气，这个病也要惹动你的肝火。好先生，我们害病都是上帝的意思，都是他惩罚我们的罪孽，你总该有些对不起人的事吧？……"

病人摇摇头。

"得了吧，你年轻的时候爱过女人，有过荒唐事儿，也许有些爱情的果子丢在外边，没有吃没有住的……哼，没良心的男人！爱的时候打得火热，过后就完啦，再也想不起啦，把小孩子奶妈的月费都忘了！……可怜的女人！……"

"唉，我哪，一辈子只有许模克和可怜的母亲爱我。"邦斯很伤心的回答。

"唉！你又不是圣人！你当初也年轻过，二十岁的时候一定是个漂亮哥儿……人又这样好，连我也会喜欢你呢……"

"我一向就像癞蛤蟆一样的丑！"邦斯给她缠得没了办法。

"你这是谦虚，谦虚就是你的好处。"

"不，不，好西卜太太，真的，我生来就丑的，从来没有人爱过我……"

"呵！你没有人爱？……到这个年纪，你想教我相信你当初是个贞节的小姑娘……这个话你去对别人说吧！一个音乐家！又是在戏院里混的！哪怕一个女人对我这么说，我也不信。"

"西卜太太，你要惹他生气了！"许模克叫着，他看见邦斯像条虫似的在床上扭来扭去。

"你，你也免开尊口！你们俩都是老风流……生得再丑也不相干，俗语说得好，没有一个丑男人娶不到媳妇的！连西卜也会教巴黎最漂亮的牡蛎美人爱上他，还用说你吗？你比他强多了……你心地又好！……得啦，你是荒唐过的！上帝就是责罚你丢掉了你的孩子，像亚伯拉罕一样[1]！……"

病人疲乏已极，可是还挣扎着做了个否认的姿势。

"放心好啦，你尽管丢掉了你的孩子，还是能像玛土撒拉一样长寿的[2]。"

"别胡闹了！"邦斯叫起来，"我从来不知道什么叫作被人爱！从来没有什么孩子，世界上只有我一个人……"

"噢！真的吗？……因为你心肠这样好，那是女人最喜欢的，她们舍不得男人就为这个……所以我觉得你年轻的时候不会没有……"

"把她带出去！她把我烦死了！"邦斯凑着许模克的耳朵说。

"那么许模克先生，你是有孩子的了……你们这般单身的老头儿，都是一路的货……"

"我吗！……那……"许模克猛的站了起来。

"好吧，你，你也没有承继人是不是？你们两个在世界上就像那些自生自发的菌……"

"喂，你来！"许模克回答。

忠厚的德国人使劲拿西卜太太拦腰一把，不管她怎么叫喊，拖着她往客厅里走。

---

[1] 《旧约》载，亚伯拉罕把埃及女人夏甲替他生的儿子逐出。
[2] 玛土撒拉为亚当后裔的第七代，共活九百六十九岁。（见《旧约》）

31

贞节的表现

"你活了这把年纪,还想糟蹋一个可怜的女人吗?"西卜女人在许模克怀里挣扎着叫道。

"别嚷!"

"两个人中间还算你好呢,你竟这样!唉!你们这些老头儿从来没尝过女人的滋味,真不该对你们提到爱情什么的!"西卜女人看见许模克气得眼睛发亮,便又嚷着,"我挑起了你的心火啦,你这个禽兽!救命呀!救命呀!我给人抢走啦!"

"你这个傻瓜!告诉我,医生怎么说来着?⋯⋯"德国人把她松了手。

"想不到你对我这样凶,"西卜女人哭着说,"我倒是水里火里为你们俩拼命呢!哎啊!人家说日久见人心⋯⋯真是一点不错,西卜就不会这样虐待我⋯⋯我还把你们当作孩子看待呢;因为我没有孩子,昨天,对啦,就不过是昨天,我对西卜说:朋友,上帝不给我们孩子,他可是肚里有数的,因为楼上两位就是我的孩子呀!——你瞧,我凭着基督的十字架起誓,凭我母亲的灵魂起誓,我的的确确对他这么说⋯⋯"

"嗨！医生说些什么呀？"许模克问，他气得生平第一次跺脚了。

"你听着，"西卜太太把许模克拉到饭厅里，"他说，我们这个亲爱的小心肝小宝贝的病人，性命靠不住，要是不好好的看护；可是你瞧，我还是待在这里，尽管你那样凶，是的，你好凶喔，我一向把你当作那么和气呢。真！你这种脾气！……你这个年纪还想调戏女人吗，老混蛋？……"

"我？混蛋？……难道你不明白我只喜欢邦斯吗？"

"那才好啦，那么你不跟我胡闹了吧？"她对许模克微微笑着，"你还是老实一点的好，告诉你，谁要抹西卜的面子，西卜会打断他的腿的！"

"你好好的招呼邦斯吧，西卜太太。"许模克说着，想握她的手。

"怎么！又来啦？"

"你听我呀！我把所有的东西都送给你，只要能救他的命……"

"好吧，我要上药房买药去了……先生，你知道这个病要花多少钱喔！你怎么办呢？……"

"我可以拼命去做事！我要邦斯给伺候得像王爷一样……"

"你交给我得啦，许模克先生，甭操心啦。我跟西卜有两千法郎积蓄，你们拿去用就是了，嗨！我在这儿垫款已经垫了好久了……"

"好太太！"许模克抹了抹眼泪，"你心肠多好！"

"你的眼泪就是我的报酬！"西卜女人做戏似的说，"因为我是世界上最没有贪心的人，可是你不能湿着眼睛走进去，邦斯先生会疑心他病重的。"

许模克被这番体贴感动了，抓着西卜女人的手握了一握。

"别动手动脚啊！"过时的牡蛎美人对许模克做了一个媚眼。

忠厚的德国人回进屋子说：

"邦斯，西卜太太真是个天使，说话太多一点，可的确是个天使。"

"真的？……我从一个月到现在变得多心了，"病人侧了侧脑袋回答，"吃了那些亏，我对谁都不信了，除了上帝跟你！……"

"快点儿好吧，咱们三个人可以把日子过得挺舒服的！"许模克嚷着。看门女人上气不接下气的奔进门房，叫道："西卜，喂！朋友，咱们的家私跑不掉了。我那两位先生没有承继人，也没有私生子，也没有……什么也没有，嗨嗨！……我要去教风丹太太起个课，瞧瞧咱们能有多少年金！……"

"我的女人呀，"矮小的裁缝回答说，"别光着脚等死人的鞋子穿。"

"哦！你来教训我吗，你？"她在西卜肩上亲热的拍了一下，"我肚里明白得很。波冷医生说的，邦斯先生是完了！咱们好发财啦！遗嘱上准有我的名字……包在我身上！你缝你的衣服，好好照顾着门房，嗳，你快不用干这个活啦！咱们到乡下去养老，譬如说巴底涅吧。弄所好屋子，有个小花园，你种种花玩儿，我吗，我要雇个老妈子！……"

"哎，喂！好嫂子，楼上怎么啦？"雷蒙诺克问，"那个收藏值多少，你知道了没有？"

"不，不，还早呢！好家伙，做事不能这么急。我呀，我先把更要紧的事儿打听出来了！……"

"更要紧的？"雷蒙诺克嚷着，"除了他的东西，还有什么更要紧的？……"

"得了吧，你这小子！让我来把舵。"门房女人老气横秋的回答。

"七十万抽三成，你就一辈子吃不尽了！……"

"别急，雷蒙诺克；赶到要知道老头儿藏的东西值多少钱的时候，咱们再谈……"

32

论占卜星相之学

她上药房去配了波冷医生的方子，决意等明天再去找风丹太太。因为那边常常挤满了人，西卜女人觉得清早去，赶在大众之前，女巫神志一定更清楚，说的话也更明白。

风丹太太是玛莱区的女巫，跟有名的勒诺芒小姐[1]竞争了四十年，结果比她还活得久。起课卜卦的女人和巴黎下等阶级的关系，愚夫愚妇要决定什么的时候受到她们多少影响，大家是想象不到的。厨娘，看门女人，人家的外室，男女工人，凡是在巴黎靠希望过日子的都要去请教那些女巫；她们生来有种不可思议的，没有人解释过的神通，能够预卜休咎。学者，律师，公证人，医生，法官，哲学家，都不会想到巫术信仰普遍的程度。平民自有一些历久不灭的本能，其中有一项大家妄称为迷信的本能，不但在平民的血里有，便是优秀人士的头脑里也有。在巴黎，找人起课卜卦的政治家就不在少数。在不信的人看来，占卜

---

[1] 勒诺芒（1772—1843）幼时在本多派修院受教育，少年时即能知未来之事。初为女裁缝，后至巴黎以代人占卜为业，以灵验见称于时，朝野名流趋之若鹜；甚至以预言奇中之故，被拿破仑下狱两次，一八二一年王政时代又入狱一次。

星相无非利用我们的好奇心,因为好奇心是特别强的天性。他们绝对否认,占卜范围内七八种主要方法所显示的图谶跟人的命运有什么关系。头脑坚强的人或唯物主义的哲学家,只信有形的具体的事实,从蒸馏瓶或是靠现代物理学化学的天平得来的结果;可是他们的排斥占卜,等于他们排斥多少自然现象一样劳而无功,占卜术照旧存在,照旧传布,只是没有了进步,因为两百年来,优秀人士都不去研究它了。

一个人把一副纸牌洗过,分过,再由卜卦的人根据某些神秘的规则分成几堆,就能从牌上知道这个人过去的事,只有他一人知道的秘密:单从表面看,你去相信这种事是荒谬的。可是蒸汽,火药,印刷,眼镜,铜版镂刻等等的发明,以及最近的银版摄影[1],都被定过荒谬的罪名,而航空至今还被认为荒谬。要是有人告诉拿破仑,说一座建筑,一个人,一切物体,在空气中永远有个形象,可以捉摸到,感觉到;这个人一定给送进夏朗东疯人院,像从前黎希留把贡献汽船计划的沙洛蒙送入皮赛德疯人院一样[2]。可是这理论便是达盖尔的发明所证实的!某些目光犀利的人,觉得每个人的命运都给上帝印在他的相貌上;倘若把相貌当作全身的缩影,那么为什么手不能做相貌的缩影呢?手不是代表人的全部活动,而人的活动不是全靠手表现的吗?这就是手相学的出发点。社会不是模仿上帝的吗?我们看到一个兵就预言他

---

[1] 银版摄影(daguerréotypie)为现代摄影之前身,于一八三五至一八三九年间由法人达盖尔(Daguerre)发明。现时吾国内地风景区,有照相师以当场摄影,立等可取之照相招揽游客者,即属此类。

[2] 沙洛蒙(Salomon de Caus Salomon de 1576—1626)生平事迹罕传,仅知其为旅行家,有论动力机器之文行世,于一六一五年在法兰克福出版。今人皆奉沙氏为发明蒸汽之远祖。被黎希留拘囚一节,史家认为并无根据。

会打仗,看到一个律师预言他会说话,看到一个鞋匠说他会做鞋子靴子,看到一个农夫说他会锄田加肥料;那么一个有先知能力的人,看了人的手预言他的将来,还不是一样的平淡无奇?举例来说:天才是一望而知的,哪怕最无知识的人在巴黎街上散步,瞧见一个大艺术家也会猜到他是大艺术家。那好比一个太阳,到哪儿都放光。一个呆子给你的印象,恰好跟天才的相反,所以你也能立刻认出他是个呆子。一个平常人走过,差不多是无人发觉的。多半的社会观察家,尤其是研究巴黎社会的,碰到一个过路人就能说出他的职业。从前关于萨巴的故事,说撒旦召集夜会,叫人间的信徒去参加等等,十六世纪的画家常常作为题材,到今日已不成其为神秘了。源出印度而古时称为埃及人,现在称为波希米人的那个流浪民族[1],其实只是给顾客吃了一种叫作赫希煦的麻醉品,令人精神恍惚,自以为去赴撒旦的夜会,又是骑了扫帚柄当马呀,又是从烟囱里飞出去呀,还有所谓亲眼目睹的幻象,什么老婆子变成少妇,什么跳着疯狂的舞,听着奇妙的音乐等等。以前指为魔鬼的信徒做的一切荒诞不经的怪事,实际全是吃了麻醉品的幻梦。

今日多少千真万确的事,都是从古代的占星学中发展出来的,所以将来必有一日,那些学问会像化学天文学一样成为学校的课程。巴黎最近设立斯拉夫文讲座,满洲文讲座,其实它们和北欧文学一样,只配受人家的教育,还没资格去教育别人,而那些讲师也只搬弄些关于莎士比亚或十六世纪的陈言滥调。可怪的

---

[1] 按此处波希米人并非指波希米地区的人(今称捷克人),而是渊源甚古的一个流浪民族,在法国称为波希米,亦称罗曼尼奇或尖迦纳;在英国称为奇波赛,在意大利称为秦加里,在西班牙称为奚太诺。

是：人们一方面添加这些无用的科目，同时却并没在人类学项下，把古代大学教得最精彩的占星学加以恢复。在这一点上，那个如是伟大而又如是孩子气的德国，倒是法国的先进，因为他们已经在教那门学问了，它不是比实际上大同小异的各派哲学有用得多吗？

既然俗眼看不见的自然现象，一个大发明家能看出它有成为一种工业一门学问的可能，那么某些人能从胚胎阶段的"原因"中去看出将来的"后果"，也没有什么离情背理，值得大惊小怪的。那不过是大家公认的某种官能所起的作用，一种精神的梦游。许多推测未来的方法，都可用这个假定做根据；尽管你说这个假定是荒谬的，可是事实俱在。你可以注意到，预言家推测未来并不比断言过去更费事；而在不相信的人说来，过去与未来同样是不可知的。假使既成事实有遗迹可寻，那就不难想到未来之事必有根苗可见。只要一个算命的能把只有你一人知道的以往的事实，详细说给你听，他就能把现有的原因在将来发生的后果告诉你。精神的世界可以说是从自然界脱胎而来的，一切因果作用也是相同的，除了因环境各异而有所区别之外。物体在空气中的的确确投射一个影子，可以用银版摄影把它在半路上捕捉得来；同样，思想也是真实而活跃的东西，它在精神世界的空气中（我们只能如此说）也发生作用，也有它的影子，所以有寄异秉赋的人就能窥到这些形象，或者说窥到这些思想的迹象。

至于占卜所用的方法，只要那借来预卜吉凶休咎的物体，例如纸牌，是由问卜的人亲自调动过的，那便是奇妙的程序中最容易解释的部分了。在现实世界上，一切都是相连的。一切动作都有一个原因，一切原因都牵涉到全体；所以一个最细微的动作也代表着全体。近代最伟大的人物拉勃莱，差不多集毕太哥尔，希波克拉提，亚理斯多芬，但丁之大成，在三百年前说过："人是一个小天地。"三百年之后，瑞典的先知斯威顿堡又说地球是一个人。可见先知与怀疑派的远祖在人生最大的公式上是一致的。地球本身的活动是命定的，人生的一切也是命定的。所有的事故，哪怕是最琐细的，都隶属于整个的命运。所以，大事情，大计划，大思想，必然反映在最小的行动上面，而且反映得极其忠实；譬如说，一个阴谋叛乱的人，倘使把一副牌洗过，分过，就会在牌上留下他阴谋的秘密，逃不过占卜的人的眼睛，不管你把占卜的人叫作波希米人，或是算命的，或是走江湖的，或是别的什么。只要你承认有宿命，就是说承认一切原因的连锁，那么就有占卜星相之学存在，而成为像过去那样的一门大学问，因为其中包括着使居维哀成为伟大的演绎法；可是在占卜上，演绎法的运用是挺自然的，不像那位天才的生物学家需要埋首书斋，深夜苦思才能运用。

占卜星相流行了七世纪，它的影响不像现代这样限于平民阶级，而是普及于帝王，后妃，有钱的人，和聪明才智之士。古代最大的学问之一，动物磁气（现在叫作催眠学），便是从占卜星相的学问中蜕变出来的，正如化学的脱胎于炼丹术。新兴的头盖学，人相学，神经学，也渊源于占卜星相之学。首倡这些新学问的名人，和所有的发明家一样只犯了一桩错误，就是根据零星的事实造成一个严格的理论体系，其实我们还不能从那些零星的事实中分析出一个概括的原因。互相水火的加特力教会与近代哲学，居然也有一天会一致和司法当局表示同意，把降神术的神秘和相信降神术的人士说做荒谬绝伦而加以禁止，加以迫害，使占卜星相之学一百年间无人研究。可是无知的平民，不少的知识分子，尤其是妇女，对于能知过去未来的术士继续在那里捐输纳款，向他们买希望，买勇气，买只有宗教能够给他们的一切精神力量。可见占卜星相之术永远在冒着危险流行，从十八世纪百科全书派学者提倡宽容之后，今日巫祝已不受酷刑的威胁；只有在敛人财帛，构成诈欺罪的时候才被送上轻罪法庭。不幸，诈欺行为往往跟这个通灵妙术分不开。原因是这样的：

巫祝所有的那些奇能异禀，通常只发现在我们所谓愚夫愚妇的身上。愚夫愚妇倒是上帝的选民，获有惊世骇俗的真传秘箓。圣·彼得与埃弥德一流的人都是愚夫愚妇出身。只要精神保持完整，不在高谈阔论，勾心斗角，著书立说，研究学问，治国治民，发明创造，驰骋疆场等等上面消耗，它就能吐出非常强烈的潜伏的火焰，好像一块未经琢磨的钻石保存着所有的光彩。一有机会，这一点灵性就会突然爆发，有飞越空间的巨翼，有洞烛一切的慧眼：昨天还是一块煤，明天被一道无名的液体浸润过后，立刻成为毫光万道的钻石了。有知识的人把聪明在各方面用尽了，除了上帝偶然要显示奇迹之外，永远表现不出这种卓绝的能力。所以卖卜看相的男男女女，几乎老是浑浑噩噩的乞丐，村野粗鲁，在苦难的波涛中，在人生的沟壑中打滚的石子，除了肉体受苦之外别无消耗。总之，所谓先知，所谓预言家，就是农夫马丁，对路易十八说出一桩唯有王上自己知道的秘密而使他大吃一惊的[1]；也就是勒诺芒小姐，或是像风丹太太般当厨娘的，或是一个近于痴呆的黑姑娘，或是一个与牛羊为伴的牧人，或是一个印度的托钵僧，坐在庙门口苦修，炼到神完气足，能够像梦游病人那样神通广大。

古往今来，这一类的异人多半出在亚洲。平时他们与常人无异，因为他们也要尽其物理的化学的功能，可是像传电的良导体一般，有时只是冥顽不灵的物质，有时却成为输送神秘电流的河床。这些人一恢复正常状态，就想为非作歹，结果把他们带上轻罪法庭，甚至像有名的巴太查一样给送进苦役监。卜卦起课对平民有多大影响，还有一个证明，便是可怜的音乐家的生死，全看西卜太太教风丹太太占卜的结果而定。

虽然作者写的十九世纪法国社会史，篇幅浩繁，情节复杂，某些段落的重复无法避免，但风丹太太所住的魔窟，已经在《莫名其妙的喜剧家》[2]中描写过，在此可以无庸赘述。我们只要知道，西卜太太走进老修院街风丹太太家的神气，活像英国咖啡馆的熟客走进这饭店去吃饭。她是女巫多年的主顾，常常介绍一些好奇的少妇或多嘴的老婆子去的。

---

1 农夫托玛·马丁，一八一六年时向人宣称，有一异人数次现形，嘱其向路易十八传达重要消息及若干忠告。经乡村教士、本区总主教，以及警察当局盘问，被送入更朗东疯人院。事为路易十八所闻，召入宫中，面陈若干事，使王大为感动，乃获释放。马丁死于一八三四年。
2 巴尔扎克另一小说的题目。

大 课[1]

替女巫当执事的老妈子，不先通报，就打开仙坛的门对主人说：

"西卜太太来了！……"她又回头招呼，"请进来吧，没有人呐。"

"哦，孩子，你这么早赶来有什么事啊？"老妖婆问。

七十八岁的风丹太太，活像地狱里执掌生死大权的巴克女神，够得上称为妖婆了。

"我心里七上八下的，想请你起个大课，看看我的财运。"西卜太太叫着。

于是她把情形讲了一遍，要求对她居心不良的希望给个预言。

"你不知道起大课是怎么回事吗？"风丹太太一本正经的问。

"不，我没有那么多钱来见识这个玩意儿！……一百法郎！唉！我哪儿来一百法郎呢？可是今儿我非来一下不可！"

"大课我也不大起的，"风丹太太说，"只替那般有钱的人

---

[1] 通常游戏用的纸牌仅有五十二张，占卜用的纸牌是更古的一种，叫作TAROTS，共有七十八张。起大课乃用全副七十八张牌占卜。

有大事的时候才干一回,他们给我五百法郎呢,因为你知道,那是怪费力怪累的!仙人教我抽肠刮肚的受罪,像从前人说的参加了萨巴一样!"

"可是我告诉你,风丹太太,这一下是有关我前程的……"

"好吧,承你介绍了许多主顾;我就为你上仙一次吧。"风丹太太的干瘪脸上有些恐怖的表情,倒绝对不是假装的。

她从壁炉旁边一张又旧又脏的大靠椅上站起来,走向桌子。桌上铺着绿呢,经纬都可以数得清;左边睡着一只其大无比的蛤蟆,旁边摆一个打开着的笼,里头有只毛羽蓬松的黑母鸡。

"阿斯太洛!来,小东西,"她拿一支编织用的长针在蛤蟆背上轻轻敲了一下,它望着她;仿佛很懂事的样子。"还有你,克莱奥巴脱小姐!……留点儿神哪!"她把母鸡的嘴巴也用针尖敲了敲。

风丹太太凝神屏息,半晌不动,神气像死人,眼睛发了白,在那里骨碌碌的乱转;然后她把身子一挺,嗄着嗓子说了声:"我来了!"

她像木头人似的把粟子撒在母鸡前面,拿起牌来哆哆嗦嗦的洗过了,深深的叹了口气;叫西卜太太分做两堆。这个死神转世的老婆子,戴着条油腻的头巾,披着件怕人的短袄;瞧着母鸡啄食粟子,又唤她的蛤蟆在摊开的牌上爬:西卜太太看着这些,不由得身子凉了半截。只有坚定的信仰才能教人心惊胆战。发财还是不发财,这才是问题,像莎士比亚说的[1]。

妖婆打开一本符咒的书,嗄着嗓子念了一段,把剩下来的粟

---

[1] 巴尔扎克常喜套用《哈姆雷德》第三幕第一景中哈姆雷德的独白:To be or not to be, that is the question.(活还是不活,这才是问题。)

子和蛤蟆回去的路线打量了一番,瞪着白眼细细推详牌上的意义。这些动作一共花了七八分钟,然后她说:

"你会成功的,虽然这桩事并不像你所想的那么发展。你得大大的忙一阵,可是你的心血不会白费。你要做些很坏的事,像那些在病人身边谋遗产的人一样。这件坏事里头,你有好些贵人相助!……将来你受临终苦难的时候要后悔……因为你要给两个苦役监的逃犯谋财害命,一个是红头发的小个子,一个是秃顶的老人,他们相信你有钱,在你跟第二个丈夫住的那个小村子上……得啦,孩子,干不干随你吧。"

表面上冷冰冰的骷髅似的老婆子,内里却是精神奋发,深陷的眼睛有如两个火把。预言完了,那点精神也跟着消灭了。风丹太太好似一阵头晕,像患梦游病的给人惊醒了过来,很诧异的向四下里瞧了瞧,然后认出了西卜太太,看见她面无人色觉得很奇怪。

34

一个霍夫曼传奇中的人物

"怎么样,孩子?你满意吗?……"她的声音和预言的声音完全不同。

西卜太太眼睛直勾勾的瞪着妖婆,一句话都说不上来。

"哎!你不是要起大课吗?我是把你当熟人看待的。只收你一百法郎吧……"

"西卜会死?……"门房女人叫着。

"难道我告诉了你很可怕的事吗?……"风丹太太问话的口气非常天真。

"可不是!……"西卜女人从袋里掏出一百法郎放在桌子边上,"要给人谋杀!……"

"哦!只怪你自己要起大课!……可是放心,牌上说要给人谋杀的,不是每一个都应验的。"

"风丹太太,到底可能不可能?"

"哎啊!我的小乖乖,那我怎么知道呢?你要去敲未来的门,我就替你拉了铃,他就来了!"

"他,他是谁?"西卜太太问。

"仙人呀,不是仙人是谁?"妖婆表示不耐烦了。

"再会,风丹太太!我没见过起大课,你真把我吓坏了,你!……"

老妈子把看门女人送到楼梯口,说道:"太太一个月也不起两回大课的!过后她真累死了。她要吃好几块猪排,睡三个钟点……"

走在街上,西卜太太像一个人随便跟人家商量什么以后的心理,把预言中对自己有利的部分都信以为真,把所说的灾难都认为不可能。第二天,主意更坚决了,她想大举进攻,把邦斯美术馆的东西弄上一部分,发一笔财。她几天之内只盘算着怎样把各种方法配合起来,达到她的目的。上面说过,粗人从来不像上等人那样随时随地消耗智力,所以他们执着一念的时候,精神上仿佛添了武器,力量格外的强。这些现象,在西卜女人身上表现得特别显著。执着一念的囚犯能够造成越狱的奇迹,平常人执着一念能够产生感情上的奇迹,这个看门女人的贪心,也使她变得像纽沁根受困之下一样强悍,面上愚蠢而实际和拉·巴番里纳一样精明。

几天之后早上七点光景,雷蒙诺克正在开铺门,她就眉开眼笑的走过去问:

"堆在我先生家里的东西,怎么样才能知道一个确实的价钱呢?"

"那容易得很。倘使你跟我公平交易,我可以介绍你一个估价的人,挺老实的,他能知道那些画的价值,差不了一两个铜子……"

"谁?"

"一个叫作玛古斯的犹太人,他现在做买卖不过是玩玩罢了。"

埃里·玛古斯在《人间喜剧》中已是老角色,可以无须介绍[1];只要知道他那时已不做古画古玩的买卖,而是以商人资格采取了收藏家邦斯的办法。以估价出名的人,例如已故的亨利,在世的比育,莫莱,丹莱,乔治洛恩,以及美术馆的专家等等,跟玛古斯一比简直都是小孩子。他对百年尘封的古画能辨别出是否杰作,他认得所有的画派和所有画家的笔迹。

这个从波尔多搬到巴黎来的犹太人,一八三五年起就不做买卖,但依旧穿得破破烂烂,因为这是多数犹太人的习惯,而犹太人是最守传统的民族。中世纪各国对犹太人的迫害,使他们为了避人注目故意穿得衣衫褴褛,老是哭丧着脸,装穷叹苦。习惯成自然,当年出于不得已的行为,慢慢的成为民族的本能和习惯了。玛古斯从前买卖钻石,古画,花边,珐琅,高等古玩,细巧的雕刻,古时的金银器物,靠这一行规模越来越大的生意,暗暗的挣了一份很大的财产。的确,巴黎是世界上古玩珍宝荟萃之地,近二十年古董商的人数加多了十倍。至于画,只有在罗马,伦敦,巴黎三大城市才有交易。

玛古斯住在通往王家广场的一条宽而短的弥尼末街,那儿他有所古老的宅子,在一八三一年上买进的,价钱简直便宜得不像话,屋子当初是有名的审计官摩朗古盖的,其中有路易十五时代装修得最华丽的几间房,大革命时因地位关系并没受到损坏。老犹太人违反民族的习惯而置产是有他的理由的。他晚年也跟我们

---

[1] 埃里·玛古斯在《复仇》《婚约》《比哀·葛拉苏》等几部小说中都出现过。

老来一样染上一种近乎疯狂的嗜好。虽然和他故世的老朋友高勃萨克同样吝啬,他却不知不觉的对手里进出的宝物着了迷。但像他那种眼光越来越高,条件越来越苛的癖,只有国王才够得上资格有,还得是个有钱有鉴赏力的国王。据说普鲁士的第二个王[1]挑选掷弹兵,要身高六尺才合意,那时他会不惜重金罗致,放进他的掷弹兵博物馆;同样,那位退休的古董商看得中的画,既要没有一点毛病,又要没有经过后人修补,还得是那个画家最精的作品。所以逢到大拍卖,他从不缺席,他巡阅所有的市场,跑遍整个的欧洲。这颗唯利是图的心像冰山一般的冷,看见一件精品可马上会热起来,正如玩腻了女人的老色鬼,到处寻访绝色的美女,一朝碰见完美的姑娘就不由得神魂颠倒。他崇拜理想的美,对艺术品的风魔好比唐·述安对女人,从欣赏中体味到比守财奴瞧着黄金更高级的乐趣。他置身于名画中左顾右盼,俨如苏丹进了后宫。

存放那些宝物的地方,不下于王爷的儿女们住的。玛古斯把整个二楼装修得美轮美奂的供养它们。窗上挂着佛尼市的金线铺绣做窗帘。地下铺着萨伏纳理最漂亮的地毯。一百幅左右的画上富丽堂皇的框子,全部由赛尔威很古雅的重新描过金。玛古斯认为他是巴黎唯一认真的描金匠,亲自教他用英国金描漆,因为英国金的质地比法国的好得多。描金业中的赛尔威,正如装订业中的多佛南,是个爱好自己作品的艺术家。屋内所有的窗都盯着铁皮的护窗板。玛古斯自己在三层顶楼上住着两间房,里面全是些破家具破衣服,一望而知是犹太人住的地方,因为他到老也没改

---

[1] 普鲁士的第二个王是腓特烈·威廉一世,为腓特烈一世之子,有名的腓特烈二世之父。

变他的生活方式。

底层到处摆着犹太人还在买进卖出的画和从国外运来的箱子；另有一间极大的画室，现代修补古画最好的一个艺术家，应该由美术馆聘请的名手，莫莱，差不多给玛古斯长期包着在这儿工作。女儿诺爱弥的房间也在楼下。她是犹太人晚年生的，长的秀美就像亚洲种族的特征表现得特别纯粹，特别高雅的那种犹太女子。和她做伴的是两个顽固的犹太老妈子，还有一个叫作阿勃朗谷的波兰犹太做前哨。他不知怎么阴错阳差的，牵入了波兰的革命运动，玛古斯有心利用，把他救了出来派做门房。阿勃朗谷守着这所又静又阴气又荒凉的屋子，住着一间门房，带了三条凶猛无比的狗，一条是纽芬兰种，一条是比莱南种，一条是英国种的斗牛狗。

这样，犹太人可以放心大胆的出门旅行，可以高枕无忧的睡觉，既不用怕人家来夺他的第一件宝贝，女儿，也不必为他的画跟黄金操心。他这种安全是根据极深刻的世故得来的。第一，阿勃朗谷的工资每年加二百法郎，可是主人故世之后再没有什么遗赠的了；同时玛古斯又把他教会了在街坊上放印子钱。有人来的时候，阿勃朗谷要不先从装着粗铁杆的门洞里张一下，绝不开门。这个大力士般的门房爱戴玛古斯，仿佛山差·邦查的爱戴堂·吉诃德。其次，三条狗白天都给关着，没有一点东西吃；晚上阿勃朗谷把它们放出来，照老犹太人精明的办法，教一条狗守在花园里一根柱子下面，柱子高头放着一块肉；一条守在院子里，也有一根同样的柱子，第三条关在楼下大厅内，要知道狗本能就是守家的，如今又被饥饿给拴住了。哪怕见到最漂亮的母狗，它们也不肯离开高悬食物的柱子，更不会东嗅西嗅的随便乱跑了。一有陌生人，三条狗就以为是来抢它们的肉吃；而那块肉是要等天明之后，阿勃朗谷才拿给它们的。这个刁钻古怪的办法真有说不尽的妙处。那些狗都一声不叫，玛古斯恢复了它们的野性，变得像印第安人一样狡猾。有一天，几个贼觉得屋子里静悄悄的，便大着胆子，以为一定能偷到老犹太的钱。其中一个当先锋的，爬上花园的墙想跳下去；斗牛狗明明听到了，只是不理；等到那位先生的脚走近了，它就一口咬下，吃掉了。受伤的贼居然迸着勇气翻过墙头，仗着腿上的骨头走路，直到同伴身边才晕倒，由他们抬了走。《司法日报》把这条极有风趣的巴黎夜新闻给登出来，大家还认为是杜撰的笑话。

　　七十五岁的玛古斯可能活到一百岁。尽管有钱，他的生活和两个雷蒙诺克的差不多。连对女儿予取予求的费用在内，他每月的开支也只要三千法郎。

35

懂画的人并不都在美术院

老人的生活比谁都有规则。天一亮就起来,早餐只吃些大蒜跟面包。这一顿只要维持到吃晚饭的时候。晚饭是和大家一起吃的,食物的菲薄跟修道院的相仿。早上到中午那段时间,古怪的老头儿在他陈列名画的几间屋子内走来走去,把家具,图画,所有的东西,掸灰抹尘,永不厌倦的欣赏着;然后他下楼到女儿屋里,享受一下为父之乐;然后他上街,到巴黎各处去奔跑,看拍卖,看展览会等等。遇到一件精品符合他的条件时,这家伙的生活就有了生气:他有件事要勾心斗角了,有一场马伦哥的仗要打了[1]。他使尽诡计,非用极便宜的代价把新看中的妃子收入后宫不可。玛古斯有他的欧洲地图,名作散布的地方都在图上记载明白。他托各地的同道刺探消息,经手买进的时候送他们一笔佣金。花这样许多心血的确是有收获的。

拉斐尔迷拼命寻访的两张不知下落的拉斐尔,给玛古斯弄到

---

[1] 玛伦哥为意大利地名,一八〇〇年七月拿破仑在此大破奥军,为历史上有名的战役。

了。乔尔乔纳替他为之丧命的情妇[1]所画的肖像，也在玛古斯手上；外边所谓的真迹其实都是临本。据玛古斯估计，他这一幅值到五十万法郎。他又有一张铁相为查理五世画的《基督葬礼》，大画家当时还附了一封信给大皇帝，而现在这封亲笔信就黏在画的下角。他也有铁相为腓列伯二世画许多肖像的第一幅稿图。其余的九十七幅，画品与声名也都不相上下。有了这些宝物，难怪玛古斯要笑我们的美术馆了。他们让阳光从窗里透进来，损坏最美的作品，全不知玻璃窗的作用等于凹凸的镜片。原来画廊是只能从顶上取光的。玛古斯美术馆的护窗，都由他亲自启闭，照顾的周到像对他女儿一样，那又是他的一宝！这嗜画成癖的老人，的确懂得画的奥妙。他认为名作有它特殊的生活，每天都不同，而它的美是依赖光线的；他提到这些好像从前荷兰人提到郁金香[2]；对每幅不同的画，他有一定的钟点去欣赏，因为在天气晴朗的日子里，某幅画只有某一个时间才放射异彩。

这矮小的老头儿，穿着件粗呢大褂，上了十年的丝背心，满是油腻的裤子，露着光秃的脑袋，凹下去的脸，微微抖动的胡子，翘起了白须，凶狠的尖下巴，没有牙齿的嘴，眼睛跟他的狗的一样亮，有骨无肉的手，华表式的鼻子，全是皱痕而冰冷的皮肤，对着天才的创作欣然微笑：那在不活动的图画中间不是一幅活的图画吗！有三百万家财烘托的一个犹太人，永远是人间最美

---

[1] 意大利名画家乔尔乔纳（一四七一或一四七八至一五一一），是为情妇死的，一说是情妇中时疫暴卒，乔氏亲吻死者，致染疫而死；一说为情妇被乔氏至友比哀·路佐·特·法脱尔所诱，忧愤而死。
[2] 郁金香原生于非洲北部、亚洲西部、欧洲南部，于十六世纪末盛行西欧，种植郁金香成为一时风气，尤以荷兰人最为喜爱。

的一景。就凭我们的名演员劳贝·曼达出神入化的演技[1]，也表现不出这种诗情画意。像玛古斯一类有所信仰的怪物，世界上以巴黎为最多。伦敦的怪物，对自己的癖好临了会像对自己的生命一样感到厌倦的；唯有巴黎的狂人精神上始终与他的怪癖融成一片。你可以在街上看到邦斯与埃里·玛古斯之流，穿得非常寒酸，像法兰西学士院的常任秘书一样心不在焉[2]，仿佛对什么都无所谓，对什么都没有感觉，既不注意妇女，也不注意橱窗，漫无目的地走着，口袋里空无所有，似乎脑子里也空无所有：你碰上这种人一定会奇怪他们是属于巴黎哪一个部落的。哎，这些家伙原来是百万富翁，是收藏家，是世界上最风魔的人，为了要弄到一只杯子，一幅画，一件稀有的东西，不惜踏上轻罪法庭，像从前玛古斯在德国一样。

这便是雷蒙诺克很神秘的带着西卜女人去求见的专家。雷蒙诺克每次在大街上遇到玛古斯，总得请教一番。老犹太也知道这个当伙计出身的人老实可靠，常常由阿勃朗谷出面借钱给他。弥尼末街和诺曼底街近得很，两个想发横财的同党十分钟就走到了。

"你可以见识到告老的古董商中最有钱的一个，巴黎最内行的鉴赏家……"雷蒙诺克对他的同伴说。

西卜太太一看矮小的老头儿穿着连西卜也不屑于修补的上装，先就呆住了；随后被他那双像猫一样冷静而狡猾的眼睛一扫，她更觉得毛骨悚然。他在楼下冷冰冰的大厅内，监督一个画

---

[1] 劳贝·曼达为巴尔扎克杜撰的演员。
[2] 此处系作者讽刺法兰西学士院。常任秘书之心不在焉，乃反映学士院内陈言俗套的议论令人生厌。

家修整古画。

"什么事啊,雷蒙诺克?"他问。

"有些画要请你估价;巴黎只有你能告诉我,像我这样卖铜器的穷小子,不像你那么家私成千成万的,为那些画可以出多少钱。"

"东西在哪儿?"

"这位便是货主屋子里的门房,替那个先生打杂的,我已经跟她讲妥了……"

"货主姓什么?"

"邦斯!"西卜女人抢着说。

"没听见过。"玛古斯假痴假呆的回答,一边轻轻的把修补古画的人踩了一脚。

画家莫莱是知道邦斯美术馆的价值的,便突然抬起头来。这种微妙的表情,只能用在雷蒙诺克与西卜女人前面。犹太人的眼睛好似称金子的人的天平,一瞥之下已经把看门女人掂过了斤量。这一男一女当然不知道邦斯与玛古斯常常斗法。事实上,两个其狠无比的收藏家彼此都很眼红。所以老犹太一听到邦斯二字就心中一动,他从来不敢希望能踏进一个守卫如是严密的宝库。巴黎唯有邦斯美术馆能和玛古斯美术馆竞争。犹太人采取邦斯的收藏办法,比邦斯晚二十年;但因他是个兼做买卖的人,所以跟杜索末拉一样是邦斯不招待的。而邦斯与玛古斯,双方都存着同样嫉妒的心。一般家中有画廊的人往往喜欢出名:他们两个却没有这种虚荣。玛古斯要能仔细瞧一瞧穷音乐家的精美的藏品,其愉快就好比一个好色的人有个朋友把美丽的情妇藏在一边不让看见,而有朝一日居然溜进了她的上房。雷蒙诺克对这个怪人的尊敬,把西卜女人唬住了。凡是真正的力量，即使是不可解的，都有一股声势；看门女人在老头儿面前不知不觉变得听话了，柔和了。她不敢再拿出对付一般房客和她两位先生的专横的口气，她接受了玛古斯的条件，答应当天就带他进邦斯美术馆。这一下可是把敌人引进腹地，一刀扎入了邦斯的心窝。十年来邦斯老把钥匙随身带着，告诉西卜女人谁也不让进去，她一向对古董的意见和许模克的相同，也就听从了他的吩咐。因为老实的德国人把宝物当作小玩意儿，看着朋友着迷觉得可叹；看门女人受他的影响，也瞧不起古董，所以邦斯的美术馆十年工夫没有被闲人闯入。

邦斯病倒以后，戏院和私塾方面都由许模克替代。可怜的德国人为了保住两人的位置而包办一切，只能在早上和吃晚饭的时候见到朋友。他痛苦之极，所有的精力都给双份的工作消耗完了。女学生和戏院的同事，从他那儿知道了邦斯的病，看见可怜虫愁眉不展，就常常问起邦斯的情形；而钢琴家悲伤的程度，使那些不关痛痒的人也拉长着脸表示同情，像巴黎人听到了最大的灾难一样。好心的德国人，生命的本源和邦斯的受到同样深刻的打击；他熬着自己的痛苦，还得为了朋友的病而痛苦。所以他每次上课倒有一半时间在谈论邦斯，他会挺天真的中途停下来想着朋友今天怎么样，连年轻的女学生也留神听着他解释邦斯的病情了。两课之间要有空闲，他就奔回诺曼底街陪邦斯一刻钟。两人的钱都花完了，半个月来西卜太太尽量加增病费的开支，再拿这种坏消息去恐吓许模克。他虽然又惊又急，却出乎意外的发觉自己竟有勇气把悲痛压下去。为了要家里不缺少钱，他生平第一次想到挣钱的念头。有个女学生给两位朋友的境况感动了，问许模克怎么能把邦斯一个人丢在家里的，他却像受骗的老实人一样，不胜欣慰的微笑着说："哎，小姐，我们有西卜太太呀！她又好又热心，把邦斯招呼得像王爷一样！"

可是，只要许模克一出门，西卜女人在家便是主人了。半个月不吃东西的邦斯，四肢无力的瘫在那儿，西卜女人为了铺床要他坐到沙发上去的时候，非得把他抱过去不可，他怎么还能监视这个所谓的好天使呢？不用说，西卜女人是趁许模克吃中饭时去见玛古斯的。

她回来，许模克正在跟他的朋友说再会。自从知道邦斯可能有笔大家私以后，西卜女人简直寸步不离，像孵小鸡似的老守着他。她坐在床前一张舒服的沙发里，开始东拉西扯，搬弄一套这等女人最拿手的废话，替邦斯解闷。假装温和驯良，体贴周到，老担着心事，她用种种权术把邦斯的心收拾得服服帖帖。

36

看门老婆子的唠叨与手段

西卜女人听了风丹太太的预言吓坏了，决意用软工夫，用不犯法的恶毒手段，在她先生的遗嘱上争个名字。十年工夫，她不知道邦斯美术馆的价值；现在她忽然把自己十年的忠诚，老实，没有一点私心，看作一笔资本，预备兑现了。想发财的欲望，在这女人心里好比在壳里伏了二十五年的一条蛇，那天被雷蒙诺克一句暗示金钱的话唤醒之下，她便把潜藏在心里的所有的邪念喂着它。至于她听了蛇的主意如何执行，看下文便知分晓。

"哎，喂，他有没有喝过很多水，咱们的宝贝病人？是不是好一些呢？"她问许模克。

"不行哪！我的好西卜太太！不行哪！"德国人抹着眼泪回答。

"哦！先生，你别这样慌，事情总得往好的方面想……哪怕西卜马上要死过去，我也不至于像你一样发愁。得了吧，咱们的宝贝病人身子很棒。再说，他一向规矩，你可不知道规矩的人年纪才活得大呢！对，他现在病势不轻，可是凭我这样的服侍，一定把他救过来。放心吧，你去干你的正经，我来陪他，拿大麦水给他喝。"

"要没有你，我才急死呢……"许模克捧着打杂女人的手握了一下，表示他的信任。

西卜女人抹着眼睛走进邦斯的屋子。

"怎么啦，西卜太太？"邦斯问。

"都是许模克先生使我心里乱糟糟的，他在那儿哭你，好像你已经死了！虽然你病在这里，还不至于要人家哭你哪；可是给他一急，我也忍不住了！天哪！我傻不傻，对你比对西卜还要关切！归根结底，你对我没有什么相干，除了大家同是亚当夏娃的子孙，咱们既不是亲又不是眷；可是，一提到你呀，真的，我心就慌了。我可以牺牲一只手，当然是左手啰，真的，就在你面前割下来，只要能看到你能吃能喝，进进出出，从做买卖的手里骗到些便宜货，跟往常一样……我要有个孩子的话，我相信就会像爱你一样的爱他，不是吗？——来吧，好乖乖，你喝，把这一杯都喝下去！你喝不喝，先生！波冷医生对我说的：倘若邦斯先生不愿意进拉希公墓，就得把奥凡涅人每天挑来卖的水，统统喝下去。——所以你得喝！喝呀！……"

"我不是喝着吗，好西卜太太！……我喝了多少，整个的胃都给水淹了……"

"对，这才对啦！"门房女人接过了空杯子，"这样你就有救了！波冷先生有过一个跟你一样的病人，没有人照顾，儿女都不理他，结果就为这个病死的，因为不喝水！……所以你瞧，你得喝水！……那个人才给埋了两个月……喂，你知道没有，要是你死了，许模克那好人就完啦……我不说假话，他真是个孩子。哦！这羔羊似的人多爱你哟！从来没有一个女人这样的爱一个男人的！……他为了你吃不下喝不下，半个月到现在瘦得跟你一样，只剩皮包骨头了……我还看了忌妒呢，因为我挺喜欢你，可是不到他那地步，我没有吃不下饭，相反呢！成天楼上楼下的爬，我两条腿酸得不得了，夜里一上床就睡熟了，像块石头一样。不是吗，为了你，我顾不到可怜的西卜，只能托雷蒙诺克小姐给他弄饭，他对我叽叽咕咕，说每样东西都不行。我吗，我劝他，一个人应当为别人牺牲，说你的病不轻，不能把你丢在这儿……先是你不能雇一个老妈子服侍你！我招呼了你十年，替你管了十年家，怎受得了一个看护女人呢[1]？……她们都是贪嘴的家伙！一个人吃的要抵得十个人，又是酒，又是糖，又是脚炉，要这样那样的舒服……倘使病人不把她们写上遗嘱，她们还要偷东西……今天这儿来一个服侍病人的老妈子，明天就会少了一张画或是别的什么……"

"噢！西卜太太，"邦斯急得直嚷，"别离开我啊！……不准人家动我的东西！……"

"我在这儿呀！只要我吃得住，我不会走的……你放心！波冷先生说不定在打你的宝物的主意，他想教你雇个看护女人！……嘿！我老实不客气把他顶回去了，我说：先生只要我一个人服侍，他知道我的脾气，我也知道他的脾气。——这样他才不作声了。哼，服侍病人的老妈子全是贼！我恨透了那些女人！……你才不知道她们多坏呢……有个老先生——还是波冷先生跟我讲的——对啦，一个什么萨巴底哀太太，三十六岁，从前在王宫市场做拖鞋生意的——你不是知道王宫市场从前有些开铺

---

[1] 此处所谓看护女人并非现代经过医学训练的护士，故不译为"看护"或"护士"，以免混淆。

子的门面,现在给拆掉了吗?……"

邦斯点点头。

"且说那女人早先运气不好,丈夫是个酒鬼,中风死了;可是说句公道话,她长得真漂亮,可惜长得漂亮也不中用,交了些律师朋友也是白费……这样她就落难啦,平时专门服侍产妇,住在巴贝杜贝街。后来,她去看护一个老头儿,说句不文雅的话,他害着尿道病,要人给他通,像凿井似的,还得许多别的照顾,她只能睡在那个先生卧房里,搭一张帆布床。嗳!这种事说出来简直没人相信!也许你会说:男人都是不规矩的!只知道一味的自私自利!——总之,她在房里老陪着他,逗他高兴,和他讲故事,有一搭没一搭的,就像咱们现在一样的瞎聊……她打听出来,原来老人有些侄子,都恶得很,给他受了很多气,说到末了,他的病就是给侄子气出来的。后来哪,我的先生,她救了老人的命,嫁了他,生了个怪可爱的孩子,教母便是夏洛街上开肉铺子的老婆,因为鲍特凡太太跟那女的是亲戚……你瞧她这一回运气可好!……我吗,我嫁了人,可没有孩子,老实说,那只怪西卜不好,他太爱我了,因为倘使我要……哦,这样也好。有了孩子,我跟西卜俩怎么办?我们没有一点儿产业,没有一个钱,白做了三十年老实人,我的好先生!我觉得安慰的,就是从来没有拿过人家一个子儿,从来没有害过谁……打个譬喻,我这么说是没有关系的,因为要不了六个星期,包你起床到大街上去溜达了,我不过打个譬喻说,假使你把我写上遗嘱,那么,告诉你,我要不找到你的承继人把钱还掉,我就睡不着觉……因为我最怕不是自己流着汗挣来的钱。尽管你说:哦,西卜太太,你不用过意不去;那是你拿力气换来的,你把两位先生招呼得跟自己的孩子一样，一年替他们省了一千法郎……——因为先生，你知道吗，换了别个做饭的老妈子，在我的地位早已存起万把法郎了！——所以那位好先生送你一笔小小的终身年金，也是应该的。——譬如人家对我这么说吧，可是不，我决不受，嗨！我是不贪心的！……我真不懂怎么有些女人待人好是为了有利可图……你想，先生，这还能算好事吗？……我不上教堂去，我没有那个工夫；可是我的良心告诉我什么叫作好什么叫作坏！……喂，你别这样乱动呀，我的宝贝！……别乱搔呀，我的天，你的脸多黄，黄得变成棕色了……一个人二十天工夫会像只柠檬，你说怪不怪！——清白老实是穷人的财产，一个人好歹总得有点东西！打个譬喻说，即使你快死了，我第一个会劝你把所有的东西都送给许模克先生。这是你的义务，你的家属只有他一个人！他可真爱你，这家伙，像一条狗爱它的主人一样。"

"唉！是的，"邦斯说，"我一辈子只有他爱我……"

37

一条美丽的手臂能有多少效果

"嗯！先生，"西卜太太说，"你这句话可不客气啦；那么我呢！难道我就不喜欢你啦？……"

"我没有这么说呀，我的好西卜太太……"

"得了吧！你把我当作一个老妈子，一个普通的厨娘，好像我是没心没肺的！哎唷！我的天！十一年工夫给两个老鳏夫做牛做马！一心一意为了他们的好，为了找块勃里乳饼，一跑就是几十家水果店，听人家冷言冷语；为了要买新鲜牛油，一直奔到中央菜场；大小事情没有一样不留神，十年工夫没有砸破一件东西，连一只碗角都不缺……简直像母亲待孩子一般！临了落得一声我的好西卜太太，明明是老先生心里不见你的情，可是你把他服侍得像王太子一样，哼，人家服侍罗马那位小国王还差远呢！……我敢打赌他得不到你那样的照顾！……要不他怎么会年纪轻轻的死呢？……你瞧，先生，这不是你不公平吗……你没有良心！说来说去，不过因为我是个可怜的看门女人。哦！天哪，敢情你，你也拿我们当作狗看待的？……"

"哦！我的好西卜太太……"

"对，你是有学问的，请你讲给我听，干么咱们当门房的要受到这种待遇，干么把我们当作没心没肺，瞧咱们不起，如今晚儿不是讲平等吗？……我，我难道比不上别的女人？我当初还是一个巴黎最漂亮的姑娘，出名的牡蛎美人，求情说爱的话一天要听到七八回呢！……哪怕到了今天，只要我愿意！呵，先生，你不是认得那个卖旧货的小家伙吗，住在大门旁边的？告诉你，倘使我做了寡妇，打个譬喻说，他会闭着眼睛娶我，他平常一双眼睛老盯着我，成天的对我说：噢！西卜太太，你这对胳膊多美！……我昨天晚上梦见你的胳膊变了面包，我变了牛油，躺在面包上！……来，先生，瞧瞧我的胳膊！……"

她卷起衣袖，露出一条世界上最美的胳膊；手越红越干，胳膊越显得又白又嫩；那是一条丰腴的，浑圆的，有小涡的手臂，从粗呢料子的衣袖中脱颖而出，好似锦囊中抽出一把宝剑，邦斯只觉得一阵眼花，不敢久视。

"吓！给这条手臂打开的心，跟我刀子劈开的牡蛎一样多！看见没有，这是西卜的。这亲爱的好人，只要我开声口，他为我从峭壁上跳下去都愿意；我真不该为了你冷淡了他，你先生只叫我声好西卜太太，我可不顾死活的，连办不到的事都想给你办……"

"你听我说啊，我总不成把你叫作我的妈妈，我的女人……"病人说。

"完啦完啦，我这一生这一世，再也不照应谁了……"

"你让我说好不好！"邦斯又道，"刚才我是在讲许模克。"

"许模克先生！对啦，他才是有良心的。他是喜欢我的，因为他穷！有了钱，心肠就硬了，你就是有了钱！好，你去找个看护老妈子吧，瞧她给你过的什么日子！要不把你折磨得像个金壳虫才怪！……医生吩咐要给你喝水，她偏给你吃东西！她要送你进坟墓，好抢你的家私！你不配西卜太太的招呼！……得啦，波冷先生来的时候，你叫他找个老妈子吧！"

"唉，要命！你听我的呀！"病人气得直叫，"我讲我的朋友许模克，又没扯到什么女人！……我很明白，真心爱我的只有你跟许模克！……"

"别这样生气好不好！"西卜女人嚷着，扑过去按着邦斯睡下。

"我怎么能不喜欢你呢？……"可怜的邦斯说。

"噢，你喜欢我，真的吗？……得啦，得啦，对不起，先生！"她一边说一边哭，抹着眼泪，"我知道，你喜欢我像喜欢一个老妈子是不是？……你扔给她六百法郎终身年金，好比拿块面包扔在狗窝里！……"

"噢！西卜太太，你拿我当作什么人？你不了解我！"

"啊！那么你不是这样对我的！"她说话之间看到邦斯瞧了她一眼，"你把好西卜太太当作母亲是不是？那对啦，我是你的母亲，你们两口儿都是我的孩子！哦！我要认得那些给你受气的人，我就得上重罪法庭了，甚至给抓进警察局也难说，因为我一定会挖掉他们的眼睛！……十恶不赦的东西，送到圣·约各门外去砍头还是便宜了他们呢！……你人这样好，心这样软，你生到世界上来就是为使一个女人快活的……是的，你一定会使她快活……我一看就知道，你生来是这样的人……我早先看到你对许模克先生那么好，心里就想：可怜邦斯先生白活了一辈子，天生他是个好丈夫……我知道，你是喜欢女人的！"

"唉！是的，"邦斯说，"我可从来不曾有过女人！……"

"真的吗！"西卜女人带着挑拨的神气走近邦斯，抓着他的手，"敢情你不知道什么叫作有个疯疯癫癫的情妇听你摆布吗？那怎么可能！我要是你，要不尝到人生一世最快活的事儿，绝不肯离开这个世界去进天堂……可怜的小贝贝！现在我要像从前的模样，不说假话，一定扔下西卜跟你！瞧你的鼻子长得多体面！怎么会这样体面的，嗯，我的小心肝？……你一定要说：看男人，不是每个女人都有眼睛的！……对，可叹她们都糊里糊涂的嫁错了人！我以为你情妇起码有一打，什么舞女呀，戏子呀，公爵夫人呀，因为你常常不在家！……看着你出门我老对西卜说：呦！邦斯先生又找野娘们玩儿去啦！一句不假，我是这样说的，我真以为有多少女人爱你呢！你是天生的教人爱的……告诉你，我的好先生，你第一次在家里吃晚饭的时候，我就看出来了。哎唷！你瞧着许模克先生的欢喜，你多感动呵！第二天他还哭着对我说：西卜太太，他在家里吃过晚饭了！我也跟着哭得昏天黑地。赶到你又上外边去闲逛，在别人家里吃饭，他就多难过呵：可怜的人！从来没见过像他那么样的伤心！你的确应当把家私送给他。不是吗，这个正直的好人，就是你的亲属！……你不能忘了他！要不上帝就不准你进天堂了，你得知道，没有义气的人，不送年金给朋友的人，都进不了天堂。"

38

初步的暗示

邦斯再三想回答，总是无法插嘴，西卜女人拉不断扯不断的话好比刮大风。蒸汽机还有方法教它停止，要拦住一个看门女人的舌头，恐怕发明家绞尽脑汁也想不出好办法。

"我知道你要说什么，"她抢着往下说，"好先生，一个人害了病，立张遗嘱并不会送命的；我要是你啊，我就要防个万一，我不愿意丢下那可怜的绵羊，真的，他是好天爷脚下的绵羊，一点儿事都不懂；我才不让他给吃公事饭的黑心人摆布，不让他落在那些坏蛋的家属手里呢！你说，二十天到现在，可有谁来看过你？……你还想把遗产送给他们！你可知道，有人说这里的东西值点儿钱吗？"

"我知道。"

"雷蒙诺克知道你是收藏家，他自己也在买进卖出，他说愿意给你三万法郎终身年金，只要你百年之后让他把画拿走……这倒是桩买卖！要是我，就答应下来了！可是他这么说，我以为他跟我开玩笑……你得把这些东西的价值告诉许模克先生，因为人家要哄他，就像哄孩子一般容易；你这些好东西能值多少，他一点儿念头都没有，连值钱两个字也没想到！他会三钱不值两文的给了人，倘使他不是为了爱你而一辈子留着，倘使他在你身后还能活着，因为你一死，他也会死的！可是放心，有我在这儿，我会保护他，抵抗所有的人！……我跟西卜两个。"

邦斯被她这一阵胡说八道感动了，觉得像所有平民阶级的人一样，她的感情的确很天真，便回答道：

"好西卜太太，要没有你跟许模克，我真不知道要落到什么田地呢！"

"哦！世界上只有我们两个是你的朋友！那是不错的！两颗好心就胜过所有的家属……哼，甭提什么家属啦！家属好比一个人的舌头，像那个有名的戏子说的，最好的是它，最坏的也是它……你的亲人，他们在哪儿？你有亲人吗？……我从来没见过……"

"就是他们把我气成这样的！……"邦斯不胜悲痛的嚷着。

"哦！你还有亲人……"西卜女人站起身子，仿佛她的沙发是一块突然烧红了的铁，"哎！好，他们真好，你的亲人！怎么！二十天了，对，到今儿早上已经二十天了，你病得死去活来，他们还没来问过一声！那可心肠太狠了！……我做了你，宁可把财产捐给育婴堂，绝不给他们一个子儿！"

"好西卜太太，我本想把所有的东西都给我的外甥孙女的，她的父亲是我的嫡堂外甥加缪索庭长，你知道，就是两个月以前，有天早上来看我的那个法官……"

"哦！那个矮胖子，打发当差们来代他的女人向你赔罪的！……他的老妈子还跟我打听你呢，那只老妖精，我恨不得把扫帚柄在她的丝绒短斗篷上扫它两下呢。哪有一个老妈子穿丝绒斗篷的！哦，真是世界翻身了！革命，革命，干么革命的？你们有办法，你们去吃两顿夜饭吧，有钱的混蛋！我说，法律是没用的，倘使路易·菲利普就让人家没大没小的不分上下，那还有什么王法？因为，我们真要是平等的话，不是吗，先生，一个老妈子就不该穿丝绒斗篷，因为我西卜太太，做了三十年老实人还穿不上……这算哪一门的玩意儿？你总得教人看出你的身份。老妈子就是老妈子，就像咱家我是个看门的！要不军人戴那些肩章干么？各人有各人的等级，怎么能胡来！这些七颠八倒的事，先生，要不要我告诉你最后一句话，那就是，法兰西是完了！……拿破仑在的时候，可不是这样的，你说是不是，先生？所以我对西卜说：你瞧，家里有了穿丝绒斗篷的老妈子，那家人准是没有心肝的……"

"对啦，就是没有心肝！"邦斯回答。

于是他把心里的委屈跟痛苦讲给西卜太太听，她把那些亲戚尽量的咒骂，对每一句伤心的叙述都不怕过火的表示同情。末了她哭了。

要想象老音乐家与西卜太太之间突如其来的亲密，先得了解老鳏夫的处境。他生平第一遭害着重病，躺在床上受罪，举目无亲，孤零零的消磨日子；而他的日子特别来得长，因为他得和肝脏炎那种说不出的痛苦挣扎，那是连最美满的生活也要给破坏完的，何况他没有了事做，惦记着不花一钱就能看到的巴黎景象，更是意气消沉，像害了相思病。

这种孤独，这种暗淡的日子，这种生活的空虚，打击精神比打击肉体更厉害的痛苦，一切都逼得单身汉去依赖那个招呼他的人，好比淹在水里的人抓着一块木板；尤其他是生性懦弱，软心肠而又软耳朵的。所以邦斯对西卜女人的胡扯听得津津有味。在他心目中,全世界的人只有许模克,西卜太太,和波冷医生,而他的卧室便是他整个的天地。普通的病人,精神只集中于目光所及的小范围,自私的心理只关切身边琐事,所依赖的只有一间屋子里的人和物;现在邦斯又是个老鳏夫,没有亲人,没尝过爱情的滋味,他的心境更可想而知了。病了二十天,他有时竟后悔没有娶玛特兰纳·维凡!所以二十天之内,西卜太太就在病人心中成为了不起的人物,仿佛没有她就没有命了。至于许模克,在可怜的病人旁边不过等于另外一个邦斯。西卜女人的巧妙,是在于无意之间代邦斯说出了心里的话。

"哦!医生来啦。"

她听见门铃响,就一边说着一边丢下了邦斯,明知那是犹太人和雷蒙诺克上门了。

"你们两位轻声点儿!"她说,"别让他听见什么!一牵涉到他的宝贝,他火气就大啦。"

"只要绕一转就够了。"犹太人回答。他手里拿着一个放大镜和一个手眼镜。

39

狼狈为奸

邦斯美术馆存放大部分作品的屋子，是从前建筑师替法国旧贵族设计的那种老式客厅，有二十五尺宽，三十尺长，十三尺高。四面挂着邦斯藏的六十七幅画，墙上装有白漆描金的护壁板，白漆已经发黄，描金已经变红，和谐的色调倒也不妨害画的效果。柱头上放着十四座雕像，有的在屋角，有的在画中间，柱子一律是蒲勒出品。靠壁半人高的地位摆着紫檀木酒柜，每个都刻花，富丽堂皇，放的是各式古玩。客厅中间，一排雕花的食器柜上全是最珍贵的手工艺品：象牙，铜器，木雕，珐琅，金银器物，与瓷器等等。

犹太人踏进宝殿，立刻认出四幅最精彩的画直奔过去，那些作家是他的收藏中没有的。他的心情，仿佛博物学者发现了采集不到的标本，不惜从西方跑到东方，踏进热带，跋涉沙漠，横渡大草原，穿越原始森林去寻访的。四幅画中第一幅是赛白斯蒂安·但尔·毕翁菩的，第二幅是弗拉·巴多洛美奥的，第三幅是霍培玛的风景，第四幅是亚尔倍·丢勒的《女像》，简直是四宝！在绘画史上，赛白斯蒂安是集三大画派的精萃于一身的人。他原来是佛尼市画家，到罗马去在米开朗琪罗的指导之下学拉斐尔的风格。米开朗琪罗有心训练自己的大弟子，用拉斐尔的方法去攻倒拉斐尔。因此，赛白斯蒂安虽是懒散的天才，但在为数有限而相传稿本出于米开朗琪罗手笔的画上，的确把佛尼市派的色彩，佛罗伦萨派的布局，与拉斐尔的风格融于一炉。这种兼有三家之长的艺术，其完美的程度可以从巴黎美术馆藏的《庞第奈里肖像》[1]上看到，它可以毫无愧色的比之于铁相的《拿着手套的人》，拉斐尔的那幅兼有科累佐之妙的《老人像》，雷沃那·特·文琪的《查理八世像》。这四幅都有一样的光彩与色泽，异曲同工，价值相等。人类的艺术可以说是至此而极。它还胜过自然，因为自然界的美不过是昙花一现。邦斯藏的赛白斯蒂安，是画在石版上的《玛德派教徒的祈祷》，其鲜艳，工整，沉着，还有过于《庞第奈里肖像》。巴多洛美奥的《圣家庭》，可能有好多鉴赏家认作拉斐尔。霍培玛的风景在标卖时可以值到六万法郎。丢勒的《女像》，很像有名的纽伦堡的《霍邱肖像》。霍邱和丢勒是朋友，那张肖像曾经由荷兰，普鲁士，巴维哀几邦的君主出到二十万法郎想收买，而且想收买了几次都没成功。邦斯这幅，画的或许便是霍邱的妻子或女儿。这假定很有可能，因为画上女人所摆的姿势，显然跟另一张是对称的；而爵徽的画法，地位，在两幅上也相同。最后，旁边写的四十一岁，也和另一幅上的年龄相配。不消说得，纽伦堡霍邱家的后人对那幅藏画素来视为至宝，最近才完成了一张铜刻的图。

埃里·玛古斯轮流瞧着四幅画，眼泪都冒上来了。

---

[1] 此画像被认为赛白斯蒂安·但尔·毕翁蓉的杰作，但现代学者已断定为同时代的勃龙齐诺的作品。

"这几张画,你要是能让我花四万法郎买到,我每张送你两千法郎酬劳……"他咬着西卜女人的耳朵说。西卜女人听到这一笔天外飞来的横财,不由得愣住了。

犹太人的欣赏到了如醉若狂的境界;神志乱了,平时的贪心也动摇了,他没头没脑的沉浸在里面了。

"那么我呢?……"雷蒙诺克问,他对画还是外行。

"这里的东西都没有什么高低,"犹太人很狡猾的附着奥凡涅人的耳朵说,"随便挑十张画,跟我一样的条件,你就发财啦!"

三个人你望着我,我望着你;贪欲获得了满足,每个人都咂摸着人生最大的快乐。不料病人一声叫喊,像钟声似的在空气中余音不绝……

"谁呀?……"邦斯嚷着。

"先生,你睡下去呀!"西卜女人奔过去硬要邦斯睡下。"嗯!你不想活吗?……来的不是波冷先生,是那个好人雷蒙诺克,他不放心你,特意来打听你的消息!……瞧大家对你多好,全屋子的人都在为你着急。你怕什么呢?"

"我听你们有好几个人呢。"病人说。

"好几个!喔!你在做梦吗?这样下去,你会发疯的,告诉你!……好,你瞧吧。"

西卜女人奔过去打开房门,递个眼色叫玛古斯退后去,叫雷蒙诺克上前来。

"嗳,亲爱的先生,"奥凡涅人顺着西卜女人的口气说,"我来问候你,这屋里的人为了你都觉得害怕……你知道,谁都不喜欢屋子里有死神进门的!……还有莫尼斯特洛老头,你不是跟他很熟吗?他要我对你说,倘使要用钱,他可以帮忙……"

"哼,他派你来瞧瞧我的古董!……"老收藏家起了疑心,说话很不客气。

害肝病的人几乎都有一种特殊的,说来就来的反感;他们的肝火会钉住某一件东西或某一个人。邦斯一心一意只想守护他的宝物,以为有人在觊觎它们;他平日常叫许模克去瞧瞧可有人溜进禁地。

"你的收藏相当精,可能引起收货的人注意,"雷蒙诺克很调皮地回答,"我对高等古玩是外行,但大家认为先生是大鉴赏家,所以我虽然不大懂,也愿意闭着眼睛向先生买点东西。……倘使你要用钱的话,因为这些要命的病是最花钱的……上回我姊妹闹肚子,十天工夫就花了三十铜子,其实不吃药也会好的……医生都是些坏蛋,专门趁火打劫……"

"再见,先生,谢谢你。"邦斯一边回答,一边很不放心的把眼睛盯着旧货鬼。

"我送他出去吧,"西卜女人轻轻的告诉病人,"免得他拿了什么东西。"

"对,对。"病人不胜感激的向西卜女人递了个眼色。

西卜女人带上房门,这个举动可又引起了邦斯的疑心。她走出去看见玛古斯一动不动的站在四幅画前面。只有能体会理想的美,对登峰造极的艺术有股说不出的感情,会几小时的站在那里鉴赏达·芬奇的《蒙娜丽莎》,科累佐的《安底奥泼》,安特莱·但尔·萨多的《圣家庭》与《铁相的情妇》,陶米尼耿的《花丛中的儿童》,拉斐尔的单色画和《老人像》的人,才能了解玛古斯那种出神的境界。

"你轻轻的走吧！"西卜女人吩咐他。

犹太人慢慢的，一步一步的倒退出去，眼睛老瞅着画，好比一个情人望着情妇向她告别。

40

狡猾的攻击

西卜女人看到犹太人的出神,心里就有了主意;一到楼梯口,她拍了拍玛古斯全是骨头的胳膊。

"你每张画得给我四千法郎!不就拉倒……"

"我没有那么多钱呀!我想要那些画是为了爱好,为了爱艺术,我的漂亮太太!"

"好小子,你这样啬刻,还知道爱!今儿要不当着雷蒙诺克把一万六答应下来,明儿就要你两万了。"

"一万六就一万六。"犹太人被看门女人的贪心吓坏了。

"犹太人不是基督徒,他们能够凭什么赌咒?……"她问雷蒙诺克。

"放心,你相信他得了,他跟我一样靠得住。"收旧货的回答。

"那么你呢?我要让你买到了东西,你怎么酬劳我?……"

"赚的钱大家对分。"雷蒙诺克马上说。

"我宁可拿现钱,我不是做买卖的。"

"你真内行!"玛古斯笑道,"做起买卖来倒真够瞧的。"

"我劝她跟我合伙,把身体跟财产统统并过来,"奥凡涅人抓着西卜女人的胖手臂,用锤子一样的力气拍了几下,"除了她的漂亮,我又不要她别的资本。——你老跟着西卜傻不傻?像你这样的美人儿,可是一个门房能教你发财的?喔!一朝坐在大街上的铺子里,四面摆满了古董,跟那些收藏家聊聊天,花言巧语的哄哄他们,你该是何等人物!等你在这儿捞饱了,赶快丢开门房,瞧咱们俩过的什么日子吧!"

"捞饱了!"西卜女人嚷道,"这儿我连一根针都不肯拿的,听见没有,雷蒙诺克!街坊上谁不知道我是一个规规矩矩的女人,嘿!"

西卜女人眼里冒出火来。

"噢,你放心!"玛古斯说,"这奥凡涅人太爱你了,绝不是说你坏话。"

"你瞧她会给你招来多少买主!"奥凡涅人又补了一句。

"你们也得说句公道话,"西卜太太的态度缓和了些,"让我把这里的情形讲给你们听听……十年工夫我不顾死活的服侍这两个老鳏夫,除了空话,没有到手过一点东西……雷蒙诺克知道得清清楚楚,我给两个老头儿包饭,每天要贴掉二三十个铜子,把我所有的积蓄都花光了,真的,我可以凭我妈妈的在天之灵起誓!……我从小只知道有娘,不知道有爷的;可是像咱们头上的太阳一样千真万确,我要有半句谎话,我的咖啡就变成毒药!……现在一个不是快死了吗?并且还是有钱的一个……我把两个都当作亲生的孩子呢!……唉,你们可想得到,二十天工夫我老告诉他,他快死了,(因为波冷先生早说他完了!……)那吝啬鬼可没有半句口风把我写上遗嘱,就像是不认识我的一样!

现在我真相信，咱们的名分一定要自己去拿；靠承继人吗？趁早别想！嘿！说句不好听的话：世界上的人都是混蛋！"

"不错，"玛古斯假惺惺的说，"倒还是我们这批人老实⋯⋯"他眼望着雷蒙诺克补上一句。

"别跟我打岔，我又不拉上你⋯⋯就像那戏子说的，一个人钉得紧，一定会成功！⋯⋯我可以起誓，两位先生已经欠了我近三千法郎，我的一点儿积蓄都给买了药，付了他们家用什么的，要是他们不认这笔账的话，那⋯⋯唉，我真傻，我这老实人还不敢跟他们提呢。亲爱的先生，你是做买卖的，你说我要不要去找个律师？⋯⋯"

"律师！"雷蒙诺克嚷道，"你比所有的律师都强呢！⋯⋯"

这时有件笨重的东西倒在饭厅里地砖上，声音一直传到空荡荡的楼梯间。

"哎啊！我的天！"西卜女人叫着，"什么事呀？好像是我的先生摔筋斗啦！⋯⋯"

她把两个同党一推，他们马上身手矫捷的奔了下去。然后她回进屋子，赶到饭厅，看见邦斯只穿一件衬衣，躺在地下晕过去了。她像捡一片羽毛似的抄起老人身子，把他一直抱到床上。她拿烧焦的鸡毛给他嗅，用科隆水擦他的脑门，慢慢的把他救转了。赶到邦斯睁开眼睛活了过来，她就把拳头往腰里一插，说道：

"光着脚！只穿一件衬衫！这不是寻死吗？再说，你干么疑心我？⋯⋯要是这样，那么再会吧，先生。我服侍了你十年，把自己的钱贴作你们的家用，把积蓄都搅光了，只为的不要让可怜的许模克先生操心，他在楼梯上哭得像个小娃娃⋯⋯想不到如今我落得这种报酬！你偷偷的刺探我……所以上帝要罚你……好，跌得好！我还拼了命把你抱起来，顾不得下半世会不会犯个毛病……喔！天哪！我连大门都没关呢……"

"你跟谁讲话啊？"

"亏你问得出这种话！我是你的奴隶吗，嗯？你管得着我？告诉你，你要这样的跟我呕气，我什么都不管了！你去找个看护老妈子吧！"

邦斯听了这句话的惊吓，无意中使西卜太太看出了她那个杀手锏的力量。

"那是我的病！"他可怜巴巴的说。

"那还好！"西卜太太很不客气的回答。

说完她走了，让邦斯怪不好意思的，暗暗的埋怨自己，觉得他多嘴的看护一片忠心，真是了不起；至于跌在饭厅里地砖上使他的病加重的那些痛苦，他倒反忘了。

41

关系更密切了

西卜女人看见许模克正在上楼。

"你来,先生……我有坏消息告诉你!邦斯先生疯了!……你想得到吗,他光着身子从床上起来,跟着我……真的,他笔直的躺在那儿……你问他为什么,他就说不上来……他不行哪。我又没有做什么事引起他这种神经病,除非是提到了他从前的爱情,惹起了他的心火……男人的脾气真是看不透的!哼,都是些老色鬼……我不该在他面前露出胳膊,使他眼睛亮得像一对红宝石……"

许模克听着西卜太太,好像她讲的是希伯来文。

"我过分用了力,受了内伤,怕一辈子不会好了!……"西卜女人说着,装出一阵阵剧烈的痛苦。原来她不过有些筋骨酸痛,随便想到的;可是她灵机一动,觉得大可借题发挥,利用一下。"我真傻!看他躺在地下,我就一把抄起,直抱到床上,当时只像抱个孩子。可是现在我觉得脱力了!哎唷!好疼啊!……我要下楼了,你招呼病人吧。我要叫西卜去请波冷先生来给我瞧瞧!要是残废,我宁可死的……"

她抓着楼梯的栏杆，一步步的爬，嘴里不住的哼哼叫痛，吓得每层楼上的房客都跑到了楼梯台上。许模克流着眼泪扶着她，一路把看门女人奋不顾身的事迹讲给大家听。不久，上上下下，四邻八舍，都知道西卜太太如何英勇，如何为了抱一个榛子钳而得了内伤，据说还有性命之忧呢。许模克回到邦斯身边，把管家婆受伤的情形告诉了他，两人都瞪着眼睛问："没有她，咱们怎么办呢？……"许模克看见邦斯跌了一跤以后的神色，不敢再埋怨他。可是等到他弄明白了原委，就大声说道：

"该死的古董！我宁可把它们烧掉，总不能丢了我的朋友！西卜太太把积蓄都借给了我们，还疑心她？那太没有道理了；可是也难怪，这是你的病……"

"唉！这个病啊！我也觉得我自己变了。我可真不愿意教你难过，亲爱的许模克。"

"好吧，你要埋怨就埋怨我！别跟西卜太太找麻烦……"

西卜太太终生残废的危险性，不消几天就由波冷医生给消灭了。这场病能治好，被认为奇迹，波冷在玛莱区的声望顿时大为提高。他在邦斯家里说那是靠她的身体结实。从第七天起，她又在两位先生家当差了，他们俩为此都十分高兴。经过了这件事，看门女人对两个榛子钳生活上的影响与权力，平空加了一倍。那一星期内他们又欠了债，由她代还了。西卜女人借此机会，毫不费力的从许模克手里弄到一张两千法郎的借票，据说那是她替两位朋友垫的钱。

"哦！波冷医生的本领真了不得！"西卜女人对邦斯说，"放心，先生，他一定能把你治好，我的命就是他给救过来的！可怜的西卜已经拿我当死人了！……波冷先生想必告诉过你，我躺在床上一心一意只记挂你，我说：上帝啊，把我带去吧，让亲爱的邦斯先生活着吧……"

"可怜的好西卜太太，你差点儿为了我残废！……"

"唉！没有波冷先生，我早已躺在棺材里了。像从前那戏子说的，我只好听天由命！什么事总要看得开。我不在这儿的时候，你怎么办的？"

"全靠许模克服待我；可是我们的钱跟我们的学生都受了影响……我不知道他怎么对付的。"

"急什么，邦斯！"许模克回答，"有西卜老头做我们的银行老板呢……"

"这话甭提啦，亲爱的绵羊！"西卜女人叫道，"你们俩是我们的孩子。我们的积蓄存在你们那儿不是顶好吗？比法兰西银行还靠得住。只要我们有一块面包，你们就有半块……所以你那些话提也不值得提……"

"好西卜太太！"许模克这么说着，出去了。

邦斯一声不出。西卜女人看他心里烦恼，就说：

"你相信吗，小宝贝，我在床上死去活来的时候——因为我真的差点儿回老家！——我最不放心的就是丢下你们，让你们孤零零的，还有丢下两手空空的可怜的西卜！我们的积蓄一共也没多少，我不过随便跟你提一句，因为想到了我的死，想到了西卜。他真是个天使，把我服侍得像王后，为了我一把鼻涕一把眼泪的哭得昏天黑地。我是相信你们的，我对他说：得了吧，西卜，我的两位东家不会让你没有饭吃的……"

对于这个针对遗嘱的攻势，邦斯一声不出，看门女人静静的等他开口。

"我会把你交托给许模克的。"病人终于说了这一句。

"啊,你怎么办都好!反正我相信你,相信你的良心……这些话都甭提啦,你要教我不好意思了,好贝贝;你快点儿好吧,你比我们都活得长呢……"

西卜太太心里很嘀咕,决意要她东家说明预备给她什么遗产。第一步,她等晚上许模克在病人床前吃晚饭的时候,出门去看波冷医生了。

42

巴黎所有初出道的人的历史

波冷医生住在奥莱昂街。他占着底层的一个小公寓，包括一个穿堂，一个客厅，两间卧房。一边通穿堂一边通医生卧室的一间小屋子，改成了看诊室。另外附带一个厨房，一间仆人的卧室，一个小小的地窖。小公寓属于正屋侧面的陪房部分。整幢屋子很大，是帝政时代拆掉了一座老宅子盖起来的，花园还保留着，分配给底层的三个公寓。

医生住的公寓四十年没有刷新过。油漆，花纸，装修，全是帝政时代的。镜子，框子的边缘，花纸上的图案，天花板，垩漆，都积着一层四十年的油腻灰土。虽是在玛莱区的冷角里，这小公寓每年还得一千法郎租金。医生的母亲波冷太太，六十七岁，占着另外一间卧房。她替裤子裁缝做些零活，什么长统鞋套，皮短裤，背带，腰带，和一切有关裤子的零件；这行手艺现在已经衰落了。又要照顾家务，又要监督儿子的那个独一无二的仆人，她从来不出门，只在小花园中换换空气；那是要打客厅里一扇玻璃门中走出去的。她二十年前做了寡妇，把专做裤子的裁缝铺盘给了手下的大伙计；他老是交些零活给她做，使她能挣到三十铜子一天。她为独养儿子的教育牺牲一切，无论如何要他爬上高出父亲的地位。眼看他当了医生，相信他一定会发达，她继续为他牺牲，很高兴的照顾他，省吃俭用，只希望他日子过得舒服，爱他也爱得非常识趣，那可不是每个母亲都能办到的。波冷太太没有忘了自己是女工出身，不愿意教儿子受人嘲笑或轻视，因为这好太太讲话多用S音，正像西卜太太的多用N音。偶然有什么阔气的病人来就诊，或是中学的同学，或是医院的同事来看儿子，她就自动的躲到房里去。所以波冷医生从来不用为他敬爱的母亲脸红；她所缺少的教育，由她体贴入微的温情给补救了。铺子大约盘到两万法郎，寡妇在一八二〇年上买了公债；她的全部财产便是每年一千一百法郎的利息。因此有好多年，邻居们看到医生母子的衣服都晾在小花园里的绳子上；为要省钱，所有的衣服都由老太太和仆人在家里洗。这一点日常琐事对医生很不利；人家看他这么穷，就不大相信他的医道。一千一的利息付了房租。开头的几年，清苦的家庭都是由矮胖的老太太做活来维持的。披荆斩棘的干了十二年，医生才每年挣到三千，让老太太大约有五千法郎支配。熟悉巴黎的人都知道这是最低限度的生活。

　　病人候诊的客厅，家具十分简陋：一张挺普通的桃木长沙发，面子是黄花的粗丝绒的，四张安乐椅，六张单靠，一张圆桌，一张茶桌，都是裤子裁缝的遗物，当年还是他亲自选购的。照例盖着玻璃罩的座钟是七弦琴的形式；旁边放着两个埃及式的烛台。黄地红玫瑰花的布窗帘，居然维持了那么些年。姚伊工厂这种恶俗的棉织物，想不到一八〇九年奥倍刚夫初出品时还得到拿破仑的夸奖。看诊间的家具，格式也相仿，大半拿父亲卧房里的东西充数。一切显得呆板，寒伧，冰冷。如今广告的力量高于一切，协和广场的路灯杆都给镀着金漆，让穷人自以为是有钱的公民而觉得安慰；在这种时代，哪个病家会相信一个没有名没有家具的医生是有本领的？

穿堂兼做饭厅；老妈子没有厨房工作或不陪老太太的时候，就在这儿做活。你一进门，看到这间靠天井的屋子，窗上挂着半红半黄的纱窗帘，你就能猜到这个凄凉的，大半日没有人的公寓，情形是怎么悲惨。壁橱里准是些发霉的面团，缺角的盘子，旧瓶塞，整星期不换的饭巾，总之是巴黎的小户人家舍不得的丑东西，早该扔进垃圾篓的。所以，在这个大家把五法郎一块的钱老放在心上老挂在嘴边的时代，三十五岁的医生只能做个单身汉。他的母亲在社会上是拉不到一点关系的。十年之间，在他行医的那些家庭中，可以促成罗曼史的机会，他连一次也没碰上。他的病人，生活情形都和他的不相上下；他看到的不是小职员便是做小工业的。最有钱的主顾是肉店老板，面包店老板，和一区里比较大一些的零售商；这等人病好了，大多认为是天意，所以对这个拼着两腿走得来的医生，只要送两法郎的诊费就够了。医生的车马往往比他的学识更重要。

平凡而刻板的生活，久而久之对一个最冒险的人也免不了有影响。人总是适应自己的境遇的，早晚会忍受生活的平庸。因此，波冷医生干了十年还继续在做他的苦工，而开场特别觉得苦闷的那种失意也早已没有了。虽然如此，他还存着一个梦想，因为巴黎人全有个梦想。雷蒙诺克，西卜女人，都做着自己的梦很得意。波冷医生的希望是碰到一个有钱有势的病人，由他一手治好，然后靠这个病人的力量谋到一个差事，不是什么医院的主任，便是监狱医生，或是几个大戏院的，或是部里的医生。他能当上区公所的医官就是走的这个路子。西卜太太介绍他去看她的房东比勒洛,被他治好了。比勒洛是包比诺伯爵夫人的舅公,病愈之后去向医生道谢,看他清苦,便有心照应他,要求那个很敬重他的外甥孙婿,那时正在部长任上,给他弄到这个区公所的位置。这是五年以前的事,有了这笔微薄的薪水,波冷才放弃了铤而走险的出国计划。一个法国人,非到山穷水尽的田地是绝不肯离开本国的。波冷医生特意登门向包比诺伯爵道谢;可是这位要人的医生是大名鼎鼎的皮安训,当然波冷没有取而代之的希望。十六年来,包比诺是当轴最亲信的十几位红人之一,可怜的医生以为得到了这位部长的提拔,不料结果仍旧隐没在玛莱区,在穷人与小布尔乔亚中间混,只多了个每年一千二百法郎的差事,逢着区里有死亡报告的时候去检验一下。

波冷当年实习的成绩很好,开业之后非常谨慎,经验也不少了。并且在他手里死掉的病人,家属绝不会起哄;他尽有机会实地研究各种各样的病。这样的人会有多少牢骚当然是可想而知的了。天生的瘦长脸本来已经很忧郁,有时候表情简直可怕:好比黄羊皮纸上画着一双眼睛,像答丢夫一样火辣辣的,神气跟阿赛斯德的一样阴沉[1]。医道不下于有名的皮安训,自以为给一双铁手压得无声无臭的人,该有怎样的举动,姿势,目光,你们自己去想象吧。他最幸运的日子可以有十法郎收入,而皮安训每天的进款是五六百:波冷不由自主的要做这个比较。这不是把德谟克拉西所促成的妒恨心理暴露尽了吗?再说,这被压迫的野心家并没什么可以责备自己的地方。他为了想发财,曾经发明一种近乎莫利松丸的通便丸,交

---

1 阿赛斯德为莫里哀名剧《厌世者》中的人物,以刚正不阿,性情暴烈著称。

给一个转业为药剂师的老同学去发行。不料药剂师爱上滑稽剧院的一个舞女，破产了；而药丸的执照用的是药剂师的名义，那个了不得的发明便给后任的药房老板发了财。老同学动身上墨西哥淘金，又带走波冷一千法郎积蓄。他跑去问舞女讨债，反被人家当作放印子钱的。自从比勒洛老人病好之后，波冷没有碰到一个有钱的病家。他只能像只吃不饱的猫，在玛莱区拼着两条腿奔东奔西，看上一二十个病人，拿两个铜子到两法郎的诊费[1]。要遇到一个肯出钱的病家，对他简直比登天还难。

没有案子的青年律师，没有病家的青年医生，是巴黎特有的两种最苦闷的人：心里有苦说不出，身上穿的黑衣服黑裤子，线缝都发了白，令人想起盖在顶楼上的锌片，缎子背心有了油光，帽子给保护得小心翼翼，手套是旧的，衬衫是粗布的，那是首悲惨的诗歌，阴森可怕，不下于监狱里的牢房。诗人，艺术家，演员，音乐家等等的穷，还穷得轻松，因为艺术家天生爱寻快乐，也有得过且过，满不在乎的脾气，就是使天才们慢慢的变成孤独的那种脾气。可是那两等穿黑衣服而坐不起车的人，因职业关系只看到人生的烂疮和丑恶的面目。他们初出道的艰苦时期，脸上老带着凶狠与愤愤不平的表情，郁结在胸中的怨恨与野心，仿佛一场大火潜伏在那里，眼睛就是一对火苗。两个老同学隔了二十年再见的时候，有钱的会躲开那个潦倒的，会不认得他，会看着命运在两人之间划成的鸿沟而大吃一惊。一个是时来运转，登上了云路；一个是在巴黎的泥淖中打滚，遍体鳞伤。见了波冷医生那件外套与背心而躲开的老朋友，不知有多少！

---

[1] 一法郎等于二十铜子，或一百生丁。

现在我们就很容易明白，为什么在西卜女人假装重伤的那出戏里，波冷医生配搭得那么好。各种贪心，各种野心，都是体会得到的。他一方面看到门房女人的五脏六腑没有一点损伤，脉搏那么正常，动作那么灵活，一方面又听她高声叫痛，他就懂得她的装死作活是有作用的。把这假装的重症很快的治好，不是可以在本区里轰动一下吗？他便夸大其词的说西卜女人受的伤变了肠脱出，必须急救才有希望。他拿许多所谓秘方灵药给她，又替她做了一个不可思议的手术，结果非常圆满。他在台北兰医生的验方大全中找出一个古怪的病例，应用到西卜太太身上，还很谦虚的把这次的成绩归功于伟大的外科医生，说他自己不过是仿照名医的治疗罢了。巴黎一般初出道的人就是这样穷极无聊。只要能爬上台，什么都可以用作晋身之阶；不幸世界上没有一样东西用不坏的，便是梯子也不能例外，所以每行里的新进人物简直不知道哪种木料的踏级才靠得住了。你自以为成功的事，有时巴黎人竟给你一个不理不睬。他们因为捧场捧腻了，便像宠惯的孩子一般噘着嘴，不愿意再供奉什么偶像；或者说句真话，有时他们根本找不到有才气的人值得一捧。蕴藏天才的矿山，出品也有停顿的时候，那时巴黎人就表示冷淡了，他们不是永远乐意把庸才装了金来膜拜的。

43

只要耐心等待，自会水到渠成

西卜太太照例横冲直撞的闯进去，正碰到医生跟他的老母亲在饭桌上。他们吃着所有的生菜中最便宜的莴苣生菜。饭后点心只有一小尖角的勃里乳饼，旁边摆着一盆四叫化水果[1]，只看见葡萄梗，还有一盆起码货的苹果。

"母亲，你不用走，"医生按着波冷太太的手臂，"这位便是我跟你提过的西卜太太。"

"太太万福，先生万福，"西卜女人说着，往医生端给她的椅子上坐了下来，"喔！这位就是老太太？有这样一位能干的少爷，老人家真是好福气！因为，太太，他是我的救命恩人，是他把我从死路上拉回来的。"

波冷寡妇听见西卜太太这样恭维她的儿子，觉得她挺可爱。

"亲爱的波冷先生，我这番来是报告你，反正咱们说说不要紧，可怜的邦斯先生情形很不好；并且为了他，我有话跟你谈……"

---

1 把葡萄，杏仁，无花果，榛子放在一处，叫作四叫化果子。

"我们到客厅去坐吧。"波冷指着仆人对西卜太太做了个手势。

一进客厅,西卜女人就长篇大论的讲她跟两个榛子钳的关系,又把借钱的故事添枝接叶的背了一遍,说她十年来对邦斯与许模克帮了不知多大的忙。听她的口气,要没有她那种慈母一般的照顾,两个老人早已活不成了。她自居为天使一流;扯了那么多的谎,浇上大把大把的眼泪,把波冷老太太也听得感动了。末了她说:

"你明白,亲爱的先生,第一我要知道邦斯先生打算把我怎么安排,要是他死下来的话;当然,我绝不希望有这一天,因为,太太,你知道,我的生活就是照顾这两个好人;可是,我要丢了一个,还可以照应另外一个。我是天生的热心人,只想做人家的母亲。要没有人让我关切,当作自己的孩子一样,我简直过不了日子……所以,倘使波冷先生肯替我在邦斯先生面前说句话,我真是感激不尽,一定会想法报答的。天哪!一千法郎的终身年金,可能算是多要吗,我问你?……这对许模克先生也有好处……咱们的病人对我说,他会把我嘱托给德国人,那是他心中的承继人……可是这先生连一句像样的法国话也说不上来,我能指望他什么?再说,朋友一死,心里一气,他可能回德国去的……"

"亲爱的西卜太太,"医生的态度变得很严肃,"这一类的事跟医生不相干。倘使有人知道我替病家的遗嘱出主意,我的开业执照就要被吊销。医生接受病人的遗产,是法律禁止的……"

"有这种混账法律吗?我要跟你分遗产,谁管得了?"西卜女人马上回答。

"不但如此,我还要进一步告诉你,我不能违背我做医生的良心,对邦斯先生提到他的死。先是他的病还没有危险到这个地步;其次,这种话在我嘴里说出来,他要大受刺激,加重病势,那时他真的有性命之忧了……"

"可是我老实不客气劝过他料理后事,他的病也不见得更坏……他已经听惯了!……你不用怕。"

"这些话一句都甭提了,好西卜太太!……那是公证人的事,跟医生毫无关系……"

"可是,亲爱的波冷先生,倘若邦斯先生自己问起你他的情形,要不要防个万一,那时你可愿意告诉他,把后事料理清楚也是恢复健康的好办法吗?……然后你再找机会替我说句话……"

"哦!要是他跟我提到立遗嘱的话,我绝不阻挡他。"

"好啦,这不就得了吗!"西卜太太嚷着,"我特意来谢谢你为我费的心,"她把一个封着三块金洋的小纸包塞在医生手里,"眼前我只有这点儿小意思。啊!……我要有了钱,一定忘不了你,亲爱的波冷先生,你这还不像好天爷到了世界上来吗!——太太,你家少爷真是个天使!"

西卜太太站起身来,波冷太太挺客气的跟她行了礼,然后医生把她送到门外。到了这里,这位下层阶级的麦克白夫人[1],忽然胸中一亮,好像给魔鬼点醒了似的,觉得医生对她假装的病既然收了诊费,一定能做她的同党。

"亲爱的波冷先生,"她说,"我受伤的事,你已经帮了忙,怎么不愿意说几句话,救救我的穷呢?……"

---

1 麦克白夫人为莎士比亚名剧《麦克白》中的主角,为野心女子的典型。

医生觉得自己落在了魔鬼手里，他的头发被它无情的利爪一把抓住了。为这么一点小事而坏了名声，他不由得怕起来，马上想到一个同样阴险的念头。

"西卜太太，"他把她拉回到看诊室里，"我欠你的情分，让我还了你吧，我在区公所的差事是靠你得来的……"

"咱们平分就是了。"她抢着说。

"分什么？"

"遗产呀！"

"你不了解我，"医生拿出道学家的神气，"这种话不能再提。我有个中学里的同学，非常聪明，我们特别知己，因为彼此的遭遇都差不多。我念医学的时候，他在念法律；我在医院里实习，他在诉讼代理人古丢尔那儿办公事。我是裤子裁缝的儿子，他是鞋匠的儿子；他没有得到人家的好感，也没有张罗到资本；因为归根结底，资本还是要靠好感来的。他只能在芒德城里盘下一个事务所……可是内地人太不了解巴黎人的聪明，跟我的朋友找了许许多多的麻烦……"

"那些坏蛋！"西卜女人插了一句。

"是的，因为他们勾结起来，一致和他过不去，竟找出一些好像是我朋友不对的事，逼他把事务所盘掉；检察官也出面干涉了，那官儿是地方上的人，当然偏袒同乡。我这可怜的朋友叫作弗莱齐埃，比我还穷，比我还穿得破烂，家里的排场跟我的一样，躲在我们这一区里只能在违警法庭和初级法庭辩护，因为他也是个律师。他住在珍珠街，就靠近这里。你到九号门牌，走上四楼，就可看到楼梯台上有块小红皮招牌，印着：**弗莱齐埃事务所**。他专门替本区的门房，工人，穷人，办理诉讼，收费很便宜，人也很老实。因为凭他的本领，只要坏一坏良心，他早已高车大马的抖起来了。今天晚上我去看他。你赶明儿一清早去。他认得商务警察路夏先生，初级法庭的执达吏泰勃罗先生，初级法庭庭长维丹先生，公证人德洛浓先生；在街坊上那些吃公事饭的里面，他已经是一个重要角儿了。倘使他做了你的代理人，倘使你能劝邦斯先生请他做顾问，那就像你一个人变了两个人。可是你不能像跟我一样，向他提出那些有伤尊严的话。他非常聪明，你们一定谈得投机的。至于怎么酬谢他，我可以做中间人……"

西卜太太很俏皮的望着医生，说：

"上回修院老街开针线铺的弗洛丽蒙太太，为了姘夫的遗产差点儿倒霉，后来一个吃法律饭的给她把事情挽回了，你的朋友是不是那个人？……"

"就是他。"

"哎，你说她可有良心？"西卜女人叫起来，"人家替她争到两千法郎年金，向她求婚，她倒不答应；听说结果只送了一打荷兰布衬衫，两打手帕，整套内衣，就算谢了他！"

"西卜太太，那些内衣值到一千法郎；那时弗莱齐埃在街坊上刚出头，也用得着衣衫。并且，一切代账她都照付，没有一句话……这件案子替弗莱齐埃招来了别的案子，现在他业务已经很忙，在我们眼里，大小主顾都是一样的……"

"唉，世界上吃苦的就是那些好人！"看门女人回答，"好吧，波冷先生，再见了，谢谢你。"

老鳏夫送命的惨剧，或者说可怕的喜剧，从此开场了。因缘凑合，他落在一般贪财的人手中，只能听他们摆布。还有最强烈的情欲在那里推波助澜：一个是嗜画如命的犹太人；一个是贪狠无比的弗莱齐埃,你要看到他躲在老巢里的模样准会发抖呢;一个是无恶不作,只要能搅上一笔资本连犯罪也不怕的奥凡涅人。以上所述可以说是这出喜剧的开场白;至于重要的角儿,至此为止都已经登场了。

44

一个吃法律饭的

社会上的风俗往往很古怪,某些字的降级就是一个例子;要解释这个问题简直得写上几本书。你跟一个诉讼代理人通信而称呼他法律家,对他的侮辱就像写信给一个经营殖民地货色的大商人而称他为**杂货商**。上流社会的人照理应当懂得这些世故,因为他们的全身本领便是懂世故,可是他们之中还有很多不知道文学家这称呼对一个作者是最刻薄的羞辱。要说明语言的生命与死亡,最好以先生二字为例。Monsieur与Monseigneur是完全同样的意思,从前都是对诸侯贵族的称呼;可是Monsieur的sieur慢慢地变作了sire,sire现在只限于称呼王上,保留着"大人"的意义;至于Monsieur却是人人可用,仅仅是"先生"了。还有,Messire一字不多不少就是Monsieur的同义字,可是偶然有人在讣文上用了这个字,共和党的报纸就要大声疾呼,仿佛人家有意推翻平等似的。

各级法院的法官,书记,执达吏,民间的法学专家,律师,诉讼代理人,法律顾问,辩护人,代办讼务的经纪人,都是包括在秉公执法或徇私枉法的这个阶级里的。其中最低的两级是经纪人和法律家。经纪人俗称为公差,因为他们除了包办讼务以外,还临时替执达吏做见证,帮助执行,可以说是民事方面的业余刽子手。法律家却是这一行特有的轻蔑的称呼:司法界中的法律家,等于文艺界中的文学家[1]。法国每个行业,由于同行嫉妒的关系,必有一些轻蔑的行话,刻薄的名称。但法律家,文学家,用作多数的时候就没有羞辱意味,说出来绝不会得罪人。从另一方面说,巴黎所有的职业,都有批末等角儿把他们的一行拉到跟街上的无业游民和平民一般高低。无论哪一区,总有几个法律家,经纪人,正如中央菜场必有些论星期放印子钱的;这些债主之于大银行,就好比弗莱齐埃之于诉讼代理人公会的会员。奇怪的是,平民阶级怕法律界的人,好像怕进时髦饭店一样;他们喝酒是上小酒店的,所以打官司也是找一般经纪人的。不管是什么阶级的人都只敢和同等地位的人打交道,这是不易之理。至于喜欢爬到上层去,站在高级的人面前不会自惭形秽,像博马舍敢把那个想折辱他的王爷的表摔在地下的[2],只有少数优秀分子或是暴发户,尤其那般善于脱胎换骨的人往往有精彩表现。

第二天清早六点,西卜太太在珍珠街上打量她未来的法律顾问弗莱齐埃大爷住的屋子。那种地方从前是中下阶级住的。一进

---

[1] 法文中的法律家与文学家,习俗认为有轻视意味,犹如我们说"吃法律饭的""弄笔头的"。
[2] 博马舍是法国十八世纪有名的喜剧家,原系钟表匠出身。某次在大庭广众之间,某巨公意欲加以羞辱,便拿一名贵的表给他,说:"先生,你对钟表是内行,请你告诉我这只表行不行。"——博马舍把众人扫了一眼,回答说:"先生,我好久不干这一行了,手也笨拙得很了。"——"喔,先生,别拒绝我的请求啊。"——"好吧,可是我告诉你我是很笨拙的。"于是他接过表来,打开盖子,举得老高,装作仔细研究的模样,然后一松手让它从半空中直掉到地下。他深深的行了个礼,说道:"先生,我不是告诉你吗,我的手笨拙透了。"说完他就走了,让某巨公在哄堂大笑中急急忙忙在地下抢救残余。

门便是一条过道,底层有个门房,有个紫檀木匠的铺子,里边的小院子给工场和堆的货占去一大半;此外是过街和楼梯道:墙壁受着硝石和潮气的剥蚀,仿佛整个屋子害着大麻风。

西卜太太直奔门房,发现西卜的同行是个鞋匠,家里有一个女人,两个年龄很小的孩子,住的屋子只有六尺见方,窗子是靠天井的。西卜太太一经说明身份,通名报姓,提到了她诺曼底街的屋子以后,两位女人立刻谈得非常亲热。弗莱齐埃的看门女人正在替鞋匠和孩子们准备早点。两人闲扯了一刻钟,西卜女人便把话题拉到房客身上,提起那位吃法律饭的来了。

"我有点事找他商量,是他的朋友波冷医生给我介绍的。你认得波冷医生吗?"

"怎么不认识?"珍珠街上的看门女人回答,"我的小妞子害的喉头炎,便是他给治好的。"

"他也救过我的命,太太……这位弗莱齐埃先生是怎么样的人呢?"

"这个人哪,好太太,就是到月底人家不容易问他讨到信钱的[1]。"

聪明的西卜女人一听这句就明白了,她说:"不过穷人也可能是规规矩矩的。"

"对呀,"弗莱齐埃的看门女人回答,"咱们没有金没有银,连铜子也没有,可是咱们就没拿过人家一个小钱。"

西卜女人听到了自己的那套话。

"那么他是可以信托的了,是不是?"

---

[1] 现代邮政创始于一八四八年,本书写作于一八四六至一八四七年。当时递信制度谅与吾国旧时相仿,月底收信钱,当系平时记账,每月结算一次之意。

"喔！天！弗莱齐埃先生要真肯帮忙的话，我听弗洛丽蒙太太说过，他是了不起的。"

"她靠他发了财，干么不肯嫁给他呢？"西卜太太急不及待的问，"一个开小针线铺的女人，姘着一个老头儿，做律师太太还不算高升了吗？……"

"你问我干么？"看门女人把西卜女人拉到走道里，"太太，你不是要上去看他吗？……好吧，你进了他的办公室就明白了。"

45

不大体面的屋子

楼梯是靠几扇临着小天井的拉窗取光的,你一走上去,就能知道除了房东和弗莱齐埃之外,别的房客都是干手工业的。溅满污泥的踏级有每个行业的标记,例如碎铜片,碎纽扣,零头零尾的花边和草缏等等。高头几层的学徒,在墙上涂些猥亵的漫画。看门女人的最后一句话,自然引起了西卜太太的好奇心,她决意先去请教一下波冷医生的朋友,且看印象如何,再决定是否把事情交给他办。

"梭伐太太怎么能服侍他的,有时我真想不过来。"看门女人跟在后面,把刚才的话加上一个注解。她又说:"我陪你上楼,因为要替房东送牛奶跟报纸去。"

到了二层阁上的第二层[1],西卜太太在一扇怕人的门前站住了。不三不四的红漆,门钮四周二十公寸宽的地方,都堆了一层半黑不黑的油腻;在漂亮公寓里,建筑师往往在锁孔上下钉一面镜子,免得日子久了留下手上的污迹。大门上的小门,像酒店里

---

[1] 在底层与二楼之间,有一层较为低矮的非正式的二楼,叫作entresoe,姑译为二层阁。法国旧式房多有此种建筑。

冒充陈年老酒的瓶子一样糊满了泥巴,钉着草头花形的铁条,扎实的铰链,粗大的钉子,可以名副其实的叫作监狱的门。这些装配,只有守财奴或是在小报上骂人而与大众为敌的记者才想得出。楼梯上臭气扑鼻,一部分是从排泄脏水的铅管散布出来的。蜡烛的烟在楼梯顶上画满了乱七八糟的图案。门铃绳子的拉手是个肮脏的橄榄球,微弱的声音表示门铃已经开裂。总之,每样东西都跟这个丑恶的画面调和。西卜女人先听见笨重的脚声,上气不接下气的呼吸,显见是个大胖女人;而后梭伐太太出现了。她像荷兰画家勃罗侯笔下的老妖婆,身高五尺六寸,脸盘像个当兵的,胡子比西卜女人的还要多,身子臃肿,胖得不正常了。她穿着件挺便宜的罗昂布衫,头上包着一块绸,还用主人家收到的印刷品做芯子,绕成头发卷儿,耳上戴着一副车轮大的金耳环,活像地狱里守门的母夜叉。她拿着一只东凹西凸的有柄的白铁锅子,淌出来的牛奶,使楼梯台上更多了一股味道,可是尽管酸溜溜的令人作呕,外边却也不大闻得到了。

"什么事啊,太太?"她一边问,一边恶狠狠的瞅着西卜女人,大概她觉得来客穿得太体面了。天生充血的眼睛,使她看起人来格外显得杀气腾腾。

"我来看弗莱齐埃先生,是他的朋友波冷医生介绍的。"

"请进来吧,太太。"梭伐女人忽然变得一团和气,证明她早知道要有这个清早上门的客人。

行了个像戏台上一样的礼,那个半男性的老妈子粗手粗脚的打开办公室的门,里边便是从前在芒德当过诉讼代理人的角色。这间临街的办公室,跟三等执达吏的办公室一模一样,文件柜的木料是黑不溜秋的,陈旧的案卷已经纸边出毛,吊下来的红穗子也显得可怜巴巴，文件夹看得出有耗子在上面打过滚，日积月累的尘埃把地板变作了灰色，天花板给烟熏黄了。壁炉架上的镜子模糊一片；烧火的翻砂架上，木柴寥寥可数；新货的嵌木座钟只值六十法郎，是向法院拍卖来的；两旁的烛台是锌制的，还冒充四不像的岩洞式，好几处的漆已经剥落，露出里面的金属。弗莱齐埃是一个矮小，干瘪，病态的男人，红红的脸上生满小肉刺，足见他血液不清，他还时时刻刻搔着右边的胳膊。假头发戴得偏向脑后，露出一个土黄色的脑壳，神气很可怕。他从一张铺着绿皮坐垫的穿藤椅上站起来，堆着笑脸，端过一张椅子，装着甜蜜的声音说道：

"是西卜太太吧，我想？……"

"是的，先生。"她平素大模大样的气概竟没有了。

很像门铃声的那种嗓音，和半绿不绿的眼睛里那道尖利的光，把西卜女人吓呆了。整个办公室都有弗莱齐埃的气息，仿佛里头的空气会传染似的。西卜太太这才明白干么弗洛丽蒙太太没有做弗莱齐埃太太。

"波冷跟我提过你了，好太太。"弗莱齐埃故意用着装腔作势的声音，可是照旧的尖锐，单薄，像乡下人做的酒。

说到这儿，他把对襟便服的下摆拉了一下，遮住裹在破裤子里的瘦膝盖。那件印花布袍子破了好几处，棉花老是不客气从里头钻出来，可是棉花的重量还老是把衣襟往两边敞开，露出一件颜色变黑了的法兰绒上衣。他有模有样的，把不听话的长袍紧了紧带子，显出他芦苇似的身腰，然后把两根像死冤家的弟兄般永远各自东西的木柴，拿火钳拨在一处；紧跟着他又心血来潮的想起了什么，站起身来叫了声：

"梭伐太太!"

"怎么呢?"

"谁来我都不见。"

"哎唷!还要你交代!"不男不女的老妈子口气很强硬。

"她是我的老奶妈。"弗莱齐埃不好意思的向西卜女人解释。

"她还有很多奶水呢。"当年中央菜场的红角儿回答。

弗莱齐埃笑了笑,闩上了门,免得女管家再来打断西卜女人的心腹话。他坐下来,一刻不停的拉着衣摆,说道:

"好罢,太太,把你的事讲给我听。你是我世界上独一无二的朋友介绍来的,你相信我得了……是的,你可以完全相信我!"

西卜太太直讲了半点钟,对方不插一句话:他那好奇的神气,活像一个年轻的兵听着老禁卫军里的老兵[1]说话。她的唠叨,在她对付邦斯的几幕里,我们已经领教过了。弗莱齐埃一声不出,态度恭顺,好像聚精会神的听着西卜女人瀑布似的拉扯,使存着疑心的看门女人,把多少丑恶的印象引起的戒惧也减少了几分。

---

1 老禁卫军指拿破仑手下的禁卫军。

46

律师的谈话是有代价的

其实弗莱齐埃那双满着黑点子的绿眼睛，正在研究他未来的当事人。赶到西卜女人把话说完，等他发表意见的时候，他忽然来了一阵咳呛，直呛得死去活来；他赶紧抓起一只搪瓷碗，把半碗药茶统统灌了下去。看见门房女人对他不胜同情的样子，他便说：

"亲爱的西卜太太，没有波冷，我早已死了；可是他会把我治好的……"

他仿佛把当事人说的话全忘了。她看着这样一个病人，只想快快离开。弗莱齐埃却一本正经的接着说：

"太太，凡是遗产问题，在进行之前，先得知道两件事。第一，它的数目值不值得我们费心；第二，承继人是谁；因为遗产是战利品，承继人是敌人。"

西卜女人便提到雷蒙诺克与玛古斯，说那两位精明的同党把收藏的画估到六十万法郎。

"他们愿不愿意出这个价钱买呢？……"弗莱齐埃问，"因为，你知道，咱们吃公事饭的是不相信画的。一张画不是只值两法郎的一块画布，就是值到十万法郎的一幅名画！而十万法郎的名画都是大家知道的,而且这些东西,有多大名气的,也常闹笑话。一位出名的银行家,收藏的画经多少人看过,捧过,刻过铜版。据说买进来陆续花了几百万……赶到他死了,人不是总得死吗?他真正的画只卖了二十万!所以我得见一见你说的那两位先生……现在再谈承继人吧。"

弗莱齐埃说完又摆起姿势,预备听她的了。她一提到加缪索庭长的名字,他便侧了侧脑袋,扮了个鬼脸,使西卜女人大为注意;她想从他脑门上,从那张丑恶的脸上,琢磨出一点意思,可是看了半天,只看到一个生意上所谓的木头脑袋。

"不错的,先生,"西卜太太重复一遍,"邦斯先生是加缪索庭长的亲舅舅,这个话他一天要跟我提十几回。做绸缎生意的老加缪索先生……"

"最近进了贵族院……"

"他的第一位太太是邦斯家的小姐,跟邦斯先生是嫡堂兄妹。"

"那么邦斯先生是加缪索庭长的堂舅舅……"

"什么也不是了,他们已经翻了脸。"

加缪索·特·玛维尔来到巴黎之前,在芒德地方法院当过五年院长。不但那儿还有人记得他,他还有朋友。他的后任便是他从前来往最密的推事,至今还在芒德任上,所以对弗莱齐埃的根底是再清楚没有的。

等到西卜女人终于把话匣子关上之后,弗莱齐埃说道:

"太太,将来你的冤家,是个有力量把人送上断头台的家伙,你可知道?"

看门女人从椅子上直跳起来,活像那个叫作吓人的玩具[1]。

"你别慌,好太太。我不怪你不知道当巴黎法院控诉庭庭长的是什么角色;可是你应当知道,邦斯先生有个合法的承继人。玛维尔庭长是你病人的独一无二的承继人,不过是三等旁系亲族,所以照法律规定,邦斯先生可以自由处分他的财产。庭长先生的女儿,一个半月以前嫁给包比诺伯爵的大儿子,包比诺是贵族院议员,前任农商部长,目前政界上最有势力的一个。攀了这门亲,庭长先生的可怕,就不止因为他在重罪法庭上操着生杀之权了。"

西卜女人听到重罪法庭几个字又吓了一跳。

"是的,"弗莱齐埃接着说,"能把你送上重罪法庭的就是他。哎,太太,你可不知道什么叫作穿红袍的官儿呢!有个穿黑袍的跟你为难已经够受了[2]!你看我现在穷得一无所有,头也秃了,身子也弄坏了……唉,就因为我在内地无意中得罪了一个小小的检察官!他们逼我把事务所亏了本出盘,我能够丢了家私滚蛋,还觉得挺侥幸呢!要是跟他们硬一下,我连律师也当不成了。还有一点你不知道的,倘使只有一个加缪索庭长,倒还没有什么大不了;可是告诉你,他还有一位太太呢!……你要劈面见到她,包管你浑身哆嗦,连头发都会站起来,像踏上了断头台的梯子,一朝庭长太太跟谁结了仇,她会花上十年工夫布置一个圈套,教你送命!她调动她的丈夫像孩子玩陀螺一样。她曾经使一个挺可爱的男人在监狱里自杀;替一个被控假造文件罪的伯

---

[1] 所谓"吓人"的玩具是一只装有弹簧的匣子,打开盖子就突然跳出一个怪东西,普通叫它做魔鬼。
[2] 检察署长穿红袍,普通检察官穿黑袍。

爵洗刷得干干净净。查理十世的宫廷中一位最显赫的爵爷，差点儿给她弄得褫夺公权。还有，检察署长葛郎维尔就是被她拉下台的……"

"可是那个住在修院老街，在圣·法朗梭阿街拐角上的？"西卜女人问。

"就是他。人家说她想要丈夫当司法部长，我看也不见得不成功……要是她有心把咱们俩送上重罪法庭，送进苦役监的话，我哪怕像初生的小娃娃一样纯洁，也要马上弄张护照往美国溜了……因为司法界的情形，我知道太清楚了。亲爱的西卜太太，我告诉你，为了把他们的独养女儿攀给包比诺子爵——据说他是你房东比勒洛先生的承继人——庭长太太把自己的财产都弄光了，现在只靠庭长的薪俸过日子。在这种情形之下，太太，你想庭长夫人对邦斯先生的遗产会不在乎吗？……喔，我宁可让大炮来轰我，也不愿意跟这样一个女人结冤家……"

"可是他们闹翻了啊……"西卜女人说。

"那有什么相干？就因为闹翻了，她才更不肯放手！把一个讨厌的亲戚送命是一回事，承继他的遗产是另一回事，那倒是一种乐趣呢！"

"可是老头儿恨死了他的承继人；他时时刻刻对我说，我还记得那些姓名呢，什么加陶，贝蒂哀等等把他压扁了，像一车石子压一个鸡子似的。"

"你是不是也愿意给他们压扁呢？"

"天哪！天哪！"看门女人叫起来，"风丹太太说我要遇到阻碍，真是一点不错；可是她说我会成功的……"

"你听我说，亲爱的西卜太太……你要捞个三万两万是可能的；可是承继遗产哪，趁早别想……昨天晚上，我们把你跟你的事都讨论过了，我跟波冷两个……"

西卜太太又在椅子上直跳起来。

"哎，怎么啦？"

"既然你已经知道了我的事，干么还让我喊喊喳喳的说上大半天呢？"

"西卜太太，你的事我是弄明白了，可是关于西卜太太，我一点儿不知道啊！一个当事人有一个当事人的脾气……"

听了这句话，西卜太太对她未来的法律顾问极不放心的瞅了一眼，被弗莱齐埃注意到了。

47

弗莱齐埃的用意

"还有,"弗莱齐埃又道,"我们的朋友波冷,承你介绍给包比诺伯爵夫人的舅公比勒洛,这也是一个理由使我愿意替你尽心出力。波冷每半个月去看一次你的房东,(听见没有?)所有的细节都是从那边知道的。那位告老的商人,参加了他外甥曾孙女的婚礼,(因为他是个有遗产的舅太公,每年大概有一万五进款,二十五年的生活像个修道士,一年难得花上三千法郎……)他把庭长女儿出嫁的事全告诉了波冷。听说那次吵架就是因为你那个音乐家为了报仇,想教庭长家里丢人。我们不能只听一面之词……你的病人说他一点错儿都没有,可是人家都说他是坏人……"

"说他坏人我才不奇怪呢!"西卜女人叫道,"你可想得到,十年工夫我把自己的钱放了进去,他也知道我的积蓄都借给了他,可不肯把我写上遗嘱……真的,先生,他不肯,他一味的死心眼儿,的的确确是匹骡子……我和他说了十天,老家伙像块路旁的界石,一动也不动。他咬紧牙关不开口。望着我的神气真像……末了他只说一句话,就是把我交托给许模克先生。"

"那么他是想把许模克立为他的承继人喽？"

"他预备把什么都送给他……"

"亲爱的西卜太太，要我得到个结论，定一个计划，我先得认识许模克，亲眼看到那些成为遗产的东西，跟你说的犹太人当面谈一谈；那时，你再听我的调度……"

"慢慢再说罢，弗莱齐埃先生。"

"怎么慢慢再说！"弗莱齐埃对西卜女人毒蛇似的扫了一眼，说话也恢复了他原来的嗓子，"嗯！我是你的顾问不是你的顾问？咱们先说说明。"

西卜女人觉得自己的心事给他猜到了，不由得背脊发冷。眼看落在了老虎手里，她只得说："我完全相信你。"

"我们做诉讼代理人的老吃当事人的亏。哎，仔细看看你的情形吧，真是太好了。倘使你每一步都听我的话去做，我保证你在这笔遗产里头捞到三万四万法郎……可是这个美丽的远景有正面也有反面。假定庭长太太知道了邦斯先生的遗产值一百万，知道了你想把它啃掉一角的话……"说到这儿他顿了一顿，"因为这一类的事总有人去报告她的！……"

这个插句使西卜女人打了个寒噤，她马上想到弗莱齐埃就是会出头告密的人。

"那么，亲爱的当事人，不消十分钟，人家就会教比勒洛把你看门的饭碗给砸了，限你两个钟点搬家……"

"那我才不怕呢！……"西卜女人像罗马战神般直站起来，"我就跟定了两位先生，做他们亲信的管家。"

"好，你这样是不是？人家就安排一个圈套，让你夫妇俩一觉醒来，身子都进了监牢，担了个天大的罪名……"

"我！……"西卜女人直嚷起来，"我从来没有拿过人家一个生丁！……我！……我！……"

她一口气讲了五分钟，弗莱齐埃却在那儿把这个自吹自捧的大艺术家细细推敲，神气又冷静又刻薄，眼睛像匕首似的盯着西卜女人。他在肚里暗笑，干瘪的假头发在那儿微微抖动。他的模样仿佛吟诗作文时代的罗伯斯庇尔[1]。

"怎么可能？为了什么？有什么理由？"她结束的时候这样问。

"你要知道你的脑袋怎么会搬家吗？……"

西卜女人脸色白得像死人一样的坐了下去，听到这句话，好似断头台上的铡刀已经搁在她的脖子上。她迷迷糊糊的瞪着弗莱齐埃。

"你仔细听我说。"弗莱齐埃看了当事人的惊吓非常满意，可是忍着不表示出来。

"那我宁可什么都不要了……"西卜女人喃喃的说着，预备站起来了。

"别走，因为你应当知道你的危险，我也应当点醒你，"弗莱齐埃俨然的说，"你得给比勒洛先生撵走，那是一定的，可不是？你做了两位先生的老妈子，好吧，很好！那表示你跟庭长太太开火了。你，你想不顾一切，好歹要弄到这笔遗产……"

西卜女人做了个手势，弗莱齐埃却回答说：

"我不责备你，那不是我的事儿。可是夺家私就等于打仗，你会拦不住自己！一个人有了个主意，头脑会发昏的，只知道狠

---

[1] 法国大革命主角罗伯斯庇尔未参加政治之前，在故乡阿拉斯颇有文名，常参加各州征文竞赛。

命的干……"

西卜太太挺了挺腰板,又做了个否认的手势。

"得了罢,得了罢,老妈妈,"弗莱齐埃很不客气的用了这样的称呼,"你会下毒手的……"

"哦呀,你把我当作贼吗?"

"别嚷,老妈妈,你没有花多人本钱就拿到了许模克一张借票……哎!美丽的太太,你在这儿就像在忏悔室里一样……别欺骗你的忏悔师,尤其他能够看到你的心……"

西卜女人被这个家伙的明察秋毫骇坏了,同时也明白了为什么他从头至尾对她的话听得那么留神。

"可是,"弗莱齐埃接着说,"你得承认在这个抢遗产的竞赛里头,庭长太太绝不肯让你占先的……他们要看着你,暗中盯着你……你教邦斯先生把你名字写上遗嘱是不是?……好得很。可是有一天,警察上门了,搜到一杯药茶,发现有砒霜;你跟你的丈夫被逮走了,上了公堂,判了罪,认为你想毒死邦斯,得他的遗产……我曾经在凡尔赛替一个可怜的女人辩护,就像你那样顶着个莫须有的罪名,案情也跟我刚才说的一样,我那时只能做到救她的性命为止。可怜虫给判了二十年苦役,如今就在圣·拉查监狱执行。"

这时西卜女人恐怖到了极点。她面无人色,瞧着这个绿眼睛矮身量的干瘪男人,活像可怜的摩尔女子被判火刑的时候望着异教裁判官。

"好先生,你说只要把事情交给你,让你来照顾我的利益,我可以弄到一笔钱,什么都不用害怕,是不是?"

"我担保你弄到三万法郎。"弗莱齐埃表示十拿九稳。

"再说，你知道我多么敬重波冷医生，"她把声音装得很甜，"是他劝我来看你的，那好人并没教我到这儿来听到这种话，说我要给人家当作谋财害命的凶手送上断头台……"

说到这儿她哭起来了。她想着断头台就发抖，神经受了震动，恐怖揪住了她的心，顿时没了主意。弗莱齐埃对着自己的胜利大为得意。他看到当事人犹疑不决，以为这桩生意吹了，因此他要制服西卜女人，恐吓她，唬住她，把她收拾得服服帖帖，缚手缚脚的听他摆布。看门女人进到屋子里来，像一只苍蝇投入了蜘蛛网，只能黏在上面，听人捆缚，给这个吃法律饭的小家伙当作食料，实现他的野心。的确，弗莱齐埃把自己的舒服，幸福，地位，老年的口粮，都算在这件案子的账上。隔天晚上，他和波冷两人深思熟虑，把什么都掂过斤量，仔细的，像用了放大镜似的，检讨过。医生把许模克的为人描写给他的朋友弗莱齐埃听，两个精明强干的人一同把各种可能，各种方法，各种危险都琢磨过了。弗莱齐埃一时高兴起来，嚷道："这一下咱们俩的运道可来了！"他说波冷可以在巴黎当个医院的主任医师，他自己要做本区的初级法庭庭长。

对这个能干的角色，鞋袜不全的法学博士，初级法庭庭长的职位仿佛不容易骑上去的神龙怪兽，心中念念不忘的对象，犹如当选为议员的律师想着司法部长的长袍，意大利的神甫想着教皇的冠冕。简直想得发疯了！初级法庭庭长维丹先生，是个六十九岁的老头儿，病歪歪的，已经说要告老了。弗莱齐埃平日就在维丹庭上辩护；他常常跟波冷提到想接替这位置，正如波冷向他说希望救了一个危险的女病人而娶她做太太。一切巴黎的职位有多少人追逐，是我们意想不到的。住在巴黎是普遍一致的愿望。只要卖烟草卖印花税票的零售店有一个空额[1]，上百的女人会奋臂而起，发动全体亲友为自己钻谋。巴黎二十四处捐税稽征所有一处可能出缺的话，众议院里就得给那些野心家搅得满城风雨！那些缺分都得开会来决定，发表的时候是一件国家大事。巴黎初级法庭庭长，年薪是六千法郎左右。可是初级法庭一个书记官的职位就值到十万法郎[2]。所以那是司法界中人人眼红的差事。弗莱齐埃，当了初级法庭庭长，结了一门有钱的亲，把朋友波冷医生安插到医院里当主任，也设法给他结婚；他们俩就预备这样有来有往的互相汲引。

---

1 法国烟草是国家公卖的，故烟草零售店的执照有一定限额。
2 法国法院的书记官与执达吏，须先经前任推荐，然后由政府任命。向例此项职位须以金钱向前任盘下，有如公证人与诉讼代理人等之事务所。

48

西卜女人中了自己的计

从前芒德的诉讼代理人睡了一夜，主意更坚决了，一个复杂的大计划已经有了眉目，这计划不知要用到多少阴谋，也不知会有多么丰富的收获。西卜女人是这出戏的主要关键。所以这个工具的倔强非制服不可；弗莱齐埃没有防到这一着，可是他尽量发挥他阴险的本性，居然把大胆的看门女人打倒在脚下。

"得了吧，亲爱的西卜太太，你不用怕。"他拿着她的手说。

他那只跟蛇皮一般冷的手，使看门女人有股可怕的感觉，生理上有了反应，精神上的激动倒反停止了。她觉得碰到这个戴着土红色的假头发，说话像房门咿咿哑哑怪叫的家伙，等于碰到了一个毒药瓶，比风丹太太的癞蛤蟆还要危险。弗莱齐埃看见西卜女人表示厌恶的姿势，便接着说：

"别以为我平空白地的恐吓你。使庭长太太凶恶出名的几桩案子，法院里无人不晓，你去打听就是了。差点倒霉的爵爷是哀斯巴侯爵。靠她的力量而没有进苦役监的是哀斯葛里浓侯爵。那个又漂亮又有钱的年轻人，正要跟法国门第最高的一位小姐攀亲的时候，吊死在监狱里的，是吕西安·特·鲁邦泼莱，那件案子当时曾经轰动巴黎。事情还是为的遗产，大名鼎鼎的哀斯丹小姐,死下来有几百万,人家控告吕西安说他把她毒死了,因为哀斯丹在遗嘱上指定他做承继人。可是那女人死的时候,风流公子根本不在巴黎,也不知道自己是承继人……这不是证明他毫无干系吗?……不料被加缪索审了一堂之后,吕西安在监狱里吊死了[1]。……法律跟医学一样有它的牺牲者。为法律死的是为社会牺牲;为医学死的是为科学牺牲。"说到这里,他很怕人的惨笑了一下,"再说我自己不是尝过了危险吗?……我这可怜的无名小子,已经给法律把家私弄光了。我的经验花了很高的代价,现在我就拿这个经验给你当差……"

"喔!谢谢你,不用费心了……"西卜女人说,"我什么都不要了!那我要变作忘恩负义的人……我原来只是要我应该有的一份!先生,我清白了三十年呢!邦斯先生说过,他会在遗嘱上把我托付给他的朋友许模克的;好吧,我将来就依靠那好心的德国人养老吧……"

弗莱齐埃的耍手段耍得过火了,西卜女人灰了心;他不得不把她所受的惊吓设法消除。

"别泄气,"他说,"你安心回家,咱们会把事情调动得挺好的。"

"那么,好先生,我该怎么办才能够得到年金而不……"

"不至于后悔是不是?"他赶紧接过西卜女人的话,"哎!就因为要做到这一点,世界上才有吃法律饭的人!在这种情形之下,一个人不守法律的范围,什么都不能拿……你不懂法律,我懂……有了我,你就每样事都合法了,尽可以太太平平的捞进一

---

[1] 以上几件案子,均散见于巴尔扎克别的几部小说。

笔，不怕人家干涉；至于良心，那是你自己的事。"

"那么你说啊，应当怎办？"西卜女人听了这几句，觉得又好奇又安慰。

"现在我还不能告诉你，我没有考虑到用什么手段，只研究了事情的阻碍。第一，要逼他立遗嘱，你不能走错一步；可是最要紧的，先得打听出邦斯预备把遗产送给谁，因为倘使你是他的承继人的话……"

"不会的，不会的，他不喜欢我！啊！我要早知道他的小玩意儿值那么多钱，早知道他没有什么私生子，今天我也不会着急了……"

"管它，你干就是了！"弗莱齐埃接着说，"快死的病人念头没有准儿的；亲爱的西卜太太，要对他存着希望是常常会落空的。让他立了遗嘱，我们再看着办。可是最要紧的是先估一估遗产的价值。所以你得让我见见犹太人和那个雷蒙诺克，我们用得着这两个……你完全相信我罢，我替你尽心出力。对当事人我是赤胆忠心的朋友，只要他也拿我当朋友。我的脾气干脆得很，不是朋友便是敌人。"

"那么我完全拜托你了，至于公费，波冷先生……"

"这话甭提。你只要不让病人逃出波冷先生的手掌；这医生真是太老实太纯洁了，我从来没见过那样的人；你知道，在病人身边我们必须有个心腹……波冷的心比我好，我这个人变得凶起来了。"

"我也觉得你有点儿凶；可是我相信你……"

"你这是不错的……出点儿小事就得来找我，行啦……你是聪明人，将来一切都顺当的。"

"再见，亲爱的弗莱齐埃先生；希望你恢复健康……"

弗莱齐埃把当事人送到门口，然后，像她隔天晚上对付波冷医生一样，他也和她说出了最后一句话：

"要是你能劝邦斯先生请我做顾问，事情就更有希望了。"

"我一定去劝他。"

弗莱齐埃把西卜女人重新拉进小公室，说道："告诉你，老妈妈，我跟德洛浓先生很熟，他是本区的公证人。要是邦斯自己没有公证人，你跟他提起这一个……最好劝他请德洛浓。"

"我懂了。"

看门女人走出去的时候，听见衣衫的悉索声，和特意想走得轻而提着足尖的沉重的脚声。在街上走了一程，她头脑方始清醒过来。虽然还受着这次谈话的影响，虽然还非常怕断头台，法律，法官等等，她的挺自然的反应，是决意跟她可怕的顾问不声不响的斗一斗。

"哼！干么我要招些股东老板呢？"她心里想，"我捞我的；以后哪，我帮了他们的忙，再拿他们一笔酬劳……"这个念头把可怜音乐家的命送得更快了。

49

西卜女人上戏院去

西卜太太跑进两位老人家里：

"喂，亲爱的许模克先生，咱们的宝贝病人怎么样啦？"

"不行哪，邦斯整夜都在说胡话。"

"说些什么呢？"

"都是瞎扯！他要我把他的财产统统拿下来，条件是一样东西也不替他卖掉……可怜的人！他哭得我难过死了！"

"慢慢会好的。现在已经九点，你的早饭给耽误了；可是别埋怨我……你知道，为了你们，我忙得很。家里一个子儿都没有了，我在张罗钱呢！……"

"怎么张罗？"德国人问。

"长生库啰！"

"什么？"

"当铺啰！"

"当铺？"

"喔！你这个好人！这样老实！你真是一个圣人，一个天使。怎么！你在巴黎住了二十九年，经过了七月革命，看见了多多少少的事，还不知道什么叫作当铺……拿你的衣服杂物去押钱的地方！……我把我们的银餐具，八套刻花的，都送了去。没关系！西卜可以用喷银的，反正一样体面，像那个戏子说的。你别跟咱们的宝贝病人提，他会发急的，脸更要黄了，没有这些他已经烦死了。咱们先把他救过来，旁的事以后再说。紧急的时候只能咬紧牙关，不是吗？……"

"好太太，你真了不起！"可怜的德国人抓着西卜女人的手按在自己胸口，神气很感动。他含着一包眼泪望着天。

"别这样，许模克老头，你真可笑。这不是过分了吗？我这个人是老老实实的，什么都摆在脸上。你瞧，我就是有这个，"她拍了拍心窝，"你们两个心地好，我可是跟你们一样……"

"唉，许模克老头吗？……"德国人接着说，"他伤透了心，哭出了血泪，上天堂去，这是许模克的命！邦斯死了，我也活不成的……"

"对啦！我知道，你是不要命了……听我说，小狗子……"

"小狗子？"

"那么小鬼……"

"小鬼？"

"那么小东西好不好？"

"你越说我越糊涂了……"

"好吧，你听着，你得让我来照顾你，听我的安排；要不然，你这样下去，我要背上两个病人了……我看哪，咱们这儿的工作得分配一下。你不能再东奔西跑的去教书，把你弄得筋疲力尽，回家来什么事都干不了；邦斯先生的病越来越重，晚上得守着他。我想今儿挨门挨户去通知你的学生，说你病了……

那么你晚上陪着病人,早上五点到下午两点可以睡觉。最吃力的活儿归我来,就是说白天由我值班,我要管你的中饭,晚饭,服侍病人,抱他起来,替他换衣服,给他吃药……照我过去做的那些事,我顶多再撑十天。咱们不顾死活的已经熬了三十天。要是我病倒了,你们怎办?……还有你哪,也教人担心,这一夜没有睡,你自己去瞧瞧还像个样吗……"

她把许模克拉到镜子前面,许模克发觉自己的确改变了很多。

"所以,倘使你赞成我的办法,我马上去弄早饭给你吃。你陪着病人,陪到下午两点。你把主顾的名单抄下来,我很快就能办妥,那你可有半个月假期了。等我回来,你就能一觉睡到晚上。"

这个提议非常合理,许模克一口答应了。

"对邦斯先生一个字都不能提;因为,你知道,倘若我们告诉他,把他在戏院里和教书的事统统停起来,他要觉得没希望了。可怜的先生会想他的学生都要跑掉了……这不是胡闹吗?……波冷医生说的,咱们非得让他十二分安静,才能把他救过来。"

"啊!好,好!你去弄早饭,我在这儿抄地名。……你说得不错,我也会病倒的!"

一小时以后,西卜女人穿扮得非常齐整,坐着马车(雷蒙诺克见了大吃一惊),决意体体面面的,以亲信的管家身份,代表两个榛子钳到那些私塾和家庭中去。

她到一处都大同小异的拉扯一番,在此也不必细述;我们单说她好容易踏进高狄沙经理室的那一幕。巴黎的戏院经理,门禁比王上和部长的都更森严。理由很简单:王上他们只要防备人家的野心；戏院经理还得防备演员和作家们的自尊心。

西卜女人能冲破禁卫，是因为她能三言两语的马上跟门房亲热。像任何一业的同行一样，看门的彼此都一见便知的。每行有每行的暗号，正如每行有每行的咒骂和伤疤。

"啊！太太，原来你是戏院的门房，"西卜女人说，"我不过是诺曼底街一个可怜的看门女人。你们的乐队指挥邦斯先生就住在我屋子里。喔！你好福气，天天看到一般戏子，舞女，和作家！这才像那个有名的戏子说的，是我们一行中的大元帅呢。"

"他怎么啦，那位多好的邦斯先生？"对方问。

"不行哪；已经两个月没下床，将来只能直着两腿给抬出去的了，一定的。"

"那多可惜……"

"可不是！我今天代他来向你们的经理说说他的情形；劳驾想个法儿，让我见一见经理。"

戏院里的当差受了门房嘱托，进去通报道：

"有位太太是邦斯先生派来的。"

高狄沙为了排戏刚到戏院。碰巧那时没有人找他，作者和演员都到迟了；听到有他乐队指挥的消息，他很高兴，便做了个拿破仑式的手势。于是西卜女人进去了。

50

生意兴隆的戏院

这个跑街出身的家伙当了时髦戏院的经理，把股东当作正室太太一样的欺骗。发了财，身体也跟着发福了。又胖又结实，山珍海味，日进斗金，把他调养得满脸红光。高狄沙一变而为暴发户了。

"咱们面团团的快像银行家蒲雄了。"他自嘲自讽的说。

"我看你倒像那个市侩丢加拉。"皮克西渥回答。在戏院的头牌舞女，鼎鼎大名的哀络绮思·勃里斯多那里，皮克西渥是常常替高狄沙做代表的。

高狄沙经营戏院，目的是专替自己拼命捞钱。他先想法把几出芭蕾舞剧，杂剧，算作自己出的主意，拿到一半的上演权；而后，等老是叫穷的作家要用钱的时候，把另外一半上演权也买过来。除此以外，再加上一些走红的戏，他每天都有好几块金洋上袋。他叫人出面拿黑票做生意；又公开的拿一部分戏票算作经理的津贴。这是高狄沙三项主要的收入。另外他私卖包厢，收受起码演员的贿赂；她们只要能扮些小角色，例如侍从或王后等等就满足了。所以他三分之一的股份，实际的收入还不止这个比例，而别的三分之二的股权只分到盈余的十分之一。可是这十分之一也还合到分半利息,高狄沙根据这分半红利,自画自赞的说自己如何调度有方,如何热心,如何诚实,而股东们又如何运气。包比诺伯爵用着关切的神气问玛蒂法,克勒凡,玛蒂法的女婿古罗将军,对高狄沙满意不满意。进了贵族院的古罗回答说:

"人家说他欺骗我们,可是他那么风趣,那么好脾气,我们也觉得满意了……"

"那倒像拉·封丹的小说了。[1]"前任部长笑着说。

戏院之外,高狄沙还做别的投资。他认为葛拉夫,希华勃和勃罗纳的公司挺不错,跟他们合伙办铁路。他不露出自己的精明,只一味装作随便,洒脱,爱女人,仿佛只想寻欢作乐,讲究穿扮,其实他每件事都想到,拿出他跑街时期的经验尽量应用。这玩世不恭的暴发户,住着一所场面阔绰,一切都由他的建筑师安排的屋子,常在那儿大开筵席,请名流吃宵夜。喜欢排场,喜欢讲究,他表面上做人很随和,说起话来,除了从前跑街的一套又加上后台的切口,使人家更不防他有什么城府。干戏剧的人讲话虽然毫无忌讳,却也另有风趣;高狄沙拿这些后台的风趣,和跑惯码头的人粗野的笑话混在一起,自命不凡。那时他正想把戏院让给人家,找点别的玩意儿换换口味。他希望当个铁道公司的经理,做个正经商人,娶一个巴黎最有钱的区长的女儿,弥娜小姐。他也希望靠着铁路局当选议员,再仗着包比诺的势力当参议官。

"这一位是谁呀?"高狄沙拿出经理气派瞧着西卜女人。

---

[1] 鲍加岜沃《十日谈》中第七日第七篇,题作:《丈夫戴了绿头巾还觉得满意》;迩后拉·封丹根据此书用诗体写成短篇,题作:《戴了绿头巾,挨了打,觉得很满意》;并注明出处为鲍氏原作。

"先生，我是邦斯先生亲信的管家。"

"哦，他怎么啦，这个好人？"

"不行，很不行，先生。"

"要命！要命！我听了真不高兴……我要去看看他，像他这样的人是少有的。"

"嗳，是啊，先生，真是个天使……我奇怪他怎么会在戏院里做事的……"

"告诉你，太太，戏院是改好一个人品性的地方……可怜的邦斯！……真的，世界上就少不得这等人……简直是个模范，并且还有才气！你想他什么时候可以来上班呢？因为戏院跟驿车一样，不管有客没客，到了钟点就得开……一到下午六点，这儿还能不开场吗？……我们尽管同情人家，可没法变出好音乐来……你说，他究竟怎么啦？"

"唉，我的好先生，"西卜女人掏出手帕来掩着眼睛，"说来可怕，他是靠不住的了，虽然我们把他服侍得千周到万周到，我跟许模克先生两个……我还得告诉你，连许模克也暂时不能来了，他每天要守夜……我们不能不死马当作活马医，想尽方法救他……医生对他已经没希望了……"

"怎么会呢？"

"喔，又是伤心事，又是黄疸病，又是肝病，还加上好多亲戚之间的纠葛，复杂得很。"

"再加上一个医生，当然更糟了，"高狄沙说，"他应当找我们戏院里的特约医生，勒勃仑先生，又不用他花一个钱……"

"现在看邦斯先生的那个人，好得跟上帝一样；可是病这么复杂，医生本领再好也没用。"

"我正用得着这两个榛子钳,为我那出新排的神幻剧……"

"可不可以让我来代他们做呢?……"西卜女人的神气天真到极点。

高狄沙不禁哈哈大笑。

"先生,我是他们亲信的管家,替两位先生做好多事呢……"

这时门外忽然有个女人的声音:

"朋友,既然你在笑,我可以进来吧?"

说话的便是挂头牌的舞女,哀络绮思·勃里斯多,她披着一条鲜艳夺目,叫作阿基里安的披肩,闯进经理室,往独一无二的长沙发上坐了下来。

"你笑什么?……是不是这位太太逗你发笑的?她预备来扮什么角儿?……"她瞧着西卜女人,像演员打量另外一个将来要登台的演员。

哀络绮思是个极有文学气息的姑娘,在艺术界中颇有声名,跟一般大艺术家有来往,长得体面,细巧,妩媚,比普通的头牌舞女要聪明得多。她一边问一边拿着个香炉闻着。

"太太,所有的女人只要长得漂亮,就没有什么高低,虽然我不去闻什么瓶里的臭气,腮帮上不涂什么灰土……"

"凭你这副尊容,涂上去不是多余了吗,我的孩子!"哀络绮思对她的经理挤了挤眼睛。

"我是个规规矩矩的女人……"

"那算你倒霉。要有男人肯养你,也不是容易的事!我可是办到了,太太,而且觉得挺舒服呢!"

"怎么算我倒霉!"西卜女人说,"你尽管披着阿基里安装模作祥,也是白的!你又听到过多少爱情话,太太?你能跟蓝钟饭店的牡蛎美人比吗?……"

舞女猛的站起来立正,举起右手行了个敬礼,像小兵对他的将军一样。

"什么!"高狄沙嚷道,"我听父亲说起的牡蛎美人,敢情就是你?"

"那么西班牙舞,卜尔加舞,太太是完全不懂的了?太太已经五十出头了!"

哀络绮思说着,摆了个舞台上的姿势,念出那句有名的诗[1]:

> 咱们做个朋友吧,西那!

"得了,哀络绮思,太太不是你的对手,别逗着她玩了。"

"太太就是新哀络绮思吗[2]?……"西卜女人假装很天真。

"有意思,这老婆子!"高狄沙叫着。

"这个双关语已经过时了,"舞女回答,"它已经长了胡子啦,老太太,你再想个旁的吧……要不然请你抽一支卷烟。"

"对不起,太太,我太伤心了,没有心绪再回答你;我有两位先生病得很重……为了给他们吃饱,免得他们发急,今天早上我连自己丈夫的衣服都拿去当了,你看这张当票……"

"啊唷!这么严重!是怎么回事呢?"漂亮的哀络绮思问。

"太太,"西卜女人接着说,"你闯进来的时候真像……"

"真像挂头牌的红角儿。我来替你提示,太太,你说下去

---

1 按系高乃依名剧《西那》中的名句。
2 《新哀络绮思》为卢梭有名的小说,此处以谐音为戏谑。

吧。"

"得了吧，我忙得很，别胡扯了，"高狄沙插嘴道，"哀络绮思，这位太太是咱们乐队指挥的管家，他快死了；她来告诉我，对他不能再存什么希望，这一下我可糟啦。"

"喔！可怜的人！咱们应当替他演一场义务戏。"

"那会教他闹亏空的！义务戏收支不相抵的时候，他还得欠慈善会五百法郎捐税。他们除了自己养的穷人，不承认巴黎还有别的人需要救济。好吧，太太，既然你这样热心，预备得蒙底翁道德奖……"

高狄沙说着，按了铃，马上来了个当差。

"去通知出纳课，支一千法郎给我。太太，你坐下吧。"

"喔，可怜的女人，她哭了……"舞女嚷道，"看她傻不傻！……得了吧，老妈妈，我们会去看他的，别难过了。——喂，你啊，"她把经理拉过一边，"你一方面要我当《阿里安纳》舞剧的主角，一方面想把我丢掉，想结婚，告诉你，我能跟你捣乱的！……"

"哀络绮思，我的心重得很，像条巡洋舰。"

"我会向人家借几个孩子来，说是你跟我生的！"

"咱们的关系我已经声明过了……"

"你客气一些好不好？把邦斯的位置给了迦朗育吧，那穷小子很有本领；你答应了，我就饶你。"

"那也得等邦斯死了以后……他说不定还能逃过这一关呢。"

"喔，先生，他逃不过的了……"西卜女人插嘴道，"从昨天晚上起，他已经神志不清，说胡话了。可怜他是不久的了。"

231

"反正你可以让迦朗育先代理一下！"哀络绮思说，"所有的报纸都肯替他捧场……"

这时出纳员走进来，拿着两张五百法郎的钞票。

"交给这位太太，"高狄沙吩咐，"再见吧，好太太；你去好好的侍候病人，告诉他，我会去看他的，明天或是后天，只要我有空……"

"他是完蛋了。"哀络绮思说。

"喔！先生，像你这样大慈大悲的心肠，只有戏院里有：但愿上帝保佑你！"

"这一笔怎么出账呢？"出纳员问。

"归入津贴项下。等会我签传票给你。"

西卜女人向舞女行着礼出去之前，听见高狄沙问他旧日的情妇：

"咱们的芭蕾舞剧《莫希耿》的音乐，迦朗育能不能在十二天之内赶起来？他要能替我解决这个困难，就让他接邦斯的位置！"

51

空中楼阁

　　看门女人做了那么多坏事，反而比做善事得到更大的酬报。她把两位朋友的收入完全割断，连他们的生计也给断绝了，要是邦斯病好的话。这个卑鄙的勾当使西卜女人几天之内就如愿以偿，把埃里·玛古斯觊觎的几张画卖了出去。为要抢到这第一批东西，她不得不把自己找来的奸刁的同党弗莱齐埃给蒙蔽起来，教玛古斯和雷蒙诺克严守秘密。

　　至于奥凡涅人，他渐渐的抱了无知识的人所有的那种欲望。他们从偏僻的内地跑到巴黎来：一方面，乡居的孤独生活使他们有了个念头永远放不开；另一方面，原始性格的愚昧和暴烈的欲望，又化为许多执着的念头。西卜太太那种阳性的美，那种轻快活泼，那种菜市上的风趣，成为旧货商垂涎的目标，使他很想从西卜手中把她偷上手。在巴黎下等社会中，这一类一妇二夫的情形是很普遍的。可是贪心好比一个套结，把人的心越套越紧，结果把理智闭塞了。雷蒙诺克估计他跟玛古斯两人付的佣金大概有四万法郎，胸中的邪念便一变而为犯罪的动机，竟想人财两得，把西卜女人正式娶过来了。抱着这种纯粹投机性质的爱情，他靠在门上,抽着烟斗,老半天的胡思乱想之下,只盼望裁缝早死。那么他的资本可以变成三倍,而西卜女人做起买卖来又何等能干,坐在大街上体面的铺子里又何等妖艳。这双重的贪欲使雷蒙诺克迷了心窍。他要在玛特兰纳大街租一个铺面,摆着从邦斯的收藏里拿来的最美的古董。夜里做着金色的梦,烟斗里的缕缕青烟都变作成千累万的洋钱:不料他一觉醒来,正当打开铺门,摆出商品的时候,就看到矮小的裁缝扫着院子和大门口;因为从邦斯病倒以后,西卜女人的职司都由丈夫在代理。那时奥凡涅人便觉得这个橄榄色的、黄铜色的、骨瘦如柴的、矮小的裁缝,是他的幸福的唯一的障碍,而盘算着怎么样解决他了。这股越来越热烈的痴情,西卜女人看了非常得意,因为到了她的年纪,所有的女人都明白自己是会老的了。

因此有一天早上,西卜女人起身之后,若有所思的打量着雷蒙诺克,看他在那里摆出他的小玩意儿;她很想探探他的爱情究竟到什么程度。

"哎,你的事情顺当吗?"奥凡涅人问她。

"倒是你教我不放心,"西卜女人回答,"你要害我了,你那种鬼鬼祟祟的眼睛,早晚要给邻居们发觉的。"她说完了便走出过道,溜到奥凡涅人铺子的尽里头。

"你哪儿来的这种古怪念头?"雷蒙诺克说。

"你来,我有话跟你讲。邦斯先生的承继人要忙起来了,会跟咱们捣乱的。天知道将来出些什么事,要是他们派些吃法律饭的来到处乱搅,像猎狗一样。要我教许模克卖几张画给你,先得看你对我真心不真心,能不能把事情保守秘密……喔,就是把你脑袋砍下来也不能哼一个字……既不说出画是哪儿来的,也不说是谁卖给你的。你知道,邦斯先生死了,埋了,人家来点他的画,六十七张只剩了五十三张的时候,那可跟谁都不相干……并且,邦斯先生在世的时候卖了画,谁也管不着。"

"好吧,"雷蒙诺克回答,"我不在乎;可是玛古斯先生是要正式的发票的。"

"急什么!你的发票也照样给你!……不是许模克先生给你凭据,难道是我给吗?……可是你得告诉犹太人,要他跟你一样的守秘密。"

"放心,咱们做哑巴就是了。干我们这一行的,嘴巴都紧得很。我吗,我认得字,可不能写,所以我要一个像你这样又有教育又能干的女人!……我一心只想挣一笔老年的口粮,生几个小雷蒙诺克……嗳,你把西卜丢了罢!"

"呦!你那个犹太人来啦,咱们好把事情谈妥了。"

"喂,我的好太太,事情怎么样啦?"玛古斯每三天都在清早来一次,打听什么时候能买他的画。

"没有人跟你提到邦斯先生和他的小玩意儿吗?"西卜女人问他。

"我收到一个律师的信;可是我觉得他是个坏蛋,是个起码掮客;我一向提防这种人,所以没理他。隔了三天他上门来留了一张片子;我吩咐门房,他要再来总回他一个不在家……"

"哎啊,你真是一个好犹太,"西卜女人当然不会知道玛古斯那种谨慎的作风,"就在这几天,我来想法教许模克卖七八张画给你们,至多十张。可是有两个条件。第一要绝对守秘密。先生,你得承认你是许模克找来的。你来买画是雷蒙诺克介绍的。不管怎么样,反正跟我不相干。你出四万六买四张画,是不是?……"

"行吧。"犹太人叹了口气。

"好。第二个条件是你得给我四万三,你只拿三千法郎给许模克;雷蒙诺克出二千法郎也买他四张,把多下来的钱给我……可是告诉你,玛古斯先生,将来我可以让你和雷蒙诺克做到一桩好买卖,只要你答应赚了钱咱们三个人均分。我带你去看那个律师,或者他会到这儿来的。你把邦斯先生家里所有的东西估一个价钱,估一个你愿意买进的价钱,让弗莱齐埃切实知道遗产的价值。可是我们的交易没做成以前,绝不能让他来,明白没有?……"

"明白了,"犹太人回答,"可是要仔细看过东西,估个价钱,是很费时间的呢。"

"你可以有半天工夫。你甭管,那是我的事……你们两位把事情商量一下;后天,咱们就来做交易。我要去找弗莱齐埃谈谈,因为这儿的事,波冷医生都会告诉他的,呵!要这个家伙不多嘴可不容易呢。"

在诺曼底街到珍珠街的半路上,西卜女人碰到弗莱齐埃上她那儿来了,他急于要知道详细的案由,照他的说法。

"呦,我正要去找你呀。"她说。

弗莱齐埃抱怨玛古斯没有接见他,看门女人说玛古斯刚旅行回来,这才把律师眼中那点儿猜疑的神气给消灭了。她说最迟到后天,一定让他在邦斯屋里跟犹太人见面,把收藏的东西定个价钱。

"你得跟我公平交易,"弗莱齐埃回答,"我大概要替邦斯先生的承继人做代表。在那个地位上,我更可以帮你忙了。"

这几句话说得那么强硬，把西卜女人吓了一跳。这饿鬼似的律师，大概也像她一样在那儿耍手段；所以她决心要把卖画的事赶紧办了。西卜女人这个猜测一点没有错。律师和医生凑了一笔钱，给弗莱齐埃缝了套新衣服，使他能够穿得齐齐整整的去见加缪索庭长太太。两个榛子钳的命运就凭这次会面的结果来决定。要不是为了等新衣服，弗莱齐埃绝不会耽搁到现在。他预备看了西卜太太之后，去试他的上衣，背心，跟裤子。不料他一去就看到衣服都已缝好，便回家换上一副新的假头发，十点左右雇了一辆车上汉诺威街，希望能见到庭长太太的面。弗莱齐埃打着白领带，戴着黄手套，全新的假头发，洒着葡萄牙香水，很像水晶瓶子里的毒药：封皮，标签，缚的线，都很花哨，可是教人看了只觉得更害怕。他的坚决的神气，满是小肉刺的脸，生的皮肤病，他的绿眼睛和凶恶的气息，好比青天上的云一样明显。在办公室内面对西卜女人的时候，他是杀人犯用的一把普通的刀；在庭长太太门外，他变为少妇们放在小古董架上的一把精致的匕首了。

52

容光焕发的弗莱齐埃

汉诺威街那边经过了很大的变化。包比诺子爵夫妇,前任部长夫妇,都不愿意庭长先生和庭长太太把产业给女儿做了陪嫁之后,搬到外边去另租屋子。三层的老太太下乡养老,把屋子退租了;庭长他们便搬上三楼。加缪索太太还留着玛特兰纳·维凡,一个男当差和一个厨娘,可是境况又回复到早年一样的艰难,唯一的安慰是白住了四千法郎租金的屋子,另外还有一万法郎年俸。这种清苦对玛维尔太太已经不大合适,她是需要相当的家财和她的野心配合的。何况他们把全部产业给了女儿之后,庭长的被举选的资格也跟着丧失了。阿曼丽却照旧一心一意希望丈夫当议员,因为她绝不轻易放弃计划,始终想要庭长在玛维尔庄田所在的那个州县里当选。老加缪索新进了贵族院,新封了男爵;两个月以来媳妇磨着他,要他在遗产项下先拨出十万法郎。她预备拿去买一块地,就是给玛维尔庄田在四边围住了的一块,付了捐税每年有二千法郎收入。将来她和丈夫可以住在自己的产业上,靠近着孩子们。原有的庄田不但是扩充了,地形也可以变得更完整。庭长太太在公公面前尽量的说,为了把女儿嫁给包比诺子爵,她自己一个钱都不剩了;她问老人家是否愿意耽误他大儿子的前程，使他爬不上司法界的最高地位，那是一定要拥有国会的势力才有希望的；而她丈夫的确能当选议员，教部长们怕他。她说：

"那些人哪，只要被你拉紧领带，把舌头都吐了出来，才肯给你一点东西。他们都是无情无义的家伙！也不想想沾了加缪索多少光！哼，加缪索要不促成七月法案，路易·菲利普怎么上得了台[1]！……"

老人回答说，他对铁路的投资超过了他的实力；所以媳妇的话虽然有理，也得等股票上涨的时候才能拨款子。

庭长太太几天以前听到老人只许了一半的愿，觉得闷闷不乐。照这个情形，下届议会的改选恐怕赶不及了，因为被选的条件不单是要有相当的产业，而且置产的时期要满一年。

弗莱齐埃不费什么事就见到了玛特兰纳·维凡。这两个毒蛇般的性格一见就知道是自己人。

"小姐，"弗莱齐埃的声音很甜，"我想见见庭长夫人，有件跟她个人跟她财产有关的事，你可以告诉她是为了一笔遗产……我没有机会拜见过她，所以我的姓名对她是不生作用的……我平常不大走出办公室，可是我知道对一位庭长夫人应当怎样敬重，所以我亲自来了，尤其因为那件事一刻也耽搁不得。"

以这样的措辞做引子，再经老妈子进去添枝接叶的说了一

---

[1] 一八三〇年七月二十六日，查理十世听从极端派保王党的提议，颁布四项法案：取消言论自由，解散国会，修改选举法，九月中举行普选。自由党人为之大哗，当即鼓动中产阶级及工商人士起而反抗，酿成暴动，卒至查理逊位。此即法国史上所谓的七月革命。

遍，接见是当然没有问题的了。这一刻工夫，对弗莱齐埃所存的两种野心正是千钧一发的关头。所以，就凭内地小律师那股百折不回的勇气，死抓不放的性格，强烈的欲望，他当时也不免像决战开始时的将军，有点胜负成败在此一举的感觉。过去最强烈的发汗药，对他生满皮肤病而毛孔闭塞的身子也不生效力，可是踏进阿曼丽在那儿等他的小客厅的一刹那，他脑门上背脊上都微微的出了点汗。他心里想：

"即使发财的事不成功，至少我的命是保住了，因为波冷说过，只要我能出汗，就有恢复健康的希望。"

庭长太太穿着便服等在那里。

"太太……"弗莱齐埃叫了一声，停下来行了个礼，那种恭敬在司法界中是承认对方比自己高级的表示。

"坐下罢，先生。"庭长太太马上认出他是个吃法律饭的。

"庭长夫人，我所以敢为了一件跟庭长先生利益有关的事来求见，是因为我断定，玛维尔先生以他高级的地位，也许把事情听其自然，以致损失了七八十万法郎；可是我认为对于这一类的私事，太太们的见解比最精明的法官还要高明，或许会……"

"你提到一笔遗产……"庭长太太截住了他的话。

阿曼丽听到那个数目有点飘飘然，却不愿意露出她的惊讶和高兴；她只学着一般性急的读者的样，急于想知道小说的结局。

"是的，太太，是一笔你们失之交臂的遗产，可是我能够，我有方法替你们挽回过来……"

"你说罢，先生！"玛维尔太太口气冷冷的，用她藐视而尖利的目光打量着弗莱齐埃。

"太太，我久仰您的大才，我是从芒德来的。那边的勒勃夫院长，玛维尔先生的朋友，可以把我的底细告诉庭长……"

庭长太太突然把腰板一挺，意思那么明显，使弗莱齐埃不得不赶紧说明一下。

"以太太这样心明眼亮的人，马上就会知道为什么我先跟太太谈我自己。那是提到遗产最近便的路。"

对这句巧妙的话，庭长太太只做了个手势回答。弗莱齐埃知道他可以往下说了：

"太太，我在芒德当过诉讼代理人，我的事务所就是我整个的家私，因为我是勒佛罗先生的后任，您一定认识他吧？……"

庭长太太点了点头。

"我借了一笔资本，自己又凑上万把法郎，离开了台洛希，巴黎最能干的一个诉讼代理人，我在他那儿当过六年一等书记。不幸我得罪了芒德的检察官……"

"奥里维哀·维奈。"

"对啦，太太，那位检察署长的儿子。他追着一位太太……"

"他吗？"

"是的，他追求华蒂南太太……"

"哦！华蒂南太太……她长得很漂亮，并且很……在我那个时候……"

"她对我很不错，这就种下了祸根……"弗莱齐埃接着说，"我很活动，我想还清朋友的债，想结婚；我需要案子，到处招揽；没有多久，我一个人的业务比所有的同业都忙了。这样，芒德的诉讼代理人，公证人，甚至执达吏，都跟我过不去啦。他们预备跟我找麻烦。您知道，在我们这可怕的行业里，要跟人捣乱是挺容易的。有件案子我接受了两造的委托，给人发觉了。当然事情是做得轻率了些；但在某些情形之下，在巴黎是行得通的，诉讼代理人往往彼此交换条件。在芒德可不行。我对蒲伊翁南先生帮过这一类的小忙，他却受了同业的压迫，听了检察官的怂恿，把我出卖了……您瞧我什么都不瞒您。那可犯了众怒。我变了个坏蛋，人家把我说得比玛拉还要可怕。我不得不卖掉事务所，把一切都丢了。我到巴黎来想搅个小小的代办所，可是我的健康给毁了，二十四小时就没有两小时舒服的。如今我只有一个欲望，很可怜的欲望。您有朝一日可能变成司法部长的太太，或是首席庭长太太；我这个骨瘦如柴的穷人，却只巴望找个小差事混到老，默默无闻的抱住饭碗。我想当个初级法庭庭长。在您或在庭长先生，替我谋这种小差事真是太容易了，连现任的司法部长都忌惮你们，巴不得讨你们喜欢呢……"他看到庭长太太做了个手势预备开口了，便赶紧说："不，太太，我的话还没有完。我有个做医生的朋友，正在看一个老年的病人，便是庭长先生应当承继的人。您瞧，我们可提到正文来了……我们少不了这位医生的合作，而他的情形就跟我现在一样：有了本领没有机会！……我从他那儿才知道你们的利益受了损害，因为就是眼前，我们在这儿说话的时候，可能什么都完了，可能就立了一张剥夺庭长承继权的遗嘱……那医生希望当一个医院的主任，或是王家中学的医师，反正是想谋一个巴黎的差事，和我的差不多的……请您原谅我大胆提出这两个问题，可是我们对这件事一点不能含糊。并且那医生是个很受敬重很有学问的人，令婿包比诺子爵的舅太公，比勒洛先生的病是他给治好的。倘使您宽宏大量，肯答应我初级法庭庭长和主任医生这两个位置，我可以负责把遗产差不多原封不动的给您送上来,我说差不多原封不动,因为其中要除去一小部分给遗产受赠人,给其他几个我们必须要他们帮忙的人。你的诺言,可以等我的诺言兑现之后再履行。"

53

买卖的条件

庭长太太抱着手臂听着,好像一个人不得不听一番说教似的;这时她放下手臂,瞅着弗莱齐埃,说道:

"先生,关于你自己的事,你说得一明一白了;可是我觉得你对正文还是一篇糊涂账……"

"太太,再加一两句,事情就揭穿了。庭长先生是邦斯先生独一无二的三等亲属承继人。邦斯先生病得很重,要立遗嘱了,也许已经立了。他把遗产送给一个叫作许模克的德国朋友。遗产值到七十万以上,三天之内,我可以知道准确的数目……"

庭长太太听了这个数字大吃一惊,不由得自言自语的说:

"要是真的话,我跟他翻脸简直是大错特错了,我不该责备他……"

"不,太太,要没有那一场,他会像小鸟一样的开心,比您,比庭长,比我,都活得久呢……上帝自有它的主意,咱们不必多推敲!"他因为说得太露骨了,特意来这么两句遮盖一下,

"那是没有办法的!咱们吃法律饭的,看事情只看实际。太太,现在您可明白了,以庭长这样高的地位,他对这件事绝不会也

绝不能有所行动。他跟舅舅变了死冤家,你们不见他的面了,把他从社会上撵出去了;你们这样做想必有充分的理由;可是事实是那家伙病了,把财产送给了他唯一的朋友。在这种情形之下立的一张合乎法定方式的遗嘱,一个巴黎高等法院的庭长能有什么话说呢?可是,太太,我们在私底下看,这究竟是极不愉快的事,明明有权承继七八十万的遗产……谁知道,也许上一百万呢,我们以法定的唯一的承继人资格,竟没有能把这笔遗产抓回来!……要抓回来,就得把自己牵入卑鄙龌龊的阴谋,又疙瘩,又无聊,要跟那些下等人打交道,跟仆役,下属,发生关系,紧紧的盯着他们:这样的事,巴黎没有一个诉讼代理人,没有一个公证人办得了。那需要一个没有案子的律师,像我这样的,一方面要真有能力,要赤胆忠心;一方面又潦倒不堪,跟那些人的地位不相上下……我在我一区里替中下阶级,工人,平民办事……唉,太太,我落到这个田地,就因为如今在巴黎署理的那位检察官对我起了恶感,不能原谅我本领高人一等……太太,我久仰您大名,知道有了您做靠山是多么稳固的,我觉得替您效劳,干了这件事,就有苦尽甘来的希望,而我的朋友波冷医生也能够扬眉吐气了……"

庭长太太有了心事。那一忽儿工夫,弗莱齐埃可真急坏了。芒德的检察官,一年以前被调到巴黎来署理;他的父亲维奈是中间党派的一个领袖,当了十六年检察署长,早已有资格当司法部长,他是阴险的庭长太太的对头……傲慢的检察署长公然表示瞧不起加缪索庭长。这些情形是弗莱齐埃不知道,也不应该知道的。

"除了在一件案子中接受两造的委托以外,你良心上没有别的疙瘩吗？"她把眼睛瞪着弗莱齐埃问。

"太太可以问勒勃夫先生，他对我是不错的。"

"你可有把握，勒勃夫先生替你在庭长跟包比诺伯爵面前说好话吗？"

"那我可以保证，尤其维奈先生已经离开芒德；因为，我可以私下说一句，勒勃夫先生很怕那个干巴巴的检察官。并且，庭长太太，要是您允许，我可以到芒德去见一见勒勃夫先生。那也不会耽误事情，因为遗产的准确数目要过两三天才能知道。为这桩事所用的手段，我不愿也不能告诉太太，可是我对自己的尽心尽力所期望的报酬，不就等于保证您成功吗？"

"行，那么你去想法请勒勃夫先生替你说句好话；要是遗产真像你说的那么可观，我还不大相信呢，那我答应你要求的两个位置，当然是以事情成功为条件啰……"

"我可以担保，太太。可是将来我需要的时候，请把您的公证人，诉讼代理人都邀来，以庭长的名义给我一份委托书，同时请您要那几位听我调度，不能自作主张的行动。"

"你负了责任，我当然给你全权，"庭长太太的口气很郑重，"可是邦斯先生真的病很重吗？"她又带着点笑容问。

"我相信，太太，他是医得好的，尤其他找的是个很认真的医生；我的朋友波冷并没起什么坏心，他是听了我的指挥，为您的利益去刺探情形的；他有能力把老音乐家救过来；可是病人身边有个看门女人，为了三万法郎会送他进坟墓，不是谋杀他，不是给他吃砒霜，她才不那么慈悲呢，她更辣手，用的是软功，成天不断的去刺激他。可怜的老头儿，换一个安静的环境，譬如在乡下吧，能有周到的服侍，朋友的安慰，一定会恢复；可是给一个泼辣的女人折磨——她年轻时候,是闻名巴黎的二三十个牡蛎美人之中的一个,又贪心,又多嘴,又蛮横——病人给她磨着,要他在遗嘱上送她大大的一笔钱,那不成问题肝脏会硬化的,也许现在已经生了结石,非开刀不可了,而那个手术病人是受不住的……医生哪,是个绝顶好人!……他可为难死了。照理他应当教病人把那婆娘打发掉……"

"那泼妇简直是野兽了!"庭长夫人装出温柔的声音叫。

弗莱齐埃听到这种跟自己相像的声音,不由得在肚里暗笑,他知道把天生刺耳的嗓音故意装作柔和是什么意思。他想起路易十一所说的故事。有位法官娶了一位太太,跟苏格拉底的太太一模一样[1],法官却并没那个大人物的达观,便在燕麦中加了盐喂他的马匹,又不给它们喝水。有一天,太太坐了车沿着塞纳河到乡下去,那些马急于喝水,便连车带人一起拉到了河里。于是法官感谢上帝替他这样自自然然地摆脱了太太。这时,玛维尔太太也在感谢上帝在邦斯身边安插了一个女人,替她把邦斯不著痕迹地摆脱掉。她说:

"只要有一点儿不清白,哪怕一百万我也不拿的……你的朋友应当点醒邦斯先生,把看门女人打发走。"

"太太,第一,许模克和邦斯两位把这女人当作天使,不但不肯听我朋友的话,还会把他打发走呢。其次,这该死的牡蛎美人还是医生的恩人,他给比勒洛先生看病就是她介绍去的。他嘱咐她对病人要一百二十分的柔和,可是这个话反而给她指点了加重病势的方法。"

---

[1] 相传苏格拉底的妻子极凶悍泼辣,而苏格拉底认为可以训练他的涵养功夫。

"你的朋友对我舅舅的病认为怎么样呢?"

弗莱齐埃的答话那么中肯,眼光那么尖锐,把那颗跟西卜女人一样贪婪的心看得那么清楚,使庭长太太为之一震。

"六个星期之内,继承可以开始了[1]。"

庭长太太把眼睛低了下去。

"可怜的人!"她想装出哀伤的神气,可是装不像。

"太太有什么话要我转达勒勃夫先生吗?我预备坐火车到芒德去。"

"好吧,你坐一会,我去写封信约他明天来吃饭;我们要他来商量,把你那件冤枉事给平反一下。"

庭长太太一走开,弗莱齐埃仿佛已经当上初级法庭庭长,人也不是本来面目了:他胖了起来,好不舒畅的呼吸着快乐的空气,吹到了万事如意的好风。意志那个神秘的宝库,给他添了一般强劲的新生的力量,他像雷蒙诺克一样,觉得为了成功竟有胆子去犯罪,只要不留痕迹。他一鼓作气来到庭长太太面前,把猜测肯定为事实,天花乱坠的说得凿凿有据,但求她委托自己去抢救那笔遗产而得到她的提拔。他和医生两人,过的是无边苦海的生活,心中存的亦是无穷无极的欲望。他预备把珍珠街上那个丑恶的住所一脚踢开。盘算之下,西卜女人的公费大概可有三千法郎,庭长那里五千法郎,这就足够去租一个像样的公寓。并且他欠波冷的情分也能还掉了。有些阴险的性格,虽然被苦难磨得非常凶狠,也会感到相反方面的情绪,跟恶念一样强烈:黎希留是个残酷的敌人,也是个热心的朋友。为了报答波冷的恩惠,弗莱

---

[1] 继承开始为法律术语,各国法律均有类似"继承因被继承人死亡而开始"之定义。

齐埃便是砍下自己的脑袋都愿意。庭长太太拿着一封信回进来，对这个自以为幸福而有了存款的人，偷偷的瞧了一下，觉得不像她第一眼看到的那么丑了；并且他现在要做她的爪牙了，而我们看自己的工具和看邻人的工具，眼光总是不同的。

"弗莱齐埃先生，"她说，"我已经看出你是个聪明人，我也相信你是坦白的。"

弗莱齐埃做了个意义深长的姿势。

"那么，"她接着又说，"请你老老实实回答一个问题：你的行动会不会连累我，或是连累玛维尔先生？……"

"我绝不敢来见您的，太太，要是将来有一天，我会埋怨自己把泥巴丢在了你们身上，哪怕像针尖般小的污点，在你们身上也要像月亮般大。太太，您忘了我要做一个巴黎初级法庭的庭长，先得使你们满意。我一生受的第一个教训，已经使我吃不消了，还敢再碰那样的钉子吗？末了，还有一句话，我一切的行动，凡是关涉到你们的，一定先来请示……"

"那很好。这儿是给勒勃夫先生的信。现在我就等你报告遗产价值的消息。"

"关键就在这里。"弗莱齐埃很狡猾的说，他对庭长太太行着礼，尽他的脸所能表示的做得眉花眼笑。

"谢天谢地！"加缪索太太心里想，"喔！我可以有钱啦！加缪索可以当选议员啦。派这个弗莱齐埃到鲍贝克县里去活动，他准会替我们张罗到多数的选票。这工具再好没有了！"

"谢天谢地！"弗莱齐埃走下楼梯的时候想，"加缪索太太真是一个角色！我要有这一类的女人做太太才好呢！行了，干事要紧！"

于是他动身上芒德向一个不大认识的人讨情去了。他把这希望寄托在华蒂南太太身上。过去他的倒霉就是为了她;可是不幸的爱情,往往像可靠的债务人的一张到期不付的借票,会加你利钱的。

54

给老鳏夫的警告

三天以后，许模克正在睡觉，因为老音乐家和西卜太太已经把看护病人的重任分担了，她跟可怜的邦斯，像她所说的抢白了一场。肝脏炎有个可怕的症候，我们不妨在此说一说。凡是肝脏受了损害的病人，都容易急躁，发怒，而发怒会教人暂时松动一下，正如一个人发烧的时候精力会特别充沛。可是高潮一过，他马上衰弱到极点，像医生所谓的虚脱了，而身体所受的内伤也格外严重。所以害肝病的人，尤其因精神受了打击而得肝病的人，大发雷霆以后的虚弱特别危险，因为他的饮食已经受到严格的限制。这是扰乱人的液体机能的热度[1]，对血和头脑部不相干的。全身的刺激引起一种抑郁感，使病人对自己都要生气。在这等情形中，无论什么事都可以促成剧烈的冲动，甚至有性命之忧。下等阶级出身的西卜女人，既没有经验，也没有教育，尽管医生告诫，也绝不肯相信液体组织会把神经组织弄得七颠八倒。波冷的解释，在她心目中只是做医生的一厢情愿。她像所有平民阶级

---

[1] 十九世纪以前的西洋医学，重视人身的液体，即血液，淋巴汁，胆汁，脓汁，及其他分泌物。

的人一样，无论如何要拿东西给邦斯吃，要波冷斩钉截铁的告诉她："你给邦斯吃一口随便什么东西，就等于把他一枪打死。"才能拦住她不偷偷的给他一片火腿，一盘炒鸡子，或是一杯香草巧克力。在这一点上，一般平民真是固执到极点；他们生了病不愿意进医院，就因为相信医院里不给病人吃东西，把他们活活饿死。病人的妻子夹带食物所造成的死亡率，甚至使医生不得不下令，在探望病人的日子，家属的身体必须经过严格搜查。西卜女人为了要立刻捞一笔钱，想跟邦斯暂时翻脸，便把怎样上戏院去看经理，怎样和舞女哀络绮思斗嘴，统统告诉了邦斯。

"可是你到那儿去干么呀？"病人已经问到第三遍。只要西卜女人一打开话匣子，他就拦不住的了。

"那时候，赶到我训了她一顿，哀络绮思小姐知道了我是谁，她就扯了白旗，咱们也变作世界上最好的朋友。——现在你问我上那儿去干什么是不是？"她把邦斯的问话重复了一遍。

有些多嘴的人，可以称为多嘴的天才的，就会这样的把对方插进来的话，或是反对的意见，或是补充的言论，拉过来当作材料，仿佛怕他们自己的来源会枯竭似的。

"哎，我是去替你的高狄沙先生解决困难呀；他有出芭蕾舞剧要人写音乐；亲爱的，你又没法拿些纸来乱划一阵，交你的差……我就无意中听到，他们找了一个迦朗育先生，去给《莫希耿》写音乐……"

"迦朗育！"邦斯气得直嚷，"迦朗育一点儿才气都没有，他要当第一提琴手我还不要呢！他很聪明，写些关于音乐的文章倒很好；可是我就不相信他能写一个调子！……你哪儿来的鬼念头，会想起上戏院去的？"

"哎唷，瞧你这个死心眼儿，你这个魔鬼！……得了吧，小乖乖，咱们别说来就来生那么大的气好不好？……像你现在这样，你能写音乐吗？难道你没有照过镜子？要不要我给你一面镜子？你只剩皮包骨头了……力气就跟麻雀差不多……你还以为能够写音符？……连我的账你都写不起来呢……喔，对啦，我得上四楼去一趟，他们该我十七个法郎……十七法郎也是个数目呀；付了药剂师的账，咱们只剩二十法郎了……所以哪，我得告诉那个人，看上去倒是个好人，那个高狄沙……我喜欢这名字……他是嘻嘻哈哈的快活人，很配我的胃口……他呀，他可不会闹肝病的！……我把你的情形告诉了他……不是吗，你身体不行，他暂时叫人代替你的位置……"

"代替了！"邦斯大叫一声，在床上坐了起来。一般而论，生病的人，尤其被死神的魔掌拿住了的，拼命想抓住差事的劲儿，简直跟初出道的人谋事一样。所以听说位置有人代替，快死的人就觉得已经死了一半。他接着说：

"可是医生说我情形很好呢！他认为我不久生活就能照常了。你害了我，毁了我，要了我的命！……"

"啧！啧！啧！啧！"西卜女人叫起来，"你又来啦！好吧，我是你的刽子手，你在我背后老对许模克先生说这些好听的话，哼！我都听见的……你真是个没心没肺的恶人。"

"你可不知道，只要我的病多拖上半个月，我好起来的时候，人家就会说我老朽，老顽固，落伍了，说我是帝政时代的，十八世纪的古董！"病人这样嚷着，一心只想活下去，"那时，迦朗育在戏院里从顶楼到卖票房都交了朋友啦！他会降低一个调门，去迁就一个没嗓子的女戏子，他会爬在地下舔高狄沙的靴子；他会拉拢他的三朋四友，在报纸上乱捧一阵；可是，你知道，西卜太太，平常报纸专门在光头上找头发的呢！……你见了什么鬼会跑得去的？……"

"怪啦！许模克先生为这件事跟我商量了八天呢。你要怎么办？你眼里只看见你自己，你自私自利，恨不得叫别人送了命来治好你的病！……可怜许模克先生，一个月到现在拖得筋疲力尽，走投无路，他哪儿都去不成了，又不能去上课，又不能到戏院里去上班，难道你不看见吗？他通宵陪着你，我白天陪着你。早先我以为你穷，所以由我陪夜，现在再要那么办，我白天就得睡觉，那么家里的事谁管？你的宝贝又归谁看着呢？……有什么法儿，病总是病呀！……不是吗？……"

"许模克绝不会打这个主意的……"

"那么是我凭空想出来的？你以为我们的身体是铁打的？要是许模克先生照旧一天教七八个学生，晚上六点半到十一点半在戏院里指挥乐队，不消十天他就没有命了……这好人，为了你便是挤出血来都愿意，你可要他死吗？我可以叫爷叫娘的起誓，像你这种病人真是从来没见过……你的理性到哪儿去啦？难道送进了当铺吗？这儿大家都在为你卖命，每件事都尽了力，你还不满意……你要逼我们气得发疯不是？……我吗，不说别的，我人快倒下来了！……"

西卜女人尽可以信口胡说，邦斯气得话都说不上来了，他在床上扭来扭去，结结巴巴的只能迸出几个声音，他要死过去了。到了这个阶段，照理急转直下，吵架一变而为亲热的表示。看护女人扑到病人身边，捧着他的脑袋，硬逼他睡下去，把被单盖在他身上。

"你怎么能这样呢！我的乖乖，怪来怪去只能怪你的病！波冷先生就是这么说的。得了吧，你静静吧。好孩子，乖一点呀。凡是接近你的人都把你当作宝贝似的，医生甚至一天来瞧你两回！倘使看到你烦躁成这样，他要怎么说呢？你教我沉不住气，唉，你真是不应该……一个人有西卜太太看护的时候，应当敬重她呀！……你却又叫又嚷！……你明明知道那是不可以的。说话会刺激你的……干么要生气呀？这都是你的错儿，老跟我闹别扭！喂，咱们讲个理吧！倘使许模克先生和我，我是把你当作心肝宝贝一般的，倘使我们认为做得不错……那么，告诉你，就是做得不错！"

"许模克不会不跟我商量，就叫你上戏院去的……"

"要不要叫醒他，要他来做见证呢？可怜的好人睡得像登了天似的。"

"不！不！倘使我的好朋友许模克决定这样办，那么也许我的病比我自己想象的要重得多，"邦斯说着，对他卧房里陈设的美术品好不凄惨的瞧了一眼，"得跟我心爱的画，跟我当作朋友一般的这些东西……跟我那个超凡入圣的许模克告别了！——喔！可是真的吗？"西卜女人这恶毒的戏子把手帕掩着眼睛。这个没有声音的答复顿时使病人黯然若失。地位与健康，失业与死亡，在这个最受不起打击的两点上受了打击，他完全消沉了，连发怒的气力也没有了。他奄奄一息的愣在那里，好似害肺病的人和临终苦难挣扎过了的情景。

西卜女人看见她的俘虏完全屈服了，便道："我说，为了许模克先生的利益，你最好把德洛浓先生找来，他是本区的公证人，人挺好的。"

"你老是跟我提到这个德洛浓……"

"嘿!随你将来给我多少,请这个请那个,我才不在乎呢!"

她侧了侧脑袋表示瞧不起金钱。于是两人都不作声了。

55

西卜女人叫屈

那时许模克已经睡了六个多钟点,给肚子饿闹醒了。他走进邦斯屋子,一言不发的对他看了一会,因为西卜女人把手指放在嘴唇上警告他:"嘘!"

然后她站起来走近德国人,附在他耳边说:

"谢天谢地!这一下他快睡着了,刚才他凶得像要吃人似的!……也难怪,他是跟他的病挣扎……"

"哪里!我倒是很有耐性呢,"病人凄恻的声音表示他已经萎靡到极点,"可是,亲爱的许模克,她到戏院去教人把我开差了。"

他歇了一下,没有力气说下去。西卜女人趁此机会对许模克做了个手势,意思是说他神志不清。她说:

"你别跟他分辩,他快死过去了……"

"她还说是你叫她去的……"邦斯瞧着老实的许模克补上一句。

"是的,"许模克拿出代人受过的勇气,"那没有法儿呀。你别多讲!……让我们把你救过来!……有了这些家私还要拼命做事，你傻不傻？……只要你快快好起来，咱们卖掉些小古董，安安静静的躲在一边过日子，带着这个好西卜太太……"

"她把你教坏了！"邦斯很痛苦的回答。

西卜女人特意站在床后，好偷偷的对许模克做手势。病人看不见她，以为她走了，接着又说：

"她要我的命！"

"怎么！我要你的命？……"她突然闪出身子，红着眼睛，把拳头插在腰里，"做牛做马，落得这个报答吗？……哎唷，我的天！"

她眼泪马上涌了出来，就手儿倒在一张沙发里；这悲剧式的动作对邦斯又是个加重病势的刺激。

"好吧，"她又站起身子瞪着两个朋友，眼睛里射出两颗子弹和一肚子的怨毒，"我在这儿不顾死活的干，还不见一点好，我受够了。你们去找一个看护女人吧！"

两个朋友听了，相顾失色。

"喔！你们俩尽管挤眉弄眼的做戏吧！我主意拿定了！我去请波冷医生找个看护女人来。咱们把账算一算。你们得还我在这儿垫的钱……我本意是永远不跟你们要的……哼，我还为你们又向比勒洛先生借了五百法郎呢……"

"那是他的病呀！"许模克扑过去抱着她的腰，"你耐着点吧！"

"你，你是一个天使，我会跪在地下亲你的脚印。可是邦斯先生从来没有喜欢过我，老是恨我的……并且还以为我要在他遗嘱上有个名字呢！……"

"嘘——！你要他的命了！"许模克叫着。

"再会，先生，"她走过来对邦斯像霹雳似的瞪了一眼，"你说我对你那么坏，我还是希望你好。赶到你对我和和气气，觉得我做的事并没有错的时候我再来！暂时我待在家里……你是我的孩子，哪有孩子反抗妈妈的？……——不，许模克先生，你再说也没用……你的饭我给你送来，我照常服侍你；可是你们得找个看护女人，扎波冷医生找吧。"

说完她走了，气势汹汹的关上房门，把一些贵重而细巧的东西震得摇摇欲坠。瓷器的叮当声，在受难的病人听来，仿佛一个熬着车刑的人，听到了最后那个送他上天的声音。

一小时以后，西卜女人不走进邦斯的卧室，只隔着房门招呼许模克，说他的晚饭已经在饭厅里了。可怜的德国人脸色惨白，挂满了眼泪走出来。

"可怜的邦斯神志糊涂了，他竟把你当作一个坏人。那都是他的病哟。"许模克这么说着，想讨好西卜女人而同时不责备邦斯。

"喔！他的病，我真是受够了！告诉你，他又不是我的父亲，又不是我的丈夫，又不是我的弟兄，又不是我的孩子。他讨厌我，那么好，大家拉倒！你哪，你到天边，我也跟你到天边；可是一个人卖了命，拿出了真心，拿出了全部的积蓄，甚至连丈夫都来不及照顾，你知道，西卜病了，结果我还给人家当作坏人……那真是他妈的太那个了……"

"他妈的？"

"是的，他妈的！废话少说。咱们谈正经。你们该我三个月的钱，每月一百九十法郎，一共是五百七！我代付了两次房租，连捐税和小费，六百法郎，收条在这里；两项加起来，一千二不到，另外我借给你们两千，当然不算利息；总数是三千一百九十二法郎……除了这个，你至少还得预备两千法郎对付看护女人，医生，药，和看护女人的伙食。所以我又向比勒洛先生借了一千法郎在这里。"她把高狄沙给的一千法郎拿给许模克看。

许模克对她这笔账听得呆住了，因为他的不懂银钱出入，就好比猫的不懂音乐。

"西卜太太，邦斯是头脑不清楚！请你原谅他，照旧来服侍他，做我们的好天使吧……我给你磕个头求情吧。"

德国人说着跪在了地下，捧着这刽子手的手亲吻。

"听我说，小乖乖，"她把他扶了起来，亲了亲他的额角，"西卜病了，躺在床上，我才叫人去请了波冷医生。在这个情形之下，我的事一定要料理清楚。并且，西卜看我哭哭啼啼的回去，气恼得不得了，不准我再上这儿来了。他要收回他的钱，那也难怪，钱原来是他的。我们做女人的能有什么法儿？还了他三千二百法郎，说不定他的气会消下去。可怜的人！那是他全部的家私，二十六年的积蓄，流着汗挣来的。他明天一定要这笔钱，不能再拖了……唉，你不知道西卜的脾气；他一冒火，会杀人的呢。也许我能跟他商量，照旧来服侍你们。你放心，他爱怎么说就怎么说吧，我预备受他的气，因为我太喜欢你了，你是一个天使。"

"不，我不过是个可怜虫，只知道爱我的朋友，恨不得牺牲了性命去救他……"

"可是钱哪……许模克先生，哪怕一个子儿不给我，你也得张罗三千法郎，对付你们的用途！你知道我要是你，我怎么办？

我绝不三心两意，立刻把没用的画儿卖掉七八张；再拿你屋子里因为没处放而靠壁堆着的，搬些出来补在客厅里。只要那儿数目不缺，管他这一张那一张！"

"干么要补上去呢？"

"哎，他坏得很哪！不错，那是他的病，平常他是像绵羊一般的！他可能起来，东找西寻；虽说他软弱得连房门都出不来，万一他闯进客厅，画的数目总是不错啦！……"

"对！"

"将来等他完全好了，咱们再把卖画的事告诉他。那时你都推在我头上得啦，说要还我的钱，没有法儿。我才不怕负责呢。"

"不是我的东西，我总不能支配的……"老实的德国人很简单的回答。

"那么我去告一状，让法院把你和邦斯先生都传过去。"

"那不是要他命吗？……"

"这两条路你自己挑吧！……我的天！我看你还是先把画卖了，以后再告诉他……那时你拿法院的传票给他看。"

"好，你去告我们吧……那我总算有个理由……将来可以把判决书给他做交代……"

当天晚上七点钟，西卜太太跟一个执达吏商量过了，把许模克叫了去。德国人见了泰勃罗，当场听说要他付款；他浑身哆嗦的答了话，执达吏吩咐他和邦斯都得上法院去听候裁判。那个衙门里的小官儿和备案的公事，把许模克骇坏了，再也不敢抵抗。

"卖画就卖画吧。"他含着一包眼泪说。

下一天早上六点，玛古斯和雷蒙诺克一齐来把各人的画卸了

261

下来。二千五百法郎的两张正式收据是这样写的：

> 本人兹代表邦斯先生，将油画四幅出售与埃里·玛古斯先生，共得价二千五百法郎整，拨充邦斯先生个人用途。计开：女像一幅，疑系丢勒所作；又人像一幅，属于意大利画派；又荷兰风景画一幅，布勒开尔作；又《圣家庭》一幅，属于佛罗伦萨画派，作家不详。

给雷蒙诺克的收据，措辞相仿；他的四张画是葛滦士，格劳特·劳朗，卢本斯，和梵·伊克的作品，收据上都用法国画派法兰德画派含混过去了。

"这笔钱，使我相信了这些小玩意儿的确有点价值……"许模克拿到了五千法郎说。

"对啦，有点价值……"雷蒙诺克回答，"我很愿意出十万法郎统统买下来呢。"

邦斯有些次等的画堆在许模克屋里；奥凡涅人受了西卜女人之托，就在那一批中挑出几幅尺寸相同的放在老框子内，补足了八张空额。

56

弱肉强食

埃里·玛古斯拿到了四张杰作，以算账为名，把西卜女人邀到自己家里。他拼命哭穷，吹毛求疵的指出画上的缺点，说要重新修过，只能出三万法郎佣金。他把法兰西银行印着一千法郎的辉煌耀眼的钞票摆在西卜女人面前，她看得动了心，接受了。玛古斯勒令雷蒙诺克也给西卜女人同样的数目，因为雷蒙诺克是要拿四幅画做抵押，向他借这笔钱的。玛古斯觉得那四幅太美了，舍不得再放手，便在下一天送了六千法郎给旧货商作为他的赚头，教他开一张发票把画卖给了他。西卜太太有了六万八千法郎财产，又把严守秘密的话对两个同党说了一遍。她请教犹太人，怎么样才能存放这笔款子而不让人家发现。

"你不妨买奥莱昂铁路股票，目前市价比票面低三十法郎，三年之后包你对本对利；凭据只有几张纸，往皮包里一放就完了。"

"你在这儿等着，玛古斯先生，我得看邦斯先生亲属的代理人去，他要知道你对楼上那些东西肯出多少钱买……我去把他找来。"

"要是她做了寡妇，"雷蒙诺克对玛古斯说，"那倒对我正合适，你瞧她现在有钱啦……"

"倘使买了奥莱昂股票，两年工夫她的钱还能加一倍。我的一些小积蓄就投资在这上面，做我女儿陪嫁的……趁律师没有来，咱们到大街上去遛遛吧。"

"西卜已经病得很重，"雷蒙诺克又道，"要是上帝愿意把他召回，我就能有个出色的女人管铺子，我的买卖也做得开了……"

西卜女人走进法律顾问的办公室，娇声娇气的说：

"你好，亲爱的弗莱齐埃先生，怎么你的门房说你要搬家了？"

"对啊，西卜太太；我在波冷医生屋子的二层楼上租了个公寓，就在他的上面。房东把屋子装修过了，怪漂亮的，我正想借两三千法郎，体体面面的布置一下。现在我负责照顾你跟玛维尔庭长两方面的利益了，就像我以前跟你说的一样……我不再干这个法律经纪人的行业，我要加入律师公会，非住得像个样儿不可。一定要有一套过得去的家具，一套藏书，巴黎的律师公会才让你登记。我是法学博士，见习过几年，如今又有了大老做后台……啊，你说，咱们的事怎么啦？"

"我有笔积蓄存在银行里，"西卜女人对他说，"没有多少，不过三千法郎，二十五年苦吃苦熬省下来的，倘使你愿意接受，你就给我一张约期票，像雷蒙诺克说的，因为我自己什么都不懂，只知道人家教我怎办就怎办……"

"不，公会条例不准咱们律师出约期票的。这样吧，我给你一张收据，写明五厘起息；将来我要替你在邦斯的遗产上弄到一千两百终身年金的话，你就把收据还我。"

西卜女人发觉自己上了当，不做一声。弗莱齐埃便盯着说：

"不开口就是默认。明儿你给我送来。"

"喔！我很乐意先付公费，这样我的年金更靠得住了。"

弗莱齐埃点了点头，又说："咱们的事怎么啦？昨天晚上我碰到波冷，似乎你对病人毫不留情哪。再像昨天那样来一次，他胆囊里准会生结石了……我看你还是缓和一点吧，好西卜太太，别教良心过不去。一个人不是长命百岁的。"

"得了吧，什么良心不良心的！……你还想拿断头台来吓我吗？邦斯先生简直是个老顽固！你可不知道他呢！是他惹我冒火的！世界上再没比他更恶的人了，活该受他亲戚的那一套……他又刁，又毒，又是死心眼儿！……我把答应你的话做到了，现在玛古斯先生在我们那儿等你。"

"好！……我跟你同时赶到就是了。你年金的多少全靠那个收藏的价值；要是有八十万，你一年就能有一千五……那是个很大的数目呢！"

"那么，我去吩咐他们估价的时候要绝对公平。"

一小时以后，邦斯正睡得很熟。他从许模克手里吃了一点医生开的安神药，可是被西卜女人私下把量加了一倍。弗莱齐埃，雷蒙诺克，玛古斯，这三个十恶不赦的家伙，把老音乐家收藏的一千七百件东西，一样一样的仔细看过来。许模克也睡在那里，所以那些乌鸦尽可以嗅着死尸，为所欲为了。

玛古斯屡次对着作品出神，看到什么杰作便指点雷蒙诺克，告诉他作品的价值，和他讨论；那时西卜女人就得警告他们："别出声呀！"

四个人各有各的贪心,都希望物主早死,如今趁他睡着的时候先来掂一掂遗产的斤量:这样的一幕教人看了真是揪心。他们直花了三小时才把客厅里的东西看完。

"平均计算,"吝啬的老犹太说,"这儿每件东西值一千法郎。"

"那么总共有一百七十万了!"弗莱齐埃听着愣住了。

"对我是不值的,"玛古斯眼里发出一道冷光,"我不会出到八十万以上;因为你不知道那些东西要在铺子里搁多久……有些精品要过十年才卖得出,那时进价以复利计算已经加了一倍;可是我要买的话是付现款的。"

"卧室里还有彩色玻璃,珐琅,小型画,金银的鼻烟壶等等。"雷蒙诺克在旁提了一句。

"能去瞧瞧吗?"弗莱齐埃问。

"让我去看看他是不是睡得很熟。"西卜女人回答。

门房女人做了个手势,三只掠食的鸟便走了进去。

"那边是精品,"玛古斯指着客厅说,他的白须根根都在那里钻动,"这儿是贵重的宝物!而且是何等的宝物!帝王的宫中也没有比这儿更美的东西。"

雷蒙诺克瞧着那些鼻烟壶,眼睛亮得像两颗宝石。弗莱齐埃,沉着,冷静,像一条蛇在地上竖了起来,扯着他的扁脑袋,姿势活像画家笔下的曼非斯托番。这三个不同的吝啬鬼,对黄金的饥渴像魔鬼贪嗜天堂上的露水一样,不约而同对宝物的主人瞧了一眼,因为他在床上动了一动,仿佛一个人做恶梦时的动作。给三道魔鬼般的目光注视之下,病人突然睁开眼睛,大叫起来:

"有贼!有贼!……警察呀!有人谋杀我呀!"

显而易见,他虽然醒了,还是在做梦,因为他在床上坐起,眼睛越睁越大,白白的定在那里,一动也不能动。

玛古斯和雷蒙诺克抢着往门外跑,可是被一句话喝住了:

"玛古斯!……我给人出卖了!……"

病人是被保护爱物的本能惊醒的,这情绪至少和保卫生命的本能一样强。

"西卜太太,这一位是谁?"他一看到弗莱齐埃,不由得打了个寒噤。弗莱齐埃却呆呆的站在那儿。

"哎啊!你想我能把他赶出去吗?"她眨巴着眼睛说,同时对弗莱齐埃递了个暗号,"这先生才来,代表你的亲属来看你……"

弗莱齐埃竟没法不露出佩服西卜女人的表情。

"是的,先生,我代表玛维尔庭长太太,代表她的丈夫,她的女儿,来向你道歉。他们无意中知道你病了,很想亲自来招呼你……接你到玛维尔田庄上去养病;包比诺子爵夫人,你那么喜欢的赛西尔,预备做你的看护……她在她母亲面前替你分辩,现在庭长太太也觉得她自己错了……"

"哼!我的承继人派你来,"邦斯气得直嚷,"还给你找了一个巴黎最有眼光的鉴赏家,最精明的专家!……啊!你的故事倒编得不错!"他说到这里像疯子一般哈哈大笑。"你们来估我的画,估我的古董,估我的鼻烟壶,估我的小型画!……好,你们估价吧!你找的人不但每样都内行,而且还有钱买,他是上千万的富翁哪……我的遗产,我那些亲爱的家属用不着等久的了,"他含讥带讽的说,"他们把我勒死了!……——嘿,西卜太太,你自称为我的母亲,可趁我睡觉的时候,把一些做买卖的，跟我竞争的，和玛维尔家的人，带到这儿来！……你们都给我滚出去！……"

可怜虫又是愤怒又是害怕，冲动之下，竟撑起瘦骨嶙峋的身子站了起来。

"抓住我的胳膊，先生，"西卜女人扑上去扶着他，不让他倒下来，"你静静吧，那些人都走了。"

"我要瞧瞧我的客厅去！……"快死的病人说。

西卜女人做个手势叫三只乌鸦赶快飞走；然后她抓着邦斯，也不理会他的叫喊，像捡一根羽毛似的把他抱起来放倒在床上。看见可怜的收藏家完全瘫倒了，她便出去关上大门。邦斯的三个刽子手还在楼梯台上，西卜女人招呼他们等一会；同时她听见弗莱齐埃正在对玛古斯说：

"你们俩得共同署名写一封信，说愿意出九十万现款承买邦斯先生的收藏；将来我们一定让你们大大的赚一笔。"

然后他咬着西卜女人的耳朵说了一个字，只有一个字，而且是谁也听不见的；说完他和两个商人下楼到门房里去了。

57

许模克至诚格天

看门女人回进屋子,可怜的邦斯问:

"西卜太太,他们走了吗?"

"谁?……谁走了?……"她反问他。

"那些人呀……"

"那些人?……怎么,你看到了人?……刚才你热度多高,要不是我在这儿,你早已从窗里跳出去了,现在你又跟我说什么人……你头脑老是不清楚吗?……"

"怎么?刚才这儿不是有位先生,说是我亲属派来的吗?……"

"你还要跟我胡闹?……哼,你该教人送到哪儿去,你知道吗?送到夏朗东[1]!……你见神见鬼的看到人!……"

"怎么没有人,埃里·玛古斯!雷蒙诺克!……"

"啊!雷蒙诺克,你看到雷蒙诺克是可能的;他来告诉我可怜的西卜情形很不好,我只能丢下你不管了。你知道,第一得救

---

[1] 夏朗东为有名的疯人院所在地。

我的西卜。只要我男人一闹病，我就谁都不理了。你静下来睡两个钟点吧，我已经打发人去请波冷医生，等会我跟他一起来……你喝点水，乖乖的睡吧。"

"真的没人到我屋子里来过吗，我刚才醒来的时候？……"

"没有！你也许在镜子里看到了雷蒙诺克。"

"你说得不错，西卜太太。"病人又变得绵羊一般了。

"啊，你这才懂事啦……回头见，小宝宝，乖一点儿，我马上来的。"

邦斯听见大门一关上，便集中最后一些精力爬起来，心里想着：

"他们欺骗我！偷我东西！许模克是个孩子，会让人家捆起来装在袋里的！……"

他觉得刚才那可怕的一幕明明是真的，绝不像幻觉；因为一心要求个水落石出，他居然挨到房门口，费了好大的劲把门打开，走进客厅。一看到心爱的画，雕像，佛罗伦萨的铜器，瓷器，他马上精神为之一振。食器柜和古董橱把客厅分成两半，拦作两条甬道；收藏家穿着睡衣，光着腿，脑袋在发烧，在甬道里绕了一转。他先把作品数了数，并没缺少。他正要退出来，忽然瞧见赛白斯蒂安·但尔·毕翁菩的《玛德教士祈祷》，给换了一张葛溁士的肖像。一有疑心，他头脑里立刻像雷雨将临的天上划了一道闪电。他把八幅名画的地位看了一遍，发觉全部调换了。可怜虫顿时眼前一黑，脚下一软，往地板上倒了下去。他这一晕简直人事不知，在地上躺了两小时；直到许模克睡醒了，从房里出来预备去看他朋友的时候方始发现。许模克好容易才把快死的病人抱起，放在床上给他睡好。可是他跟这个死尸般的朋友一说话，就发觉他目光冰冷，嘟嘟囔囔的不知回答些什么；这时德国人非但没有惊惶失措，倒反表现出英勇无比的友谊。给无可奈何的情形一逼，这孩子般的人居然有了灵感，像慈母或动了爱情的妇女一样。他把手巾烫热了（他也会找到手巾！）裹着邦斯的手，放在邦斯胸口，又把出着冷汗的脑门捧在自己手里。他拿出不下于古希腊哲人阿波里奴斯·特·蒂阿纳的意志，把朋友的生命救了回来。他吻着朋友的眼睛，仿佛意大利雕塑家在《圣母哭子》的浮雕上表现玛丽亚亲吻基督。超人的努力，像慈母与情人一般的奋斗，把一个人的生命灌输给另一个人结果，终于见了功效。半小时以后，邦斯的身体暖了，恢复了人样：眼睛有了神采，身上的暖气使身内的器官又活动起来。许模克拿着提神的药水和了酒，给邦斯喝了：生机传布到全身，早先像顽石一般毫无知觉的脑门上又发出点儿灵性。那时邦斯才明白，他能够苏生是靠了多么热烈的情意和多么了不起的友谊。他觉得脸上给德国人洒满了眼泪，便说了句：

"没有你，我早死了！"

许模克在那里又是笑又是哭。他为了希望朋友开口，焦急的痛苦已经近于绝望；他已经筋疲力尽，所以一听到邦斯的话，就像破皮球似的泄了气。这一回是轮到他支持不住了，他把身子往沙发上倒了下去，合着手做了个极诚心的祷告感谢上帝。在他心目中，邦斯的复活是一个奇迹！他并不以为自己心中的愿望有什么作用，却相信一切都由于上帝的神力。其实这种奇迹是医生们常常看到的很自然的结果。

倘使有两个病情相仿的人，一个得到温情的安慰，有关切他生死存亡的人照顾，一个是由职业的看护服侍：那么一定是后者不治而前者得救的。这是人与人之间不由自主的交感作用；医生不愿意承认这一点，以为病人得救是由于服侍周到，由于严格听从医生的嘱咐；可是做母亲的都知道，持久的愿望的确有起死回生之力。

"亲爱的许模克！……"

"别说话，我能听到你的心的……你歇歇吧，歇歇吧！"老音乐家微笑着说。

"可怜的朋友！高尚的心胸！你是上帝的孩子，永远生活在上帝身上的！只有你爱我！……"邦斯断断续续的说话，有一种从来未有的音调。

快要飞升的灵魂，整个儿都在这几句话里表现出来，许模克听了简直像体验到爱情似的，达于极乐的境界。

"你活呀！你活呀！我可以像狮子一样的勇猛，我一个人能养活两个人。"

"你听着，我的好朋友，我的忠实的，亲爱的朋友！你得让我说话，我快来不及了。我知道自己非死不可。受了这些接二连三的打击，怎么还能恢复？"

许模克哭得像孩子一样。

"你先听着，听完了再哭，"邦斯说，"别忘了你是基督徒，应当逆来顺受。我给人家偷盗了，而偷的人便是西卜女人……跟你分手之前，我得告诉你一些人情世故，你是完全不懂的……他们偷了我八张画，值到很大的一笔钱呢。"

"对不起，是我卖掉的……"

"你？……"

"是我……"可怜的德国人回答，"我们收到了法院的传票……"

"传票？……谁告了我们？……"

"你等一下！……"许模克说着，出去把执达吏交给他的公文拿了来。

邦斯仔仔细细的看过了，让公事在手里掉了下来，一声不出。他生平只知道观察人类的创作，从没注意到道德方面，这时才把西卜女人的诡计一桩桩的想起。于是他艺术家的谈吐，罗马学院时代的才气，又回复了一刹那。

"许模克，我的好人，现在你得像小兵一样的服从我。你听着！你下去到门房里对那万恶的女人说，我要再见见我外甥派来的那个人，要是他不来，我就有意思把收藏送给博物院，因为我要立遗嘱了。"

许模克照着他的吩咐去做了；可是他才开口，西卜女人就笑了一笑：

"许模克先生，咱们亲爱的病人才发了一场恶热，说看到屋子里有人。我可以拿我的一生清白赌咒，咱们病人的亲属压根儿没有派什么人来……"

许模克一五一十把话回报了邦斯。

"想不到她这么厉害，这么奸刁，这么阴险，"邦斯微笑着说，"她扯谎直扯到自己的门房里去了！你知道吗，她今儿早上把一个叫作埃里·玛古斯的犹太人，雷蒙诺克，还有一个人我不认识，可是比其他两个更丑，带到这儿来。她预备趁我睡觉的时间估我的遗产，碰巧我醒过来，撞见他们三个拿着我的鼻烟壶正在估价。那陌生人自称为加缪索他们派来的，我跟他讲了话，无耻的西卜女人硬说我是做梦，可是许模克，我并没做梦！我明明听到那个人的声音,他和我说过话……至于那两个做买卖的,吃了一惊,当场溜了……我以为西卜女人会露马脚的……想不到我没有成功。我要另外做个圈套,教那坏女人上当!……可怜的朋友,你把西卜女人当作天使,哪知她一个月来为了贪心老是在折磨我,希望我快死。我本不愿意相信一个服侍我们多年的女人能坏到这地步。这一念之差,我把自己断送了……告诉我,那八张画,人家给了你多少钱?……"

"五千法郎。"

"天哪!它们至少值到二十倍!这是我全部收藏的精华。我来不及告到法院去了;并且你上了那些坏蛋的当,也得给牵涉进去……那就要了你的命!你不知道什么叫作司法!那是世界上的阴沟,集卑鄙龌龊之大成……看到那么些丑恶,像你那样的心灵是受不了的……何况你现在还有相当的财产。那八张画当初是我出四千法郎买来的,已经藏了三十六年……再说,他们偷盗的手段也真高明。我已经在坟墓边上了,心上只牵挂你一个人……你这个最好的好人。我所有的东西都是你的,我可不愿意你给人家偷盗。所以你得提防所有的人,可是你就从来不知道提防。我知道你有上帝保护;可是万一上帝把你忘了一刹那,你就得像条商船似的给海盗抢得精光了。西卜女人是个妖魔,她害了我的命!你还把她当作天使!我要叫你看看她的本相。你现在去托她介绍个公证人替我立遗嘱……然后我想法教你把她当场活捉……"

许模克听着邦斯的话好像听着天书。天底下会有西卜女人那样恶毒的人,倘使邦斯看得不错的话,那岂不是没有上帝了吗?

"可怜的邦斯情形很坏,"德国人到门房里对西卜太太说,"他想立遗嘱了;请你给找个公证人来……"

这话是当着好多人说的,因为西卜的病差不多没希望了,雷蒙诺克和他的姊妹,从隔壁过来的两个看门女人,房客们家里的三个老妈子,靠街的二层楼上的房客,都站在大门口。

"喔!你自己去找吧,"西卜女人含着一包眼泪叫道,"你们爱教哪个立遗嘱都可以……可怜的西卜快死了,我还离开他吗?……哪怕一百个邦斯我也不稀罕,我只要救我的西卜,唉,结婚三十年,他从来没有教我伤过一次心!……"

说完她走了进去,让许模克愣在那里。

"先生,"二楼的房客问,"邦斯先生的病真是很厉害吗?……"

这房客叫作姚里华,是法院登记处的职员。

"刚才差点儿死了!"许模克不胜痛苦的回答。

"靠近这儿,"姚里华接着说,"圣·路易街上有位德洛浓先生,他是本区的公证人。"

"要不要我替你去请呢?"雷蒙诺克问。

"好极了……"许模克回答,"我朋友病成这样,西卜太太又不能陪他,我就没法抽身啦……"

"西卜太太说他发疯了!……"姚里华又说。

"邦斯发疯?"许模克骇然叫起来,"呵,他头脑比什么时候都灵活呢……我就担心是回光返照。"

周围所有的人当然很好奇的听着这些话,而且印象很深。许模克是不认识弗莱齐埃的,也就没注意到那张撒旦式的脸和那双炯炯发光的眼睛。刚才那幕大胆的戏,也许超过了西卜女人的能力,实际上是弗莱齐埃在她耳边提了一句,在幕后主使的;可是她的表演的确非常精彩。当众宣告病人发疯,原是恶讼师为这篇文章预先安排好的伏笔。早上的事教弗莱齐埃有了准备；因为他要不在的话，老实的许模克下楼教西卜女人去请邦斯家属的代表的时候，她一时心慌意乱，也许会圆不过谎来。至于雷蒙诺克，他看见波冷医生来了，巴不得溜之大吉，原因是这样的——

58

不可恕的罪恶

十天以来,雷蒙诺克正在代行上帝的职司;这是法律所痛恨的,因为它认为赏罚大权应当由它包办才对。雷蒙诺克无论如何想摆脱他幸福的障碍。而他所谓的幸福是把妖娆的看门女人娶过来,使自己的资本增加三倍。他看见小裁缝喝着药茶,就有心把他无关紧要的病变为致命的绝症,而贩卖废铜烂铁的行业又给了他下手的方便。

一天早上,他靠着铺门抽着烟斗,正在想象玛特兰纳大街上的铺子,穿得漂漂亮亮的西卜太太坐镇在那儿……他忽然眼睛一转,看到一个氧化很厉害的圆铜片,大小像五法郎一枚的洋钱,便马上灵机一动,想很经济的用西卜的药茶把它洗干净。他在铜片上系了一根线,每天等西卜女人去服侍两位先生的时候,以探望他的裁缝朋友为名,过去坐上几分钟,把铜片浸入药茶,临走再提着线拿回去。俗称为铜绿的这些酸性的东西,使有益身体的药茶有了侵害身体的毒素,虽是分量极微,也产生了可惊的效果。从第三天起,可怜的西卜头发脱了,牙齿动摇了,身体上调节的机能都被这微乎其微的毒物破坏了。波冷医生看到药茶发生这种作用，不由得左思右想起来，因为他有相当学识，断定必有个破坏性的因素在那里作怪。他瞒着大家把药茶拿回去亲自化验，可是什么都没找到。因为那一天，雷蒙诺克看着自己的成绩也有点害怕了，没有把致命的铜片放进去。波冷医生对自己对科学的唯一的交代，只有认为在潮湿的门房里，整天伏在桌上，对着装有铁栅的窗子，长期枯坐的生活，可能使裁缝的血因为缺少运动而变质，何况还有阳沟的臭气永远把他薰着。诺曼底街是巴黎最老的街道之一，路面开裂，市政府还没装置公共的水龙头，家家户户的脏水都在乌黑的阳沟里慢腾腾的淌着，渗进街面：巴黎特有的那种泥浆便是这么来的。

西卜女人老是奔东奔西的活动着；工作勤奋的丈夫，却老对着窗洞像苦行僧一样的坐着。裁缝的膝盖，关节不灵活了，血都集中在上身；越来越瘦的腿扭曲了，差不多成为废物。所以大家久已认为西卜黄铜般的脸色是一种病态。而在医生眼中，老婆的强壮和丈夫的病病歪歪，更是势所必然的结果。

"我可怜的西卜害的是什么病呀？"看门女人问波冷医生。

"好西卜太太，他的病是当门房得来的……一般性的干枯憔悴，表示他害了不可救药的坏血症。"

波冷医生早先的疑心已经化解，因为他想到一个人犯罪必有目的，必有利害关系，而像西卜那样的人，谁又会害他的命呢？他的老婆吗？医生明明看到她替西卜的药茶加糖的时候，自己也喝上几口的。凡是逃过社会惩罚的许多命案，通常都因为像这一桩一样，表面上并没有暴行的证据，杀人不用刀枪，绳索，锤子那一类笨拙的方法，但尤其因为凶杀发生在下等阶级里面而并无显著的利害关系。罪案的暴露，往往是由于它的远因，或是仇恨，或是谋财，那是瞒不过周围的人的。但在小裁缝，雷蒙诺克，与西卜女人的情形中，除了医生，谁也没有心思去推究死因。黄脸的病歪歪的门房，一方面老婆对他很好，一方面既无财产，又无敌人，旧货商的动机与痴情，西卜女人的横财，都是藏在暗里的。医生把看门女人和她的心事看得雪亮，认为她能折磨邦斯，可并没犯罪的动机与胆量；何况医生每次来，看她拿药茶递给丈夫的时候，她总还先尝一下。这案子本来只有波冷一个人能揭破，可是他以为病势的恶化完全是出于偶然，是一种不可思议的例外，就因为有这种例外，医生这一行才不容易对付。不幸裁缝平素萎靡不振的生活早已把他身子磨坏，所以受到一点儿轻量的铜绿就把命送掉了。而街坊上的邻居和多嘴的妇女，对他暴病身亡的不以为奇，也等于替雷蒙诺克开脱。

"啊！"一个邻居说，"我早说过西卜身体不行了。"

另外一个接口道："他工作太多，这家伙！他火气上了头。"

"他不肯听我的话，"第三个又说，"我劝他星期日出去遛遛，另外也该停一天工，一礼拜玩两天也不能算多。"

街谈巷议往往是警察分局长破案的线索，司法当局也利用这个平民阶级的皇帝做耳目；如今关于西卜的舆论把他暴卒的原因完全给解释清楚，毫无可疑之处。可是波冷若有所思的神气，烦躁不安的眼睛，使雷蒙诺克慌得厉害；所以他一看见医生来到，就向许模克自告奋勇，请弗莱齐埃认识的那个德洛浓去了。

"赶到立遗嘱的时候，我再来，"弗莱齐埃附在西卜女人的耳边说，"虽然你心里很难过，还得看着你的谷子。"

恶讼师像影子一般轻飘飘的溜走了，半路上碰到他的医生朋友。

"喂,波冷,一切顺利,"他说,"咱们得救啦!……今晚上我把情形告诉你!你喜欢什么位置,早点儿打定主意吧,包在我身上!至于我哪,初级法庭庭长是稳的了!这一回我再向泰勃罗的女儿提亲,可不会被拒绝啦……我还要替你做媒,把那初级法庭庭长的孙女儿,维丹小姐介绍给你。"

波冷听着愣住了,弗莱齐埃把他丢在那里,像箭头似的直奔大街,对街车招了招手,十分钟之后就到了旭阿梭街的上段。那时大约四点钟,弗莱齐埃知道只有庭长夫人一个人在家,因为法官绝不会在五点以前离开衙门。

玛维尔太太这次对他的另眼相看,证明勒勃夫先生对华蒂南太太的诺言已经兑现,替弗莱齐埃说过好话。阿曼丽招呼他的态度可以说近乎亲热了,当年蒙邦西哀公爵夫人对约各·格莱芒想必也是如此[1];因为这个小律师是她的一把刀。玛古斯和雷蒙诺克共同署名写了封信,声明愿意出九十万现款承买邦斯的收藏,弗莱齐埃拿出这封信以后,庭长太太瞧着他的眼光可完全反映出那个数字,好比一道贪欲的巨流直冲到小律师面前。

"庭长先生要我约你明天来吃饭,"她说,"没有什么外客,不过是我的诉讼代理人台洛希的后任,高特夏先生;我的公证人贝蒂哀先生;还有小女和小婿……吃过饭,你,我,公证人,诉讼代理人,我们可以照你上次要求的办法谈一谈,同时我们要全权委托你。那两位一定能听从你的主意,帮你把那件事儿办妥。至于庭长先生的委托书,你需要的时候我随时可以交给你……"

---

[1] 蒙邦西哀公爵夫人(1552—1596),为波旁王族出身,与当时在位的华洛阿-安古兰末王族的亨利三世不睦。约各·格莱芒教士(1567—1589),为刺杀亨利三世的凶手。

"病人死的那一天我就用得着……"

"我们先给你准备好就是了。"

"庭长太太,我所以要求有份委托书,要求府上的诉讼代理人别出面,倒不是为了我,而是为了你们……我要替人出力的话,我是把自己整个儿贡献出来的。所以,太太,我希望我的保护人(我不敢把你们看作当事人),对我一样的忠实,一样的信任。您可能以为我这样做是要抓住生意;不是的,太太,不是的;如果出了点小小的乱子……因为在遗产案子里,尤其目标有九十万法郎的数目,一个人往往要给拖到……那时您总不能让高特夏先生那样的人为难,他的清白是无可批评的;可是对一个无名小卒的经纪人,您尽可把全部责任推在他头上……"

庭长太太望着弗莱齐埃,不觉深表佩服。她说:

"你将来不是爬得极高,便是跌得极重。我要是你,我才不眼红什么初级法庭庭长,我要上芒德去当一任检察官,大大的干一番。"

"您等着瞧吧,太太!初级法庭的位置对维丹先生是匹驽马,为我却是匹战马。"

这样谈着,庭长太太对弗莱齐埃说出了更进一步的心腹。她说:

"你既然这样关切我们的利益,我不妨让你知道我们的难处和希望。以前小女跟一个现在开着银行的油滑小子提亲的时候,庭长就有心扩充玛维尔产业,把当时有人出卖的几块牧场买下来。后来我们为了嫁女儿,把那美丽的庄子放手了,那是你知道的;可是我只有这个女儿,我还希望把剩下的牧场买进,因为一部分已经给别人买去。业主是个英国人,在那儿住了二十年,预备回国了。他盖着一所精致的别墅，风景极好，一边是玛维尔花园，一边是草地，这草地从前也是英国人的。他为了要起造大花园，曾经花了很多钱，把小树林和园亭等等大加修葺。这乡下别墅跟它附属的建筑物，正好衬托出四周的形胜，和我女儿的花园又只有一墙之隔。屋子连同牧场的价钱大概是七十万法郎，因为每年的净收入是两万……但要是华特曼先生知道我们想买，马上会多要二三十万，因为照乡下出卖田产的惯例，建筑物不算钱的话，他是有损失的……"

"可是，太太，您那份遗产可以说十拿九稳了；我有个主意在这儿，我能代您出面，用最低价买进那块地。我跟卖主的手续不用经过官方，像地产商一样办法……我不妨就用那个身份去跟英国人接洽。这种事我很内行，在芒德专门干这一套；华蒂南事务所的资本，就是这样的增加了一倍，因为是我替他经手……"

"你跟华蒂南太太的关系敢情就是这么来的……那位公证人现在该很有钱啦？……"

"可是华蒂南太太也真会花……所以，太太，您放心，我一定替您把英国人收拾得服服帖帖……"

"你要办到这一点，那我真感激不尽了……再会，亲爱的弗莱齐埃先生，明儿见。"

弗莱齐埃临走对庭长太太行的礼不像上次那样卑恭了。

"明儿我要在玛维尔庭长家吃饭了！"弗莱齐埃心里想，"得了，这些人都给我抓住了。不过要完全控制大局，还得利用初级法庭的执达吏泰勃罗，去间接支配那德国人。泰勃罗从前不愿意把独养女儿给我，我当了庭长就不怕他不肯了。红头发，高身量，害着肺病的泰勃罗小姐，从母亲手里承继了一所王家广场上的屋子，那我不是有被选资格了吗？将来她父亲死后，总还能有六千法郎一年的收入。她长得并不漂亮，可是天哪！从一文不名一跳跳到一万八千的进款，可不能再管脚下的跳板好看不好看啦！"

从大街上回到诺曼底街，他一路做着这些黄金梦：想到从此不愁衣食的快乐，也想到替初级法庭庭长的女儿维丹小姐做媒，攀给他的朋友波冷。跟医生合作之下，他可以在一区里称霸，控制所有的选举，不论是市里的，军队里的，中央的[1]。他一边走一边让自己的野心像奔马般的飞腾，大街的路程也就显得特别短了。

---

[1] 军队里的选举，系指国家禁卫军的选举军官。因路易·腓列伯治下的禁卫军为民团性质，由中产阶级与工商人士组成。

59

遗嘱人的妙计

许模克上楼回到朋友身边,告诉他西卜快死了,雷蒙诺克请德洛浓公证人去了。邦斯听着不由得一怔,以前西卜女人滔滔不竭的跟他胡扯的时候,常常提到这名字,说那公证人如何如何诚实,要介绍给他。病人从早上起已经满腹狐疑,这时更恍然大悟,使他那个捉弄西卜女人,教轻信的许模克把她完全揭穿的计划,给修正得更完满了。

"许模克,"他拿着他的手说,可怜的德国人被这么多的新闻这么多的事搅糊涂了,"屋子里要乱起来了;倘若西卜快死了,咱们就可以有一忽儿的自由,就是说可以暂时摆脱一下奸细,因为人家一定在那里刺探我们。你出去,雇一辆车上戏院,找哀络绮思小姐,告诉她我临死之前想见她一面,希望她十点半完场以后到这儿来。你再去找你的朋友希华勃和勃罗纳,约他们明儿早上九点来看我,要做得像走过这儿顺便来的……"

老艺术家自知不久人世之后所定的计划是这样的:他要使许模克有钱,指定他为全部遗产的继承人;而为预防人家跟德国人捣乱起见,他预备当着见证把遗嘱口述给公证人,令人不能说他精神错乱,而加缪索他们也找不到借口来攻击他对遗产的处分。听到德洛浓的名字,他认为其中必有阴谋:先是公证人可能把遗嘱订得不合法定方式,使它失效;其次,西卜女人一定有心出卖他,早就定下什么诡计。他就想将计就计,教德洛浓口授一份遗嘱,由他亲笔书写,封固,藏在柜子的抽斗内。然后他打算要许模克躲入床后的小房间,把西卜女人来偷遗嘱,拆开来念过了再封好等等的勾当,一一看在眼里。然后,明天早上九点,他另外请个公证人,立一份合格的无可批驳的遗嘱,把昨天那份撤销。一知道西卜女人在外边说他发疯,说他白日见鬼,他就觉得背后必有庭长太太的深仇宿恨在作怪,她既要报复,又要谋他的财产;因为两个月以来,可怜虫躺在床上失眠的时候,长时间孤独的时候,把一生的事都细细温过一遍了。

  古往今来的雕塑家,往往在坟墓两旁设计两个手执火把的神像。这些火把,除了使黄泉路上有点儿亮光之外,同时照出亡人的过失与错误。在这一点上,雕塑的确刻画出极深刻的思想,说明了一个合乎人性的事实。临终的痛苦自有它的智慧。我们常常看到一般普通的年纪轻轻的姑娘,头脑会像上百岁的老人一样,她们能预言未来,批判家人,绝不给虚情假意蒙蔽。这是死亡带来的伟大。而值得注意的是,人的死有两种不同的方式。洞烛过去或预言未来那样的能力,只限于因躯壳受伤,因肉体生活遭到破坏而致命的人。凡是害坏疽病的,例如路易十四;或是害肺病的,或是发高热的,例如邦斯;或是患胃病的,例如莫索夫太太;或是生龙活虎般的人中了重伤,例如兵士:这种人就能洞察幽微,死得奇特,死得神妙;至于另外一些病人,可以说病在理智,病在头脑,病在替肉身与思想做媒介的神经组织的,他们的死是整个儿死的,精神与肉体同时毁灭的。前者是没有肉体的灵魂,像《圣经》中所说的精灵;后者只是死尸。邦斯这个童贞的男子,这个贪嘴的道学家,这个端方正直的完人,很晚才参透庭长夫人胸中那股怨毒之气。他直到快离开尘世的时候才了解尘世。所以从几小时以来,他高高兴兴的打定了主意,仿佛一个生性快活的艺术家,觉得一切都可以拿来做插科打诨,嬉笑怒骂的材料。他与人生最后的联系,爱美的热情,鉴赏家对艺术品的留恋,从那天早上起也斩断了。一发觉给西卜女人偷盗之后,邦斯对艺术的浮华与虚幻,对自己的收藏,对创造那些神奇的作品的作者,决意告别了;他一心只想到死,并且像我们的祖先一样,把死看作基督徒的一个快乐的归宿。唯有他对许模克的友爱,使他还想在身后保护他;所以他要找哀络绮思来帮助他对付那些坏蛋,他知道他们不但眼前在包围他,将来还不肯放过他的受赠人。

哀络绮思·勃里斯多,颇像贞妮·凯婷与玉才华一流[1],身份虽然不上不下,人倒是挺真的:她一方面不择手段,玩弄一切出钱买笑的崇拜者;一方面却很够朋友,什么权势都不怕,因为她看穿了人的弱点,而在玛皮伊舞会与狂欢节中间,跟巴黎警察对垒的阵式,她也见得多了。邦斯对她的想法是这样的:

"她既然把我的位置给了迦朗育,她一定觉得更应该帮我的忙。"

门房里情形混乱,许模克出去竟没有人发觉;他极快的赶回来,唯恐邦斯一个人在家里耽得太久。

德洛浓和许模克同时来到。虽然西卜快死了,他的女人还是

---

[1] 贞妮·凯婷与玉才华同为巴尔扎克小说中有名的女歌唱家兼演员,散见于《贝姨》及其他小说。

陪着公证人上楼，带进卧房；然后她自动退了出去，让许模克，德洛浓和邦斯三个人在屋里。但她把房门开着一点，手中拿了一面很巧妙的小镜子站在门口。这样，她不但能听见，还能看到屋内的情形，因为这一刻工夫是她的重要关头。

邦斯对德洛浓说："先生，我不幸神志很清楚，因为我觉得自己要死了；大概由于上帝的意志，死亡的痛苦我一桩都不能幸免！……这一位是许模克先生……"

公证人向许模克行了礼。邦斯又道：

"他是我世界上唯一的朋友，我要指定他为全部遗产的承继人；他是德国人，对我们的法律完全不懂的。请你告诉我，遗嘱应该用什么方式，我的朋友才能执管遗产而不致受人家反对。"

"先生，"公证人回答，"天下没有一件事不可以反对的，所谓法律就有这点儿麻烦。可是在遗嘱的范围内，也有批驳不倒的……"

"请问是哪样的遗嘱呢？"

"那是当着公证人和见证立的遗嘱。有了见证就能证明遗嘱人的神志完全清楚，而如果遗嘱人没有妻子儿女，没有父亲，没有弟兄……"

"这些我都没有，我全部感情都在我亲爱的朋友许模克身上……"

许模克听着哭了。

"根据法律，倘若你只有旁系远亲，你就可以自由处分你的动产与不动产。但遗嘱的行为不能与道德抵触。想必你也看到过，有些遗嘱受到攻击是因为遗嘱人措置乖张。但当着公证人立的遗嘱是推翻不了的。因为这样，人家不能说遗嘱是伪造的，遗嘱人的精神状态有公证人鉴定，而遗嘱人的签字也绝无争辩的余地……除此以外，凡是意义清楚，合乎法定方式的自书遗嘱，也同样不容易推翻。"

"那么我根据我的理由，决定请你口授遗嘱，由我亲笔写下来，交给我的朋友……你说这么办行不行？……"

"行！……你写吧，我来念……"

"许模克，把我那个蒲勒小墨水缸拿过来。"——"先生，请你念的时候声音放低一些，可能有人偷听。"

"把你的意思先告诉我吧。"公证人说。

十分钟之后，许模克点起一支蜡烛，公证人把遗嘱仔细看过，封固，由邦斯交给许模克，要他放在书桌的一只暗抽屉内；然后邦斯把书桌的钥匙系在手帕上，放在枕头底下。这些情形，西卜女人都看在眼里，而邦斯在大镜子内也把她看在眼里。遗嘱人为表示礼貌起见，指定公证人为遗嘱执行人，又遗赠他一幅名贵的画，那是公证人在法律范围内可以接受的。德洛浓出来在客厅内碰到了西卜女人。

"喂，先生，邦斯先生有没有想到我呀？"

"好太太，你总不至于要公证人泄露当事人的秘密吧？"德洛浓回答，"我只能告诉你，多少人的贪心和希望这一下都完事大吉。邦斯先生的遗嘱通情达理，极有爱国心，我非常赞成。"

这几句话把西卜女人的好奇心刺激到什么程度，简直难以想象。她下楼去替西卜守夜，打算等会教雷蒙诺克小姐来替代她，以便在清早两三点钟去偷看遗嘱。

60

假遗嘱

哀络绮思·勃里斯多小姐晚上十点半来拜访,西卜女人并不觉得奇怪;但她很怕舞女提到高狄沙给的一千法郎,所以她对客人的礼貌与巴结,好似招待什么王后一般。哀络绮思一边上楼一边说:

"啊!亲爱的,你在这儿比进戏院好多啦,我劝你还是把这个差使干下去吧!"

哀络绮思是由她的知心朋友皮克西渥坐着车送来的,她浓装艳服,因为要赴歌剧院的红角儿玛丽哀德的晚会。二楼的房客,从前在圣·特尼街开绣作铺的夏波罗先生,带着太太和女儿,刚从滑稽剧院回来,在楼梯上遇到这样漂亮的装束这样漂亮的人物,都不由得吃了一惊。

"这位是谁呀,西卜太太?"夏波罗太太问。

"是个贱货!……你只要花四十铜子,就可以看到她每天晚上光着身子跳舞……"看门女人咬着房客的耳朵回答。

"维多莉,你让太太先走!"夏波罗太太吩咐女儿。

哀络绮思完全明白做母亲的这样大惊小怪的叫嚷是什么意

思，便回过头来说：

"太太，你家小姐难道比艾绒还容易着火，你怕她一碰到我就会烧起来吗？……"

哀络绮思笑盈盈的对夏波罗先生飞了一眼。

"嗯，不错，她下了台倒真漂亮！"夏波罗先生说着，站在了楼梯台上。

夏波罗太太把丈夫使劲拧了一把，使他痛得直叫，顺手把他拉进了屋子。

"哼！"哀络绮思说，"这里的三楼简直像五楼一样。"

"小姐可是爬高爬惯的呢。"西卜女人一边说一边替她开门。

哀络绮思走进卧房，看见可怜的音乐家躺着，瘦削的脸上血色全无。

"喂，朋友，还是不行吗？戏院里大家都在牵挂你；可是你知道，光有好心也没用，各人忙着各人的事，简直抽不出一个钟点去看朋友。高狄沙天天都说要上这儿来，可天天为了经理室的琐碎事儿分身不开。不过我们心里都对你很好……"

"西卜太太，"病人说，"你走开一下好不好，我们要跟小姐谈谈戏院的事，商量我的位置问题……回头许模克会送小姐出去的。"

许模克看见邦斯对他递了个眼色，便推着西卜女人出去，把门销插上了。

西卜女人一听见锁门声，就对自己说："嘿！这混账的德国人，他也学坏了，他！……这些缺德事儿一定是邦斯教他的……好吧，你们瞧我的吧……"西卜女人自言自语的下楼，"管他！要是跳舞女人提到一千法郎什么的，我就说是戏子们开的玩笑。"

她去坐在西卜床头。西卜嘟嚷着说胃里热得像一团火；因为他女人不在的时候，雷蒙诺克又给他喝过了药茶。

邦斯在许模克送出西卜女人的时间，对舞女说："亲爱的孩子，我有件事只信托你一个人，就是请你介绍一位诚实可靠的公证人，要他准明天上午九点半到这儿来，给我立遗嘱。我要把全部财产送给我的朋友许模克。万一这可怜的德国人受到欺侮的话，我希望那公证人能做他的顾问，做他的保护人。因此我要找一个极有地位极有钱的公证人，不至于像一般吃法律饭的，为了某些顾虑而轻易屈服；我可怜的承继人将来是要倚靠他的。我就不相信加陶的后任贝蒂哀；你交游极广……"

"喔！有了有了！弗洛丽纳和勃吕哀伯爵夫人的公证人雷沃博·汉纳耿，不是行了吗？他是个道学家，从来不跟什么交际花来往！你找到他仿佛找到了一个父亲，你自己挣的钱，他也不许你乱花；我把他叫作吝啬鬼的祖宗，因为我所有的女朋友都给他教得省俭了。告诉你，第一，他除了事务所以外，一年有六万法郎进款。第二，他这个公证人完全是老派的公证人！他走路，睡觉，随时随地都忘不了公证人身份；大概他生的儿女也是些小公证人吧……他顽固，迂执，可是办起事来绝不对权势低头……他从来没养过女人，好做家长的标本！太太对他挺好，也不欺骗他，虽然是公证人太太……要讲到公证人，巴黎没有更好的了；就像古时的长老一样。他不像加陶对玛拉迦那么有趣；可也不会溜之大吉，像跟安多尼亚同居的那小子！我教他明儿早上八点钟来……你放心睡觉吧。希望你的病快点儿好，再替我们写些美丽的音乐；可是，人生的确没意思，经理们讨价还价，国王们横征暴敛，部长们操纵投机，有钱的一钱如命……干戏剧的连这个都没有啦！"她说着拍了拍心窝，"这年月真是活不下去……再见吧，朋友！"

"哀络绮思，我第一要求你严守秘密。"

"这不是舞台上的玩意儿，"她说，"我们做戏的，嘿，把这种事看得很重呢。"

"孩子，你现在的后台是谁呀？"

"你这一区的区长蒲杜伊哀，像故世的克勒凡一样的蠢家伙；你知道，高狄沙的股东克勒凡，几天之前死了，什么都没留给我，连一瓶头发油都没有[1]。所以我说咱们这时代真没出息。"

"他怎么死的？"

"死在他女人手里！……要是他不离开我，还不照常活着吗？再见，好朋友！我毫不忌讳的跟你提到死，因为我料你不消半个月，一定会在大街上溜达，捡些小古董小玩意儿；你没有什么病，我从来没见过你眼睛这么精神……"

舞女走了，知道她堂兄弟迦朗育的乐队指挥是稳的了……每层楼上都有人开出门来瞧这位头牌舞女。她的出现轰动了整个屋子。

舞女走到大门口招呼开门的时候，弗莱齐埃像条斗牛狗咬到了东西死不放松，正待在门房里守着西卜女人。他知道遗嘱已经立了，特意来探探看门女人的意思；因为德洛浓对他像对西卜女人一样，一点消息不肯透露。恶讼师不免把舞女瞧了一眼，决意要使他这最后关头的访问有点儿结果。

---

[1] 哀络绮思从前是克勒凡的情妇，而克勒凡是做花粉生意出身，事见《贝姨》。

"亲爱的西卜太太，你事情紧急啦。"

"唉，是啊，可怜的西卜！……将来我发了财，他可享受不到了，想到这个，我……"

"可是先得知道邦斯先生有没有留给你什么，就是说遗嘱上有没有你的名字。我是代表血亲继承人，当然反对邦斯的处分；总而言之，你只能指望我的当事人给你一些好处……听说那遗嘱是自己写的，所以很容易推翻……你知道放在哪儿？"

"放在书桌的抽斗里，他把钥匙缚在手帕上，藏在枕头底下……我看得清清楚楚。"

"遗嘱有没有封起来？"

"哎啊！封起来的呀。"

"偷盗遗嘱把它灭迹，固然是很重的刑事，但私下看一看不过是很轻的罪名；老实说，那也没有什么大不了，反正没人看见你！老头儿睡觉是不是睡得很熟的？……"

"睡是睡得很熟的；可是早上你要把每样东西都看到，估个价钱的时候，他明明睡得像死人一样，谁想到他会醒的……可是我得去瞧瞧！天亮四点钟，我去跟许模克换班，你要愿意来，可以有十分钟的时间看到遗嘱……"

"行！就这么办。我四点钟来轻轻的敲门……"

"等会雷蒙诺克小姐代我陪西卜，我先通知她教她开门；你只要敲敲窗子，免得惊动旁人。"

"好吧；你先把火预备好，是不是？一支蜡烛就够了……"

半夜左右，可怜的德国人坐在沙发里，不胜悲痛的端相着邦斯。邦斯像垂危的人一样满脸皱痕，他经过了那天多少的刺激，疲倦不堪，仿佛快断气了。

"我想我这点精力只能撑到明天下午，"邦斯很洒脱的说，"明天晚上，我大概要入于弥留状态了。许模克，等公证人和你两个朋友来过以后，你去把圣·法朗梭阿教堂的杜泼朗蒂神甫请来。这位好人不知道我病了，我希望明天中午受临终圣体……"

他停了半晌又说："上帝不愿意给我理想的生活。我要有个女人，有些孩子，有个家庭的话，我会多么爱他们！……我的野心不过是躲在一边，有几个亲人爱我！……每个人都觉得人生是场空梦，我看到有些人，凡是我希望不到的都齐备了，可也并不快乐……慈悲的上帝使我晚年有了意想不到的安慰，给我一个像你这样的朋友！……亲爱的许模克，我自问没有误解你，完全体会到你的优点，我把我的心，把我的友爱都给了你……你别哭，要不然我就不说了！可是和你谈谈我们的事，我心里多快乐……要是听了你的话，我就不会死了。我应当脱离社会，戒掉我的习惯，那就不至于受到奇耻大辱，把我的命送掉了，现在我只想料理你的事……"

"你不用费这个心！……"

"别跟我争，你听着我，好朋友……你天真，坦白，像从来没有离开过母亲的五六岁的孩子，这是了不起的；我看上帝会亲自照顾你这一类的人。可是世界上的人心术多坏，我应当教你提防他们。你的轻信是胸怀高洁的表现，唯有天才和像你那样的心灵才会有，可是你这些纯洁的信心马上要丧失了。你要看到西卜太太来偷我这份假遗嘱，你不知道她刚才始终在半开的门里偷看我们……我料定那坏女人要在天亮的时候下手，以为那时你是睡着的。你得仔细听我的话，我说什么你都得照办，一点不能含糊……听见没有？"病人又问了一句。

61

大失所望

被痛苦压倒的许模克,心跳得可怕,脑袋仰在椅背上,好似昏迷了。

"是的,我听见的!可是你的声音远得很……我好像跟你一块儿陷到坟墓里去了!……"德国人说着,难过到极点。

他过去捧着邦斯的手,很诚心的做了个祈祷。

"你念念有词的用德文说些什么呀?……"

祷告完了,他很简单的回答:"我求上帝把我们俩一块儿召回去!"

邦斯忍着胸口的疼痛,勉强探出身子,挨近许模克去亲他的额角,把自己的灵魂灌注给这个上帝脚下的羔羊,表示祝福。

"喂,听我呀,亲爱的许模克,快死的人的话,是非听从不可的……"

"我听着!"

"你知道,你的屋子跟我的屋子中间有个小房间,西边都有扇小门。"

"不错,可是里头全堆满了画。"

"你马上去轻轻的把门的地位腾出来！……"

"好吧……"

"你先把两边的过道出清再把你那儿的门虚掩着。等西卜女人来跟你换班的时候，（今天她可能提早一个钟点）你照常去睡觉，要做出很疲倦的神气。你得装作睡熟……只要她在椅子里坐下了，你就从门里走进我的小房间，把玻璃门上的窗纱撩开一点，留神看着这儿的动静……明白没有？"

"明白了。你的意思是那个坏女人要来烧掉遗嘱……"

"我不知道她要怎么办，反正以后你不会再拿她当作天使了。现在我要听听音乐，你来临时作些曲子让我享受一下……这样你心有所归，不至于太愁闷；而你的诗意也可以替我排遣这凄凉的一夜……"

许模克就开始弹琴了。悲痛的激动和反应所唤起的音乐灵感，不消几分钟，就像往常一样把德国人带到了另外一个世界。他找到些意境高远的主题，任意发挥，时而凄怆沉痛，委婉动人如肖邦，时而慷慨激昂，气势雄壮如列兹：这是最接近巴迦尼尼的两个音乐家。演技的完美到这一步，演奏家差不多与诗人并肩了；他与作曲家的关系，好比演员之于编剧：神妙的内容有了神妙的表现。那晚上，邦斯仿佛预先听到了天国的音乐，连音乐家的祖师圣女赛西尔也为之废然若失的神奇的音乐。许模克这一下是等于贝多芬而兼巴迦尼尼，是创造者同时是表演者。涓涓不尽的乐思，像夜莺的歌喉，崇高伟大像夜莺头上的青天，精深闳博像夜莺在那里千啼百啭的丛林：他从未有这样精彩的表现。邦斯听得悠然神往，有如鲍洛涅美术馆中那幅拉斐尔画上的情景。不料这团诗意给一阵粗暴的铃声打断了。二楼房客的老妈子，奉主人之命来请许模克停止吵闹。夏波罗先生，夏波罗太太，夏波罗小姐，都给吵醒了，没法再睡；他们认为戏院里的音乐白天尽有时间练习；而在玛莱区的屋子里也不该在夜里弹琴……那时已经三点了。到三点半，不出邦斯所料——他仿佛亲耳听见弗莱齐埃和西卜女人的约会的——看门女人出现了。病人对许模克会心的望了一眼，意思是说："你瞧，我不是猜着了吗？"然后他装作睡得很熟的模样。

一个人的老实最容易使人上当，儿童的卖弄狡狯就利用他的天真烂漫做手段，而且往往是成功的。西卜女人绝对相信许模克是老实人，所以看他悲喜交集的走过来对她说话，一点也不疑心他扯谎。

"哎啊！他这一夜情形坏透了！烦躁不堪，像着了魔似的。我只得给他弹弹琴使他安静；想不到二楼的房客跑来叫我停止！……真正岂有此理！那是为救我朋友性命呀。我弹了一夜琴，累死了，到今儿早上简直撑不住啦。"

"我可怜的西卜情形也不好，今儿要再像昨天一样，就没希望了！……有什么法儿！只能听上帝的意思！"

"你人多老实，心多好，要是西卜老头死了，咱们住在一块儿！"狡狯的许模克说。

朴实正直的人作假的时候，会像儿童一样可怕，做的陷阱跟野蛮人做的一样精密。

"得啦，小乖乖，去睡吧！"西卜女人说，"瞧你眼睛多累，像核桃一样了。能跟你这样的好人一块儿养老，那我丢了西卜，还算有点安慰。放心，我会把夏波罗太太去训一顿的！……嘿，卖针线出身的女人也配拿架子吗！……"

这样以后，许模克就躲进了他的小房间。

西卜女人把大门虚掩着，弗莱齐埃溜了进来，轻轻的把门关上了，那时许模克已经走进自己屋子。律师拿着一支点着的蜡烛，和一根极细的铜丝，预备拆遗嘱用的。病人有心让缚着钥匙的手帕露在长枕头外面，身子朝着墙，睡的姿势使西卜女人拿起手帕来格外方便。她拿了钥匙走向书桌，尽量轻手轻脚的开了锁，摸到抽斗的暗机关，抓着遗嘱到客厅去了。邦斯看见这情形骇坏了。许模克却从头到脚在那里哆嗦，仿佛他自己犯了什么罪。

"你回进屋子去，"弗莱齐埃从西卜女人手里接过遗嘱，吩咐她，"他要醒来，应当看见你坐在屋里才对。"

弗莱齐埃拆开封套的熟练，证明他已经不是初犯。他念着这古怪的文件，不由得大为惊异。

　　立自书遗嘱人邦斯，兹因自本年二月初患病以来，病势有增无减，自知不久人世，决将所有遗产亲自处分。余神志清楚，可以本遗嘱内容为证。又本遗嘱系会同公证人德洛浓先生拟定。

　　余素以历代名画聚散无常，卒至澌灭为恨。此等精品往往转辗贩卖，周游列国，从不能集中一地，以饱爱美人士眼福，尤为可慨。窃以为名家杰作均应归国家所有，俾能经常展览，公诸同好，一如上帝创造之光明永远为万民所共享。

　　余毕生搜集若干画幅，均系大家手迹，面目完整，绝未经过后人篡改或重修。此项图画为余一生幸福所在，极不愿其在余身后再经拍卖，流散四方，或为俄人所得，或入英人之手，使余过去搜集之功化为乌有。所有画框，均出名工巧匠之手，余亦不忍见其流离失所。

职是之故，余决将藏画全部遗赠国王，捐入卢浮博物馆。遗赠条件即受赠人必须对余友人威廉·许模克负担每年二千四百法郎之终身年金。

倘或国王以卢浮博物馆之代表人资格，不愿接受上述条件之遗赠，则该项图画当即遗赠余友人许模克。至图画以外之其他物件，本不在捐入公家之列，亦一并赠予许模克。但受赠人必须负责将谷雅所作《猴头》一画，致送与余外甥加缪索庭长；将弥浓所作花卉《郁金香》一幅，致送与公证人德洛浓先生。余并指定德洛浓先生为遗嘱执行人。又许模克当以二百法郎之年金，赠予为余服役十年之西卜太太。

余并委托友人许模克将卢本斯所作《放下十字架》一画，赠予本区教堂，以表余对杜泼朗蒂神甫之谢意。余临终深感杜神甫指导，俾余得以基督徒身份魂归天国。（下略）

一八四五年四月十五日邦斯（签名）

"这可完了蛋！"弗莱齐埃对自己说，"我所有的希望都完了蛋！啊！庭长夫人说老头儿如何如何奸刁，我这才相信了！……"

"怎么呢？"西卜女人走来问。

"你的先生真不是人！把全部东西送给了国家美术馆。咱们可不能跟政府打官司！……这遗嘱是推翻不了的。咱们真是遇到了贼，给偷盗了，抢光了，要了命了！……"

"他给我什么？"

"两百法郎终身年金……"

"哎啊！他手面这样阔！……这十恶不赦的坏蛋！……"

"你去看着他，"弗莱齐埃说，"我得把你那个坏蛋的遗嘱给封起来。"

62

初次失风

西卜太太一转背,弗莱齐埃赶紧拿张白纸装入封套,把遗嘱藏在自己袋里;然后他很巧妙的重新封固,等西卜太太再来的时候给她瞧,问她可看得出痕迹。西卜女人接过封套,摸了摸,觉得遗嘱还在里头,不禁深深的叹了口气。她本来希望弗莱齐埃把该死的文件烧掉的。

"唉,亲爱的弗莱齐埃先生,怎么办呢?"她问。

"哦!那是你的事!我不是承继人;我要对这些东西有权利的话,"他指着屋里的收藏,"我当然知道怎么办的……"

"我就是问你这个啊……"西卜女人愣头傻脑的说。

"壁炉里有的是火……"他说着站起身来预备走了。

"不错,这件事只有你我两个人知道是不是?……"

"谁能证明有过什么遗嘱的!"律师说。

"那么你预备怎么办?"

"我吗?……倘若邦斯先生死后没有遗嘱,我担保你到手十万法郎。"

"哼,对啦!"她说,"你们总是金山银山的答应人家;赶到东西一到手，要付钱了，你们就赖个精光，像……"

她差点儿说溜了嘴，把埃里·玛古斯的事对弗莱齐埃说出来……

"我得走了！"弗莱齐埃说，"为你着想，不应该让人家看见我在这儿；咱们在门房里见吧。"

西卜女人关上大门，拿着遗嘱回进来，打定主意要把它扔在火里了；可是她进了卧房走向壁炉的时候，忽然给两条胳膊抓住了！……她发觉邦斯与许模克一边一个站在她两旁。他们原来靠着房门，把身子贴在墙上等着她。

"啊！"西卜女人叫了一声。

她合着身子扑倒在地下，丑态百出的浑身抽搐，也没人知道她是真是假。这模样给邦斯的刺激，使他差不多要死过去了，吓得许模克丢下西卜女人，赶紧扶着邦斯上床。两位朋友浑身发抖，就像一些人好不容易的做了件大事而把气力用过了头，赶到邦斯睡下，许模克的精力恢复了一点的时候，他听见了哭声。原来西卜女人跪在地下，流着眼泪，伸着手，做出种种表情向两位朋友哀求。她看见两人注意她了，便说：

"哎唷！我的好邦斯先生！那完全是好奇心呀。女人就是这个毛病，你知道！可是我没法拆开来念，就给你拿回来了！……"

"你滚罢！"许模克猛的站起身子，义愤填胸，一下子变得威严起来，"你是畜生！想害我邦斯的命。他没有冤枉你！你不但是畜生，还该入地狱！"

西卜女人看见天真的德国人满脸厌恶的表情，马上像答丢夫一般扬着脸站起身子走了，临走又瞪了许模克一眼，把他吓得心惊肉跳。出门之前,她顺手捡了一幅曼殊作的小画藏在衣兜里。她听见玛古斯赞不绝口的说过那张画是"一宝"。她在门房里碰到了弗莱齐埃;他在那儿等着,只希望西卜女人把那个封套跟里面那张白纸都给烧了;一看见当事人神色慌张,他不由得吃了一惊。

"出了什么事啦?"

"亲爱的弗莱齐埃先生,你给我出的好主意!你说是指导我,结果教我把两位先生的年金和信任统统丢了……"

于是她又拿出她的看家本领,滔滔滚滚的话像开了水闸。

"废话少说,"弗莱齐埃冷冷的把她拦住了,"快点讲事实!事实!"

"好吧,你听我的事实……"

她就把经过情形一五一十说了一遍。

"我并没使你损失什么,"弗莱齐埃回答,"那两位先生早已在疑心你了,要不怎会做这个圈套呢?他们早等着你,私下在注意你!……哼,敢情你还有些事瞒着我!"律师补上这句的时候,虎视眈眈的把门房女人瞪了一眼。

"咱们一同干过了那样的事……你还说我瞒着你什么!……"她说着,打了个寒噤。

"哎,好太太,我又没做什么不正当的事!"弗莱齐埃这句话,明明表示他不承认去过邦斯的屋子。

西卜女人觉得头发根里有团火,浑身上下却是冻了冰。

"怎么?……"她完全呆住了。

"你这不是担了天大的罪名吗?……人家可以告你毁灭遗嘱。"弗莱齐埃冷冷的回答她。

西卜女人马上大惊失色。

"放心吧,我是你的顾问。我不过给你证明,要做到我以前跟你说过的话是多么容易,不论用什么方法。告诉我,你究竟干了些什么事,会教那天真的德国人瞒着你躲在屋子里的?……"

"我又没有做什么,除非是昨天我说了邦斯先生见神见鬼。从此他们俩对我的态度完全变了。所以还是你害了我,因为倘若邦斯先生不相信我,德国人我还是拿得住的,他已经说起要娶我,或是带我一起走,那不是一样吗?"

这理由相当充分,弗莱齐埃没法再逼她了。

"不用怕,我答应你的年金绝不赖。至此为止,这件事里头一切还只是个假定;从现在起,就跟现钞一样啦……你一千二的终身年金是少不了的……可是亲爱的西卜太太,你得完全听我的命令,而且要应付得好。"

"是的,弗莱齐埃先生,"看门女人低声下气的答应,表示她又给收服了。

"那么再会吧。"弗莱齐埃身上带着那份危险的遗嘱,离开了门房。

他很高兴的回家,因为那张遗嘱是个极厉害的武器。他心里想:

"现在我可有了保障,不怕庭长夫人翻悔了。她要不履行条件,就得丢掉她的遗产。"

63

荒唐的提议

天刚亮,雷蒙诺克开了铺门,由姊妹在那里看着,他照最近几天的习惯,过去看他的好朋友西卜了。西卜女人正打量着曼殊的画,心里奇怪怎么一块涂了颜色的小小的木板能值那么多钱。雷蒙诺克掩在西卜女人背后,从她肩膀上望过去,说道:

"哦呵!玛古斯因为没有能弄到这一张还在嘀咕;他说有了这件小玩意儿,就一辈子的心满意足啦。"

"他愿意出多少呢?"

"你要答应做了寡妇以后嫁给我,我担保替你向玛古斯弄到两万法郎;要不然你这张画卖起来永远不会超过一千。"

"为什么?"

"因为你得以物主的身份开一张发票,那就得给承继人告上啦。倘若你是我的老婆,由我出面卖给玛古斯,我们做买卖的只要在进货簿上有笔账就行了,我可以写作是许模克卖给我的。得了吧,还是把画儿放在我家里……你丈夫一死,你就麻烦啦;不比我铺子里有张画,谁也不会奇怪……你是知道我的。再说,你要不相信,我可以给你一张收据。"

贪心的看门女人觉得自己犯的案给人拿住了，只得接受他的提议，而从此就摆脱不了这旧货商的束缚。她把画往柜子里藏起，说道："你的话不错，你就写个字条来吧。"

"邻居啊，"旧货商把西卜女人拉到门口，低声的说，"咱们的朋友西卜明明是没救的了；波冷医生昨天晚上就说没有希望，挨不过今天的……这当然是你大大的不幸！不过，话得说回来，这儿也不是你住的地方，你应当坐在加波西大街上一家漂亮的古董铺里。告诉你，我十年工夫，挣了靠十万法郎，倘使有朝一日，你也有那么多钱，我担保替你好好的挣笔家私……只要你做我的老婆……将来你是老板娘啦……还有我的姊妹服侍你，替你打杂，而且……"

这一篇勾引的话给小裁缝一阵哼唧打断了，他已经到了临终的阶段。

"你走吧，"西卜女人说，"你真不是东西，我丈夫快死了，还跟我讲这种话……"

"啊！因为我爱你，把什么都忘了，一心只想得到你……"

"你要是爱我，这时候一句话都不应该说。"她回答。

于是雷蒙诺克踱回自己的铺子，知道跟西卜女人结婚是没有问题的了。

十点左右，大门四周乱成一片，因为西卜在受临终圣体了。西卜夫妇所有的朋友，诺曼底街和近段几条街上的看门的，挤满了门房，大门口的过道和街面。所以希华勃和勃罗纳，汉纳耿和他的一个同事先后来到的时候，谁也没注意，西卜女人更是看不见，隔壁屋子的看门女人，听见公证人问她邦斯住在哪一层，便指给他看了。勃罗纳从前来看过邦斯的收藏，这一回便不声不响，带着他的朋友往里直奔……邦斯把昨天的遗嘱正式撤销，另外立了一份，指定许模克为全部遗产的继承人。手续办完，邦斯谢过了希华勃与勃罗纳，又把许模克的利益郑重托付了汉纳耿，他就精神不济，衰弱到极点，因为半夜里对付西卜女人的那一场，刚才的吩咐后事等等，把他精力用尽了。许模克看到这种情形，不愿意再分身，就托希华勃去通知杜泼朗蒂神甫，因为邦斯已经要求受临终圣体了。

西卜女人坐在丈夫床边，不再顾问许模克的饭食，而且她也给两位朋友撵走了。至于许模克，为了清早的事，又眼看朋友泰然自若的忍着临终苦难，心中悲痛欲绝，根本不觉得饥饿。

可是到下午两点光景，看门女人因为看不见德国人，又好奇又放心不下自己的利益，便托雷蒙诺克的姊妹，去问许模克要点儿什么。那时杜泼朗蒂神甫听完了邦斯的忏悔，正在举行临终的抹油体。雷蒙诺克小姐再三再四的拉着门铃，把这个仪式给扰乱了。可是邦斯怕人来偷东西，早已教许模克发过誓，对谁都不开门。雷蒙诺克小姐拉了半天铃没有结果，便慌慌张张的奔下去，告诉西卜女人说许模克不肯开门。这一节给弗莱齐埃在旁听了去，他料到许模克不久就得为难：这德国人从来没看见死过人，而在巴黎有个死人在手里，没有人帮忙，没有人代办丧事，其窘是可想而知的。弗莱齐埃也知道，真正悲伤的亲属，临时会一点主意都没有的。他从吃过饭以后就待在门房里跟波冷医生商量个不停，这时他决定亲自来指挥许模克的行动了。

波冷医生和弗莱齐埃能做到这一步，原因是这样的：

圣·法朗梭阿教堂的执事，从前是做玻璃生意的，叫作刚蒂南，住在奥莱昂街，跟波冷医生的屋子只有一墙之隔。刚蒂南太太在教堂里专管出租椅子，平日由波冷医生义务治病，为了感激的缘故对他很亲热，常常把自己的苦处讲给他听。两个榛子钳，逢着星期日与节日，总到圣·法朗梭阿教堂去望弥撒，跟执事，门丁，分发圣水的人，都相当熟；这些人在巴黎被称为教会的小职员，往往从善男信女手里得到一些酒钱。所以刚蒂南太太和许模克也彼此很熟悉。弗莱齐埃能利用这太太做盲目的工具，是因为她有两块心病。刚蒂南的儿子，本有希望当教堂的门丁，可是他对戏剧着了迷，不愿意吃教会饭，进了奥令匹克马戏班当跑龙套，过着胡天胡帝的生活，伤透了母亲的心，又把她的钱袋常常刮得精光。至于刚蒂南本人，又懒又爱喝酒，他为了这两个缺点把本行的买卖丢了。当了教堂的执事，糊涂虫非但不知悔改，反而觉得这职司更可以满足他的嗜好：他游手好闲，跟喜事车上的马夫，殡仪馆的员役，和教士平日救济的穷光蛋混在一块儿喝酒，从中午起就满脸通红。

刚蒂南太太，据她自己说，当初还有一万二千法郎陪嫁，想不到老来没有好日子过。波冷医生听过上百遍的这些苦经，使他想起利用她把梭伐太太引进邦斯和许模克家里去当厨娘兼打杂。因为凭空把梭伐太太安插进去是绝对办不到的，两个榛子钳已经疑心到极点，刚才雷蒙诺克小姐没法进门，就足以使弗莱齐埃明白这一点。可是医生和律师都相信，只要是杜泼朗蒂神甫介绍去的人，两个老音乐家准会闭着眼睛接受的。根据他们的计划，刚蒂南太太应当带着梭伐太太一块儿去；而弗莱齐埃的老妈子一进了门，就等于弗莱齐埃亲自到场了。

64

梭伐女人再度出现

杜泼朗蒂神甫走到大门口，被西卜的一大群朋友挡着去路，他们都来向本区资格最老最受尊敬的门房表示关切。

波冷医生招呼了神甫，把他拉过一边，说道：

"我要去看看可怜的邦斯先生；他还能有一线希望，只要他愿意让人开刀拿出肝里的结石；现在用手摸也摸得出了，使肝脏发炎而致命的就是这个；也许现在动手还来得及。他是相信你的，你应当劝他做手术；倘若开刀的时候没有意外，我可以担保他的性命。"

"我把圣体匣送回了教堂马上就来；许模克先生的情形，也需要有点宗教的帮助。"神甫回答。

"我刚才知道他没人帮忙了，"波冷又道，"今儿早上，德国人跟西卜太太抢白了几句，他们是十年的老宾主，吵架想必是暂时的。可是在这个情形之下，他身边没有人怎么行呢？我们关切他也算做了件好事。"——医生说着，招呼教堂的执事："喂，刚蒂南，你去问问你女人，可愿意来看护邦斯先生，代西卜太太把许模克先生招呼几天？……就是他们不吵架，现在西卜太太也得找个替工了。"——他又回头对神甫说："刚蒂南太太人倒是挺老实的。"

"你挑的人不能再好了，"忠厚的教士回答，"我们董事会也相信她，教她在教堂里收椅子的租钱。"

过了一会，波冷医生在邦斯床前看他的临终苦难一步步的加紧。许模克劝他开刀，毫无结果。老音乐家对德国人的苦苦哀求只是摇头，有时还表示不耐烦。临了，他迸足气力对许模克好不凄惨的瞪了一眼，说道：

"别闹，让我安安静静的死罢！"

许模克难过得要死过去了，但他还拿着邦斯的手轻轻亲吻，用两手把它捧着，还想把自己的生命灌注给他。这时波冷听见打铃，便去开门把杜泼朗蒂神甫接了进来。波冷医生说：

"病人已经在做最后的挣扎，不过是几个钟点的事了。你今晚得派个教士来守灵。我们要赶紧教刚蒂南太太带一个打杂的老妈子来帮许模克的忙。他一点主意都没有，我还担心他会神经错乱呢；再说，屋子里还有值钱的东西，也得可靠的人看守。"

杜泼朗蒂神甫是个正人君子，不知道什么叫作怀疑，什么叫作恶意，听了波冷这番入情入理的话觉得很对；而且他素来相信本区医生的为人，便站在病人房门口叫许模克过来。许模克不敢马上离开邦斯，因为邦斯的手一边抽搐一边抓着他的手，好像已经掉入深渊而唯恐再往下滚。可是临死的人照例有种幻觉，使他们碰到一样抓住一样，像火烧的时候抢救贵重的东西；因此邦斯放掉了许模克，揪着被单拼命把身子裹紧，那股情急与割舍不得的模样非常可怕。

德国人终于走过来了，教士对他说："你朋友一死，你一个人怎么办？西卜太太又走了……"

"她是个畜生，害了邦斯的命！"

"可是你身边总得有个人，"波冷医生接口道，"今晚上就得要人守尸。"

"我来陪他，我替他祈祷！"天真的德国人回答。

"还得吃饭呢！……现在谁管你的伙食？"医生又道。

"我伤心得不想吃了！……"

"还得带着证人上区公所报告死亡，还得替死人脱掉衣服，把他缝在尸衣里，还得上丧礼代办所去定车马，还得弄饭给守尸的人，给守灵的教士吃：这些事你一个人办得了吗？……在文明世界的京城里，死个人总不能像死条狗似的！"

许模克骇得睁大了眼睛，好似变了呆子。

"邦斯不会死的！……我会把他救过来！……"

"那你也不能老不睡觉的守着他，谁跟你换班呢？邦斯要人招呼，要喝水，要吃药……"

"啊！不错！……"德国人说。

"所以，"杜泼朗蒂神甫接口道，"我想叫刚蒂南太太来帮你，她这个人是挺好挺老实的……"

朋友死后的种种俗事把许模克吓坏了，恨不得跟邦斯一同死。

"唉，真是个孩子！"波冷对神甫叹道。

"孩子！……"许模克莫名其妙的接了一句。

"得啦！"神甫说，"我去跟刚蒂南太太说一说，要她就来。"

"你别劳驾了，"医生回答，"她是我的邻居，我现在就回去。"

死神好比一个看不见的凶手,快死的人跟他在搏斗;在临终苦难的时间,一个人受到最后几下打击,还想还手,还想挣扎。邦斯便是到了这一步,他在呻吟中叫了几声,三个人立刻从房门口奔到床前。死神又最后打了一下,把人的生机,把灵和肉的联系都斩断了:邦斯忽然静下来,那是经过临终苦难以后应有的现象;他停止了挣扎,完全清醒了,脸上显出死后的那种恬静,差不多挂着点笑容,望着周围的人。

"唉!医生,我多痛苦;可是你说得不错,现在好一些了……——神甫,谢谢你;我刚才在想许模克到哪儿去了……"

"许模克从昨天晚上起没吃过东西,现在已经下午四点了!你身边一个帮忙的人都没有,我们又不敢把西卜太太叫回来……"

"她什么事都做得出的,"邦斯一听西卜女人的名字,就表示深恶痛绝,"不错,为许模克是要一个诚实可靠的人才行。"

"神甫跟我,"波冷说,"想到了你们两位……"

"哦!谢谢,我自己就没想到。"

"他想找刚蒂南太太来这儿帮忙……"

"哦!是那个管出租椅子的!"邦斯叫道,"不错,她是个好人。"

"她不喜欢西卜太太,"医生又补充着说,"她会把许模克先生招呼得挺好的……"

"神甫,教她夫妇俩一齐来吧,那我放心了,不会有人偷东西了……"

许模克抓着邦斯的手很高兴的捧着,以为朋友的病好起来了。

"咱们走罢,神甫,"医生说,"得马上去找刚蒂南太太;我看得出的,她来的时候邦斯先生大概已经完了。"

65

他这样的死了

  杜泼朗蒂神甫在这儿劝邦斯雇刚蒂南太太做看护,弗莱齐埃却把她叫到自己家里,拿出他那套败坏人心的话和恶讼师的手段打动她,那是谁也不容易抵抗的。刚蒂南太太,大牙齿,白嘴唇,脸黄肌瘦,像多数下等阶级的妇女,给苦难磨得愣头磕脑的,看到一点儿小小的好处就认为天大的运气,听了弗莱齐埃的话就同意把梭伐太太带到邦斯家里打杂。弗莱齐埃对自己的老妈子早已吩咐停当。她答应用铜墙铁壁把两个音乐家包围起来,像蜘蛛看着黏在网上的苍蝇一样看着他们。梭伐太太的酬报是到手一个烟草零售店的牌照;这样,弗莱齐埃一方面把这个所谓的老奶妈打发走了,一方面有她在刚蒂南太太身边就等于有了个密探,有了个警察。两位朋友家里有一间下人的卧室和一间小小的厨房,梭伐女人在那儿可以搭张帆布床,替许模克做饭。波冷医生把两个妇女送上门的时候,邦斯刚好断气,而许模克还没有发觉。他拿着朋友正在逐渐冷去的手,向刚蒂南太太示意教她别开口。可是一见梭伐太太那副大兵式的模样,他不由得吓了一跳,那种反应在她这个十足男性的女人是看惯了的。

"这位太太是杜泼朗蒂神甫负责介绍的，"刚蒂南太太说，"她在一个主教那儿当过厨娘，人非常靠得住，到这儿来替你做饭。"

"哦！你说话不用低声啦！"那雄赳赳的患着气喘病的梭伐女人说，"可怜的先生已经死啦！……他才断气。"

许模克尖厉的叫了一声，觉得邦斯冰冷的手在那里发硬了，他定着眼睛瞪着邦斯，死人眼睛的模样使他差不多要发疯。梭伐太太大概对这种情形见得多了，她拿着面镜子走到床前，往死人嘴边一放，看到镜子上没有一点呼吸的水汽，便赶紧把许模克的手跟死人的手拉开。

"快放手呀，先生，你要拿不出了；你不知道骨头会硬起来吗？死人一下子就冷。要不趁他还有点暖气的时候安顿好，等会就得扯断他的骨头了……"

想不到音乐家死后倒是由这个可怕的女人替他阖上眼睛。她拿出十年看护的老经验，把邦斯的衣服脱了，身子放平了，把他两手贴在身旁，拉起被单盖住他鼻子：她的动作完全跟铺子里的伙计打包一样。

"现在要条被单把他裹起来，被单在哪儿呢？……"她问许模克，许模克觉得她的行动可怕极了。

他先看到宗教对一个有资格永生天国的人那么尊敬，此刻看到朋友给人当作货物一般包扎，心中的哀痛简直要使他失掉理性。

"随你怎么办吧！……"许模克迷迷糊糊的回答。

这老实人还是生平第一遭看见一个人死，而这个人是邦斯，是他唯一的朋友，唯一了解他而爱他的人！……

"让我去问西卜太太。"梭伐女人说。

"还得一张帆布床给这位太太睡觉。"刚蒂南太太对许模克说。

许模克摇摇头,眼泪簌落落的哭了。刚蒂南太太只得丢下这个可怜虫。可是过了一小时她又来了:

"先生,可有钱给我们去买东西?"

许模克对刚蒂南太太望了一眼,那眼风教你即使对他有一肚子的怨恨也发作不起来;他指着死人那张惨白,干瘪,尖瘦的脸,仿佛这就答复了所有的问题。

"把所有东西都拿去吧,我要哭,我要祈祷!"他说着跪了下来。

梭伐太太向弗莱齐埃去报告邦斯的死讯,弗莱齐埃立刻雇辆车上庭长太太家,要他们明天给他委托书,指定他做承继人的代表。

一小时以后,刚蒂南太太又来对许模克说:"我去找过西卜太太了,她替你们管家,应当知道东西放在哪儿;可是西卜刚死,她对我好不客气……先生,你听我说呀!……"

许模克望着这女人,她可一点不觉得自己的残酷,因为平民对于精神上最剧烈的痛苦一向是逆来顺受的。

"先生,我们要被单做尸衣,要钱买帆布床给这位太太睡,买厨房用的东西,买盘子,碟子,杯子;等会有个教士来守夜,厨房里可一样东西都没有。"

"先生,"梭伐女人接口说,"我要柴,要煤,预备夜饭,家里又什么都看不见!这也难怪,原来都是西卜女人包办的……"

许模克蜷伏在床脚下,完全没有了知觉。刚蒂南太太指着他说:

"哎,好太太,你还不信呢,他就是这样的不理不答。"

"好吧,我来告诉你碰到这种情形该怎么办。"

梭伐女人把屋子四下里扫了一眼,好比做贼的想找出人家放钱的地方。她奔向邦斯的柜子,打开抽屉,看到一只钱袋,里边有许模克卖了画用剩下来的钱;她拿到许模克面前,他糊里糊涂的点了点头。梭伐女人就对刚蒂南太太说:

"喂,嫂子,钱有了!让我数一数,拿点儿去买应用的东西,买酒,买菜,买蜡烛,样样都要,他们什么都没有呢……你在柜子里找条被单,把尸体缝起来。人家告诉我这好好先生非常老实,想不到他老实得不像话。简直是个初生的娃娃,连吃东西还要人喂呢……"

两个女人忙着做事,许模克瞧着她们的眼风完全像个疯子。他悲痛之极,入于麻痹状态,跟木头人一样眼睛老盯着邦斯的脸,仿佛给它迷住了;而长眠之后的邦斯,遗容变得非常恬静。许模克只希望死,对什么都满不在乎。便是屋子着了火,他也不会动的了。

"总共是一千二百五十六法郎……"梭伐女人对他说。

许模克耸了耸肩膀。等到梭伐女人想把邦斯缝入尸衣,来量他的身长预备裁剪被单的时候,她和可怜的德国人扭作了一团。许模克好比一条狗守着主人的尸体,谁都不让走近。梭伐女人不耐烦了,抓着德国人,像大力士般把他按在沙发里。

"快点儿,嫂子,把死人缝起来。"她吩咐刚蒂南太太。

事情一完,梭伐女人把许模克拖到床前他的老位置上,说道:

"明白没有？死人总得打发掉啊！"

许模克哭了。两个女人丢下他，支配厨房去了。不消一刻，她们把生活的必需品一齐给捎了回来。

66

看护女人趁火打劫

开了三百六十法郎的第一笔账之后,梭伐女人开始预备一顿四个人吃的夜饭。多么丰盛的夜饭!正菜有肥鹅,有果酱炒蛋,还有生菜,还有最后那个什锦砂锅,作料之多,把肉汤变成了肉冻。晚上九点,本堂神甫派来守灵的教士到了,同来的还有刚蒂南,带着四支大蜡烛和教堂里的烛台。教士发觉许模克睡在死人床上,紧紧的抱着邦斯。只要人家拿出教会的威严,他才放开尸身,跪在地下祷告。他求上帝来一个奇迹,使他能够跟邦斯相会,葬在一个墓穴内。教士舒舒服服的埋在沙发里念他的祷文。这时刚蒂南太太又上修院大街替梭伐女人买了一张帆布床和全套被褥。她们想法把一千二百五十六法郎的钱袋尽量搜刮。十一点,刚蒂南太太来问许模克可要吃点东西。他做了个记号教人别打搅他。于是她转身招呼教士:

"巴德罗先生,夜饭预备好啦!"

许模克看见人都走了,便露出点笑容,好比一个疯子觉得可以为所欲为,实现像孕妇那样急切的愿望了。他又上床紧紧抱着邦斯。半夜,教士回进屋子;许模克受了埋怨,只得放开邦斯,

重新做他的祷告。天一亮,教士走了,七点钟,波冷医生很亲热的来看许模克,想逼他吃东西;可是他拒绝了。医生说:

"现在要不吃,你回来就得肚子饿;因为你得带着证人上区公所报告死亡,领一张死亡证书……"

"要我去吗?"德国人骇然的问。

"不是你是谁?……这责任你逃不了的,因为看着邦斯死的只有你一个人……"

"我没有时间……"许模克向波冷带着哀求的口吻。

"你可以雇辆车,"假仁假义的医生挺和气的回答,"我已经代表公家验过死亡。你找个邻居陪你去吧。你不在的时候,这两位太太会替你看屋子的。"

法律要跟一个伤心的人找多少麻烦,真是想象不到的。那简直要教人恨文明而觉得野蛮人的风俗可爱了。到九点,梭伐太太扶着许模克下楼,他上了马车,不得不临时请雷蒙诺克陪他上区公所,去证明邦斯的死。法国人醉心平等,可是在巴黎,每样事情都显出不平等。哪怕死个人,也有这个永远消灭不了的分别。在有钱的人家,一个亲戚,一个朋友,或是经纪人,就能替悲伤的家属把这些不愉快的小事给担任了;但报告死亡等等的手续正如分派捐税一样,所有的重担都压在没人帮忙的平民与穷人身上。

雷蒙诺克听见可怜的受难者长叹了一声,便说:"啊!你可惜他真是应该的,他人多好,多正派,留下多美的收藏;可是先生,你是外国人,你可知道马上要惹是招非了吗?因为人家到处说着,你是邦斯先生的承继人。"

许模克根本没有听;他的悲伤差不多使他变了呆子,精神像肉体一样也会害"强直病"的。

"你最好还是请个顾问,找个经纪人做代表。"

"经纪人!"许模克莫名其妙的答应了一句。

"慢慢你会觉得,你不能不有个代表。我要是你,我就找个有经验的,在街坊上有名气的,可以信托的人……我平常办些小事都托执达吏泰勃罗……只要写份委托书交给他的书记,就什么都不用操心啦。"

这番暗示,原是弗莱齐埃出了主意,由西卜女人和雷蒙诺克讲妥的,从此就深深的印在许模克的脑子里。凡是因痛苦而精神停止活动的时候,一个人的记忆会接受一切无意中得来的印象。雷蒙诺克看见许模克听着他的话,眼神像白痴一般,也就不说下去了。他心里想:

"他要老是这样呆头呆脑,我可以花十万法郎把楼上那些东西统统买下来,只要是他承继……——先生,区公所到了。"

雷蒙诺克不得不搀许模克下车,扶着他走到民政科,许模克一闯闯到登记结婚的一堆里。像巴黎常有的那种巧事,登记员手头有五六份死亡证书要办,许模克只能等着,那时他的受罪仿佛上了十字架的基督。

"这位是许模克先生吗?"一个穿黑衣服的人过来招呼德国人,他听见有人叫他的名字,愣了一愣,呆子似的望着来人,像他刚才望着雷蒙诺克一样。

"你找他干么?"旧货商问陌生人,"别打搅他,你看不见他伤心得很吗?"

"我知道先生才死了个好朋友,"陌生人说,"他是承继人,一定想给朋友留点儿纪念吧。我看先生绝不爱惜小钱,会买一块永久的墓地的。邦斯先生多爱艺术!他墓上要没有三座美丽的全身神像，代表音乐，绘画，雕塑追悼他，不是太可惜了吗？……"

雷蒙诺克拿出奥凡涅人的功架，做了个手势想教那人走开；可是那人也回敬他一个生意人的手势，意思是说："生意也得大家做！"旧货商马上明白了。

"鄙人是索南公司的伙计，"那跑街接着说；照华德·斯各脱的笔法，他可以被称为"墓园捐客"[1]。"敝公司的业务是专办墓地纪念像，倘若先生向敝公司订货，我们可以向市政府代买墓地，安葬这位朋友，他的故世的确是艺术界的损失……"

雷蒙诺克摇头摆脑表示赞成，又用肘子碰了一下许模克。跑街看见奥凡涅人好似在鼓励他，便往下说：

"每天都有人委托敝公司代办一切手续。办丧事的时候，承继人往往哀伤过度，照顾不到这些小事，我们可是代客服务惯的。先生，我们的纪念像按高度计算，材料有石灰石的，有大理石的……我们也承包全家合葬的坟墓工程，大小事务都可代办，取费公道。哀斯丹·高勃萨克小姐和吕西安·特·鲁邦泼莱的纪念雕刻，就是敝公司承办的，那是拉希公墓上最美的装饰。敝公司的工匠都是好手，你先生千万别上小公司的当……他们的货色都偷工减料。"他这么补上一句，因为又有个穿黑衣服的人走近来，预备替另一家大理石铺子招揽生意。

---

[1] 按华德·斯各脱有部小说叫作 *Old Mortality*，是个专雕墓地纪念像的人的诨名。

67

只有死人不受骚扰

人家常常说死是一个人的旅行到了终点,这譬喻在巴黎是再贴切也没有了。一个死人,尤其是一个有身份的死人,到了冥土仿佛游客到了码头,给所有的旅馆招待员闹得头昏脑涨。除了几个哲学家之外,除了家道富裕,又有住宅又有生圹的某些家庭之外,没有人会想到死和死的社会影响。在无论什么情形之下,死总是来得太早;并且由于感情关系,承继人从来不想到亲属是可能死的。所以,多半死了父亲,母亲,妻子,儿女的人,会立刻给那些兜生意的跑街包围,利用他们的悲痛与慌乱做成一些交易。早年间,承办墓地纪念工程的商人,都把铺子开在有名的拉希公墓四周——他们集中的那条街可以叫作墓园街——以便在公墓左近或出口的地方包围丧家;可是同业竞争与投机心理,使他们不知不觉的扩充地盘,现在甚至进了城,散布到各区的区公所附近了。那般跑街往往还拿着坟墓的图样,闯进丧家的屋子。

"我正在跟先生谈生意呢。"索南公司的跑街对另一个走近来的跑街说。

"喂,邦斯的丧家!……证人在哪儿?……"办公室的当差嚷道。

"来吧,先生。"跑街招呼雷蒙诺克。

许模克在凳上好似一块石头种在那里,雷蒙诺克只能请跑街帮着拉他起来,挟着他站在栏杆前面;办死亡证的职员跟大众的痛苦就隔着这道栏杆。许模克的救命星君雷蒙诺克,靠了波冷医生帮忙,代他把邦斯的年岁籍贯报了出来。德国人除了邦斯是他的朋友之外一无所知。大家签过了字,雷蒙诺克,医生,跑街,把可怜的德国人挟上马车;那死不放松的伙计非要做成他的交易,也跟着挤上去。早等在大门口的梭伐女人,由雷蒙诺克和索南公司伙计帮着,把差不多晕倒了的许模克抱上楼。

"他要闹病了!……"跑街说。他还想把自以为开了场的买卖谈出个结果来。

"可不是!"梭伐女人回答,"他哭了一天一晚,一口东西都不肯吃。悲伤对身体是最坏的。"

跑街也跟着说:

"亲爱的主顾,喝一碗汤吧。你还得办多少事呢:你得上市政府去买块地,安放你那位爱艺术的朋友的纪念像,你不是想表示你的感激吗?"

"不吃东西真是太胡闹了!"刚蒂南太太说着,手里拿了一盘肉汤一块面包。

雷蒙诺克插嘴道:

"亲爱的先生,你这样累,就得找个代表,事情很多呢:你得去定送葬的仪仗,你朋友的丧事总不成给办得像穷人一样吧!"

"得了,得了,好先生!"梭伐女人看见许模克把脑袋倒在椅背上，乘机凑上来。

　　她拿一羹匙的汤送进许模克的嘴，像对付孩子一样硬逼他吃了些东西。

　　"现在，先生，你要是懂事的话，既然你想安安静静的躲在一边伤心，就得找个人来做你的代表……"

　　"既然先生有意替他朋友立一座美丽的纪念像，"跑街说，"不妨就托我代办一切，我可以……"

　　"什么？什么？"梭伐女人说，"先生向你定什么东西！你是谁？"

　　"我是索南公司的伙计，好太太，敝公司是承包墓地纪念像最大的号子……"他说着掏出一张名片递给魁伟的梭伐女人。

　　"好，好！……我们需要的时候会去找你们的；可是不能看他这副模样就欺侮他。你明明知道他现在头脑不清……"

　　索南公司的跑街把梭伐女人拉到楼梯台上，凑着她耳朵说：

　　"要是你能设法让我们做成一笔交易，我可以代表公司送你四十法郎……"

　　"行，那么把你地址留下来。"梭伐女人变得客气了。

　　许模克看见人全走开了，肚子里有了汤和面包，觉得精神恢复了些，马上回到邦斯屋里去祈祷。他正陷在痛苦的深渊中昏昏沉沉的时候，忽然一个穿黑衣服的年轻人把他惊醒了。他已经"先生！先生！"的叫到第十一次，又抓着他的衣袖拼命的摇，才使可怜的受难者听到了声音。

　　"又是什么事啦？……"

　　"先生，迦那医生有个了不得的发明，把埃及人保护尸身不烂的奇迹给恢复了；敝公司绝不否认迦那医生的伟大，可是我们的方法更进步,成绩更好。要是你想看到你的朋友,像他活着一样……"

"看到他?……他能跟我说话吗?"许模克嚷着。

"那不一定!……他就是不能说话;可是肉身是永远不坏的了。手术只要一忽儿工夫。把颈动脉切开,来一个注射就行啦;可是得赶紧了……再过十五分钟,就赶不及替你朋友办这种称心如意的事啦……"

"去你的罢!……邦斯是有灵魂的!……这颗灵魂是在天上。"

这位青年跑街所代表的公司是跟有名的迦那医生竞争的,他走到大门口,说了句:

"那家伙一点良心都没有,竟不肯替他的朋友做防腐手术!"

"人就是这样的,先生!他是承继人,得遗产的!目的达到了,哪还想到死人!"西卜女人这样说,因为她才替心爱的丈夫做过了防腐手术。

68

巴黎的丧事是这样办的

一小时以后,许模克看见梭伐女人走进屋子,后边跟了一个穿着黑衣服,像工人模样的年轻人,她说:"先生,刚蒂南介绍教区里的棺材店老板来啦。"

棺材店老板行了礼,装着同情和安慰的神气,也有点人家少不了他和生意一定成功的派头;他挺内行的瞧着死人。

"先生要怎样的寿器呢?松板的?普通橡木的?还是铅皮里子橡木面的?最上等的当然是铅皮里子的橡木寿器。他是中等尺寸……"

老板说着,摸了摸脚,量了一下死人的身长,又补上一句:

"一米突七十!——大概先生还要向教堂里定一场法事吧?"

许模克望着那个人,眼睛像疯子要动武的神气。

"先生,你该找个人替你办这些琐琐碎碎的事。"梭伐女人说。

"是的……"可怜虫终于答应了一声。

"要不要我去把泰勃罗先生找来?你事情还多呢。你知道,泰勃罗先生是街坊上最可靠的人。"

"哦,泰勃罗先生!有人跟我提过的……"许模克给制服了。

"那么,先生,你可以清静啦,跟你的代表商量过后,你尽管在这儿伤心吧。"

下午两点,泰勃罗手下的书记,预备将来当执达吏的青年,叫作维勒摩的,文文雅雅的进来了。青春有这一点便宜,就是不会教人害怕。维勒摩坐在许模克旁边,等机会开口。这个小心翼翼的态度使许模克很感动。

"先生,"他开始说,"我是泰勃罗先生的书记,他派我来照顾先生的利益,代办令友的葬事……你是不是有这个意思?"

"你照顾我,可救不了我的命,我是活不久的了,可是你能不能让我清静呢?"

"喔!你不用再操一点心。"

"好!那么要我怎么办呢?"

"只要在这张纸上签个字,委托泰勃罗先生做你的代表,包括一切承继遗产的事。"

"行!把纸拿来。"德国人想马上签字了。

"别忙,我先得把委托书念给你听。"

"那么念吧!"

许模克一个字都没听进去就签了字。年轻人把出殡的仪仗,教堂的法事,墓地的购买等等,都问过了许模克;许模克表示要在邦斯的坟上留一个墓穴给自己用。维勒摩告诉他,以后再没有人来打搅他或向他要钱了。

"只要能清静,我把我所有的东西送人都愿意。"可怜的人说着，又去跪在朋友的尸身前面。

弗莱齐埃得胜了，承继人给梭伐女人和维勒摩包围之下，再不能有什么自由行动。

睡眠打不倒的痛苦是没有的，所以那天傍晚，梭伐女人发现许模克躺在邦斯床前的地板上睡着了。她把他抱起，放在床上，像母亲般安顿他睡好了，他就一觉睡到明天早上。赶到他醒来，就是说休息过后又恢复了痛苦的知觉的时候，邦斯的遗体已经给放在大门内的走道里，灵柩上的披挂等等全是三等丧仪的排场。许模克在家里再也找不到朋友，只觉得屋子格外的大，到处都是凄凉的回忆。梭伐女人像奶妈对付小娃娃似的调度德国人，逼他上教堂之前吃了饭。可怜虫一边勉强吃着东西，一边听梭伐女人絮絮叨叨，仿佛唱着奚莱弥的悼歌，说他连一套黑衣服都没有，许模克的衣着一向是西卜包办的，在邦斯病倒以前，已经和他的伙食一样被减缩到最低限度，统共只剩两条长裤和两件外套了！……

"难道你就像现在这样去送葬吗？这种荒唐事儿不给街坊上的人耻笑吗？……"

"那你又要我怎样去呢？"

"穿着孝服去呀！……"

"孝服！……"

"那是规矩呀……"

"规矩！……我才不理会这些无聊事呢！"许模克儿童般的心灵，受着痛苦的刺激，气极了。

"嘿！这样忘恩负义，简直不是人。"梭伐女人说着转过身去，因为屋子里忽然又来了一个人，许模克一见就抽了口冷气。

来人穿着漂亮的黑衣服，黑短裤，黑丝袜，白袖套，银链条上挂着一个徽章，整整齐齐的戴着白纱领带，白手套；这种俨然的人物，仿佛为了公众的丧事在同一模子里塑出来的，手里拿着他行业的标识，一根紫檀木短棍，左腋下挟着一个有三色徽记的三角帽。

"我是丧礼司仪员。"他用柔和的声音说。

因为每天指挥丧礼，出入的家庭都真真假假的表示同样的悲伤，这个人和他的同业一样，说话老是小声小气的非常柔和；他的职业使他稳重，有礼，端正，好比一座代表死亡的雕像。许模克听了他的自我介绍，不由得心惊肉跳，似乎来的是个刽子手。

"你先生跟故世的人是父子呢还是弟兄？……"这俨然的人物问。

"都是的，而且还不止……我是他的朋友！……"许模克淌着大把大把的眼泪说。

"你是承继人吗？"

"承继人？……我才不理会这些呢。"

许模克又恢复了痴呆的痛苦的神气。

"亲戚朋友在哪儿呢？"

"都在这里！"许模克指着图画和古董，"他们从来不教我的邦斯伤心的！……他喜欢的就是我跟这些东西！"

"先生，他疯了，听他干吗？"梭伐女人对司仪员说。

许模克坐下来，呆呆的抹着眼泪，还是那副白痴的模样。这时泰勃罗的书记维勒摩出现了，司仪员认出他是接洽葬礼的人，便招呼他：

"喂，先生，该出发啦……柩车已经到了；可是这种丧事我真难得看到。亲戚朋友都在哪儿呢？……"

"我们时间很局促，"维勒摩回答，"我的当事人又悲伤成这样，什么主意都没有；可是故世的先生也只有一个亲戚……"

司仪员很同情的瞅着许模克，因为他是鉴别痛苦的专家，真情假意是一望而知的。他走到许模克身边说：

"哎，亲爱的先生，拿点儿勇气出来！……你得想到替朋友增光泉壤。"

"我们忘了报丧，可是我派了一个专差去通知玛维尔庭长，就是我说的独一无二的亲戚……此外没有什么朋友……他虽是戏院的乐队指挥，恐怕那边也不会有人来……据我知道，这位先生是指定承继人。"

"那么应当由他主持丧礼啰。"司仪员说着，注意到许模克的穿扮，便问：

"你没有黑衣服吗？"

"我心里全黑了！……"可怜的德国人声音很沉痛，"我只觉得自己快死了……上帝会哀怜我，让我跟朋友在坟墓里相会的，那我才感激他呢！……"说完了他合着手。

"敝公司已经新添了不少设备，"司仪员对维勒摩说，"可是我向经理室提过几回了，还得办一批丧服租给承继人……这个业务现在越来越需要了……既然他先生是承继人，送丧的大氅就该由他披着，我带来的这一件可以把他从头到脚的裹起来，遮掉他里边的服装……请你站起来好不好？"他对许模克说。

许模克站起身子，可是晃晃悠悠的站不稳。

"你扶着他，你不是他的全权代表吗？"司仪员招呼书记。

维勒摩用胳膊挟着许模克把他撑着，司仪员抓起又大又难看的黑大氅披在他肩上，用黑丝带在他领下扣住了，那是承继人把灵柩从家里送往教堂的时候穿的。这样，许模克就给扮作了承继人。

69

老鳏夫的葬礼

"现在我们可碰到了一个难题，"司仪员说，"灵柩的披挂上有四根绋……哪儿来四个执绋的人呢？……"他掏出表来瞧了瞧，"十点半了，教堂里的人已经等着了。"

"啊！弗莱齐埃来了！"维勒摩冒冒失失的叫了起来。这句话等于承认他们是串通的，可是当场没有人把它记下来。

"这位是谁？"司仪员问。

"哦！是家属方面的。"

"什么家属？"

"被剥夺承继权的家属。他是加缪索庭长的代表。"

"好极了！"司仪员的神气似乎很满意，"我们至少有两个人执绋了，你跟他。"

他因为问题解决了一半觉得挺高兴，过去拿了两副漂亮的白麂皮手套，客客气气的分送给弗莱齐埃与维勒摩：

"你们两位可愿意执绋吗？……"

弗莱齐埃穿得整整齐齐的，黑衣服，白领带，神气俨然，教人看了直打寒噤。他仿佛把对方罪行的证据都收齐了。

"当然愿意。"他回答。

"只要再来两位,执绋的人数就齐了。"司仪员说。

这时索南公司那个死不放松的跑街又来了,后面跟着一个人,记得邦斯而特意来尽他最后礼数的唯一的人。他是戏院的小职员,在乐队里分发乐谱的当差;邦斯因为知道他要养家活口,平时每个月都给他五法郎酒钱。

"哦!多比那!……"许模克认出了当差,叫起来,"你,你还想到邦斯!……"

"先生,我每天早上都来的,来打听邦斯先生的消息……"

"每天来的!好多比那!……"许模克握着戏院当差的手。

"可是人家大概拿我当作了家属,对我很不客气!我再三声明是戏院里的,要知道邦斯先生的病情,人家可说我扯谎。我想进来看看病人,他们不准我上楼。"

"混账的西卜!……"许模克把当差那只粗糙的手按在胸口。

"邦斯先生是天底下最好的好人,每个月给我五法郎……他知道我有三个孩子一个女人。现在我女人在教堂里等着。"

"以后我跟你有饭大家吃!"许模克因为旁边有个爱邦斯的人,十分高兴。

"你先生可愿意执绋吗?"司仪员过来问,"这样,问题就解决了。"

司仪员没有费什么事,就邀上了索南公司的跑街参加执绋,尤其给他看到了一副漂亮手套,那照例是送给他的。

"十点三刻啦!……非下楼不可了……教堂里的人等着呢。"司仪员说。

于是这六个人开始走下楼梯。两个妇女站在楼梯头,可恶的弗莱齐埃盼咐道：

"把屋子关严，守在里头；刚蒂南太太，倘使你想在清点遗产期间当个看屋子的，就得格外留神，嗨！嗨！四十铜子一天的工钱呢！……"

大门口停着两口柩，一口是西卜的，一口是邦斯的，因此同时有两个出殡的行列：这种巧合的事在巴黎也不足为奇。邦斯的柩罩披挂相当光鲜，可是没有一个人来对这位爱美的朋友表示敬意；倒是那看门的，有四邻八舍的门房来给他洒几滴圣水。西卜的哀荣和邦斯身后的寂寞，不但在大门口成为对照，而且在到教堂的路上也是如此。跟在邦斯柩车后面的只有许模克一个人，由司仪员搀着，因为这承继人几乎随时都要倒下来。从诺曼底街到圣·法朗梭阿教堂所在的奥莱昂街，路旁站满了看热闹的人，因为我们以前说过，这个区域里不论什么事都会轰动的。大家看到白色的柩车，柩罩上绣着一个大P字（邦斯姓氏的缩写），只有一个送殡的人；而另一辆普通的柩车，末等殡仪的车马后面，却跟着一大群吊客。幸而许模克给窗口的、路旁的、看热闹的闲人吓呆了，一句话也听不见，而且对那些拥挤的人，他的泪眼也看不大清。

"哦！是榛子钳！……"有人说，"你知道吗，就是那个音乐家！"

"那几个执绋的是谁？……"

"还不是些戏子！"

"呦！这是西卜老头的灵柩了！又少了一个认真的司务！他做活多卖力！"

"也从来不出来玩的，这家伙！"

"他一天也不歇工的。"

"而且对他女人多好！"

"呦！那可怜的寡妇来了！"

雷蒙诺克跟着他的牺牲者的柩车，听众人你一句我一句的追悼他的邻人。

70

巴黎有多少人靠死人吃饭

两家的行列到了教堂,刚蒂南跟门丁商量好了,不让乞丐向许模克开口。维勒摩答应过不打搅德国人,所以他一边看着当事人,一边负责一切开销。西卜的简陋的柩车有七八十人陪送,直送到公墓。从教堂出来,邦斯的行列一共有四辆送殡的车;一辆是为教士他们的,其他三辆是为家属亲友预备的,但实际只需要一辆。做弥撒的时候,索南公司的跑街已经先走一步,去通知索南先生准备纪念雕刻的图样和估价单,等承继人从公墓出来拿给他看。所以弗莱齐埃,维勒摩,许模克和多比那都坐在一辆车里。多余的两辆空车并不回到丧礼代办所,照旧上拉希公墓。这种把空车赶一趟的情形是常有的。凡是故世的人没有名望,不会吸引时髦人士赶来凑热闹的时候,送殡的车辆往往会太多。死者要不是生前极得人心,亲戚朋友绝不肯把他送上公墓;因为巴黎人生活忙乱,都恨不得每天要有二十五小时。可是马夫要空赶一次,就没有酒钱可得;所以有人也罢,没人也罢,车子照旧上教堂,上公墓,回丧家,回到那儿,马夫就开口讨酒钱了。多少人靠死人吃饭,你简直想象不到。教堂的小职员,穷人,殡礼代办所的员役，马夫，盖坟的工人，都把柩车当作一个马槽，让自己像海绵似的吸饱。一出教堂，大批穷人上来包围许模克，马上给门丁喝阻了。但从教堂到公墓的路上，可怜的许模克很像一些囚犯给人家从法院押送到葛兰佛广场。他好比替自己送葬，只顾拿着多比那的手，因为只有他心里真正的哀悼邦斯。多比那觉得被邀执绋非常荣幸，又很高兴能坐到马车，拿到一副簇新的手套，认为给邦斯送丧的确是他生平的一件大事。许模克受着痛苦的煎熬，唯一的倚傍便是从多比那的手上感觉到一些同情，他在车中完全跟装上屠宰场的小牛一样。弗莱齐埃与维勒摩占着车厢的前座。凡是常有机会参加亲友葬礼的人，全知道大家上了送殡的车就作不了假。从教堂到巴黎东区的墓地，到这个最讲场面，最讲奢侈，壮丽的雕塑最多的公墓，路程往往很远。漠不关心的送客开始谈话，结果连最悲伤的人也伸着耳朵听着，不知不觉的精神松弛了。

"庭长先生已经出庭去了，"弗莱齐埃对维勒摩说，"我认为不必再到法院去惊动他，无论如何他赶不及来的了。虽说他是血亲承继人，但邦斯先生剥夺了他的承继权，把遗产给了许模克先生，所以我想有他的代表到场也够了……"

多比那听到这话，不觉留了点神。

"还有一个执绋的家伙是谁？"弗莱齐埃问维勒摩。

"是某一家大理石铺子的跑街，想承包墓地工程，提议雕三座大理石像，由代表音乐，绘画，雕塑的三个女神来哀悼亡人。"

"主意倒不错，"弗莱齐埃回答，"那好人也值得这样的表扬；可是这件工事总要花到七八千法郎吧。"

"哦!是的!"

"要是许模克先生定了这件工程,那可不能用遗产支付,这样的开支会把整笔遗产消耗完的……"

"结果还得打一场官司,不过你会赢的……"

"那么,"弗莱齐埃又道,"要归他负责了!这桩事对那些包工的倒是个挺有意思的玩笑……"弗莱齐埃凑着维勒摩的耳朵,"因为,倘若遗嘱给撤销了,——那我可以保险的……或是根本没有遗嘱,你想归谁付钱呢?"

维勒摩扮了个鬼脸,笑了笑。他跟律师两人以后便交头接耳,放低了声音谈话。虽然有车轮的声音和其他的打扰,戏院的当差平时在后台见貌辨色惯了,也能猜到这两个吃法律饭的正在设计划策,想教可怜的德国人为难,他还听见提到格里希[1]。于是这个喜剧界中正直而忠心的仆役,决意保护邦斯的朋友了。

维勒摩早已托索南公司的伙计,向市政府买妥了三公尺墓地,声明将来要立一座伟大的纪念雕塑。到了公墓,许模克由司仪员搀着,从看热闹的人堆里穿过去,走向邦斯的墓穴。教士在那儿做着最后的祷告,四个人拿着邦斯柩上的绳索等着。许模克看到那个四方形的土坑,顿时一阵心酸,晕了过去。

---

[1] 格里希为巴黎有名的监狱。

71

继承开始，先得封门

多比那，索南公司的跑街，和索南先生本人，大家七手八脚把德国人抬进大理石铺子；索南太太和合伙老板维德洛的太太都很热心，赶紧上来施救。多比那在铺子里等着，因为他看见弗莱齐埃正在和索南公司的伙计谈话，而他觉得弗莱齐埃满脸凶光，完全是上断头台的料子。

过了一小时，到下午两点半，可怜的德国人醒了。他以为过去两天全是梦，早晚能醒来看到邦斯好好的活在那里。人家在他脑门上放了多少湿手巾，给他嗅了多少盐和醋，终于使他睁开了眼睛。索南太太硬要许模克喝了一碗油水很足的肉汤，因为铺子里正炖着大砂锅。她说：

"伤心到这样的主顾，咱们难得看到的；可是每两年还能碰上一次……"

临了许模克说要回去了，于是索南先生对他说道：

"先生，你瞧这个图样，维德洛特意为你赶起来的，他画了一夜呢！……可是他的确有些灵感！完工之后一定很好看……"

"一定是拉希公墓最美的一座！……"矮小的索南太太插嘴

道,"朋友送了你全部家私,应当给他留个永久纪念!"

那张说是特意画起来的草图,当初是为有名的玛赛部长设计的;可是玛赛的寡妇把纪念工程交给了雕塑家史底曼;人家不要粗制滥造的作品,把索南的图样拒绝了。那三座人像原来代表七月革命中三天重大的日子,因为玛赛部长是那次政变的重要角色。以后,索南与维德洛把图样修改了一下,画成军队,财政与家庭三大光荣的象征,预备给查理·格雷做纪念像,结果人家又找了史底曼。十一年中间,为了迎合丧家的情形,那张图给换了不知多少题目;这一回,维德洛又复着原样,把三座像描作音乐,绘画与雕塑的女神。

"画图还不算什么,雕塑的工程才浩大呢,可是有三个月的时间也行了,"维德洛说,"先生,这儿是估价单和订货单……一共七千法郎,石工的费用在外。"

"倘若先生想做大理石的,价钱是一万二,"索南说,因为他的专业是大理石,"那么先生的大名可以跟你朋友并垂千古了……"

多比那咬着维德洛的耳朵说:"我才听到消息,遗嘱有人反对,遗产将来恐怕还得归血亲承继人;你们最好去看加缪索庭长:这可怜的好好先生会一个子儿都拿不到的……"

"你怎么老是找这种主顾来的!"维德洛太太开始埋怨跑街了。

送殡的马车早已回去,多比那只能陪着许模克走回诺曼底街。

"你别离开我呀!……"许模克说,因为多比那把他交还给梭伐女人,想走了。

"已经四点了,亲爱的许模克先生,我得回去吃饭……内人是戏院的案目，我这样老半天不回家，她要担心了。你知道，五点三刻戏院要开门的……"

"哦，我知道……可是你想，我现在孤零零的，一个朋友都没有了。你是不忘记邦斯的，你得指点指点我；我简直掉在黑夜里，邦斯还说我周围全是些坏蛋……"

"我早已看出了，刚才我已经把你救出了格里希！"

"格里希？……"许模克叫道，"我不懂……"

"哎哟，可怜的人！放心，我会来看你的，再会了。"

"再会，再会！希望你就来！……"许模克说着，已经累得半死了。

"再会，先生！"梭伐太太对多比那说话的神气很古怪。

"哦！怎么啦，老婆子？……"戏院当差冷冷的问，"你这副模样倒像舞台上的奸细。"

"你才是奸细！你到这儿来干什么？想来兴风作浪，骗先生的钱吗？……"

"什么！骗先生的钱？……"多比那功架十足的回答，"鄙人不过是个戏院的当差，可是我喜欢艺术家；告诉你，我从来不向人要求什么！我有没有向你要求什么？欠过你什么？老婆子，你说！……"

"哦！你是戏院的当差，你叫什么名字？……"梭伐女人问。

"我叫多比那！……怎么着，您哪！……"

"我就要知道你的尊姓大名。"

"怎么啦，好太太？……"刚蒂南太太冲过来问。

"嫂子，你在这儿预备晚饭，我得上先生家跑一趟……"

"他在楼下跟西卜太太说话呢——她死了丈夫把眼泪都哭干

了。"刚蒂南太太回答。

梭伐太太三脚两步的滚下去，把楼梯都震动了。

"先生……"她把弗莱齐埃拉到一边。

多比那凭他在后台学的一点儿小聪明，居然使邦斯的朋友不致落入圈套；他想到这也算报答了一下恩人，不由得很高兴。他因此决心要保护这位乐队里的乐师，不让人家欺他忠厚。梭伐女人等多比那走过门房的时候，指着他对弗莱齐埃说：

"你瞧这个小混蛋！……他自命为规矩人，想来管许模克先生的事。"

"他是谁？……"弗莱齐埃问。

"哦！是个无名小子……"

"咱们办公事的眼里，没有无名小子的……"

"他是戏院里的当差，叫作多比那……"

"好，梭伐太太！你老是这样卖力，烟草牌照是稳的了。"

弗莱齐埃说完，又跟西卜太太继续谈话：

"所以，亲爱的当事人，我说，你没有跟我们公平交易；对一个不忠实的合伙人，我们是用不着负责的！"

"嗯，我欺骗了你什么？……"西卜女人把拳头往腰里一插，"凭你这副阴森森的眼睛，冷冰冰的神气，就想吓倒我吗？……你想找碴儿，对说过的话不认账，亏你还自称为规矩人！你知道你是什么东西吗？你是一个流氓！哼，哼，你尽管搔你的胳膊吧！……别拿这种话来唬我！……"

"老妈妈，甭废话，甭生气，你听我说！你是捞饱了……今儿早上，他们准备出殡的时候，我找到了这本目录，一共有正副两份，都是邦斯先生的亲笔，我无意中看到了这一条。"

他打开那本手写的目录，念道：

藏品第七号：精美画像一幅，底子是大理石的，赛白斯蒂安·但尔·毕翁菩一五四六年作。原作存丹尔尼大寺，给人家拿出来，现在卖给了我。还有姊妹作某主教像，被一个英国人买去。我这幅是画的一个玛德派教士的祈祷，原来挂在教堂里洛西家墓的高头。倘无年月为证，此画竟可说是拉斐尔手笔。卢浮博物馆所藏毕氏作品，《巴岂沃·庞第奈里肖像》，偏于干枯，远不及我这一幅。因为它用石板做底子，所以色泽鲜艳，历久不变。

"我一看第七号作品的地位，"弗莱齐埃接着说，"只有一幅夏尔登作的女像，下面也没有第七号的标签！……我在司仪员找人执绋的时候，把画数了一遍，发觉有八张画都给换上了普通的，没有号数的作品；那失踪的八张，邦斯先生在目录上注明全是最好的东西……此外还少了一幅木板底子的小画，作者叫作曼殊，也是被认为精品的……"

"我可是看守图画的人，我问你？"西卜女人说。

"你可是他亲信的老妈子，邦斯先生家里的事全是你管的，这明明是偷盗……"

"偷盗！告诉你吧，先生，那些画是邦斯先生为了要用钱，教许模克先生卖出去的。"

"卖给谁？"

"卖给埃里·玛古斯和雷蒙诺克……"

"卖了多少？……"

"我记不得了！……"

"亲爱的西卜太太，你是捞饱了！……我会看着你，你逃不了的……你要对我识相一点，我就不声张！总而言之，你该明白，既然揩了加缪索庭长的油，就不能再希望从他那儿得到什么。"

"亲爱的弗莱齐埃先生，我早知道我要落空的……"西卜女人听了"我不声张"这句话，态度缓和了些。

72

干预人家的官司是危险的

"嗯,"雷蒙诺克闯进来说,"你来跟西卜太太找碴儿;那可不成话!卖画是邦斯先生跟我跟玛古斯先生大家情愿的;你知道,他还为了画做乱梦呢,我们费了三天口舌才和他商量停当。我们拿到正式的发票,要是我们送西卜太太四十法郎,那也没有什么大不了,她到手的不过是我们到人家屋里买东西照例给的佣钱。啊!亲爱的先生,你要以为一个寡妇是好欺侮的,那可打错算盘了!……明白没有,你这位搬弄是非的人?这件事全在玛古斯先生手里,你要不跟太太客气一些,想赖掉你说过的话,我一定在拍卖的时候等着你,呵!我跟玛古斯两个把画商鼓动起来,斗你一斗,看你损失多少!……什么七十万八十万的,你甭想啦,连二十万还卖不到!"

"好,好,咱们瞧吧!"弗莱齐埃说,"咱们根本不卖,要卖也上伦敦去卖。"

"那还不是一样!随你巴黎伦敦,玛古斯先生的势力一样大。"

"再会,太太,我要去仔细查查你的事,"弗莱齐埃说,

"除非你永远听我的指挥。"他又补上一句。

"小流氓！……"

"留点神哪，"弗莱齐埃回答，"我要当初级法庭庭长啦！"

他们这样互相恫吓着分手了，其实两人听了对方的话都有点害怕。

"谢谢你，雷蒙诺克，"西卜女人说，"一个可怜的寡妇有人保护真是太好了。"

晚上十点，高狄沙在经理室召见乐队的当差。自从他跟作家们打交道，手下有了一大批做戏的，跳舞的，跑龙套的，音乐师，和管布景的技工等等给他指挥以后，他学了一副拿破仑功架，喜欢把右手插在背心里头，抓着左边的背带，斜着四分之三的脑袋，眼睛望着空中。当下他站在壁炉前面，就摆着这个姿势。

"喂！多比那，你可是发了财啦？"

"没有，先生。"

"那么你是另有高就了？"

"不，先生。"当差的脸发了白。

"该死！我派你女人在新戏上演的时候当案目……我看在前任经理的面上留着她……我让你白天擦擦后台的灯，晚上招呼乐谱。除此以外，碰到戏里有什么地狱的场面，还教你扮个魔鬼头儿，挣二十铜子外快。这样的差事，戏院里的员工谁不眼红！朋友，人家都在忌妒你呢，因为你有你的冤家。"

"我有冤家？……"多比那说。

"你还有三个孩子，大的常在这儿扮戏里的小孩子，拿五十生丁……"

"先生……"

"你听我说好不好！……"高狄沙大喝一声，"凭你这样的情形，你还想离开戏院……"

"先生……"

"你想管闲事，卷进人家的遗产官司！……嗨，糊涂蛋，人家要干掉你就像打烂一个鸡子一样容易！我的后台是部长人人包比诺伯爵阁下，他呀，一等聪明，十分能干；也算王上有眼力，又把他请进内阁去了……这位政治家，这位大人物，我是说包比诺伯爵，他替儿子娶了玛维尔庭长的女儿，玛维尔庭长是司法界最了不起最受敬重的要人，高等法院的一盏明灯。你认得高等法院吗，嗯？告诉你，他是咱们乐队指挥邦斯先生的外甥，应当继承他的遗产。你今儿早上去送邦斯的葬，我不怪你对这好人尽你最后的礼数……可是倘使去管许模克先生的闲事，你就越出范围了；我对那老实人也很好，可是他不久就得跟邦斯的承继人闹纠纷……因为德国人跟我没有什么相干，而包比诺伯爵对我关系很大，所以我劝你让许模克自个儿去想办法。德国人另外有个上帝照顾，你想替天行道是要倒霉的！明白没有？还是安分守己，做你的戏院当差吧……这是最聪明的办法！"

"我明白了，经理先生。"多比那说着，心里很难过。这样，许模克就失掉了无意中碰上的保护人；他还以为明天能见到当差，那唯一哀悼邦斯的人呢。第二天一早醒来，德国人看到屋子空荡荡的，更感觉朋友的死对他损失重大。昨天和前天，因为忙着丧葬等等，周围乱轰轰的，他眼前还有些分心的事。可是一个朋友，一个父亲，一个儿子，一个心爱的妻子进了坟墓以后，屋子里那种阴惨的冷静简直可怕，好像要教你冻成冰似的。可怜虫觉得有股不由自主的力量把他推进邦斯的屋子，但他看了一眼就受不住，赶紧退出来坐在饭厅里。梭伐女人开出早饭来，许模克可一点吃不下。

73

三个穿黑衣服的人

忽然门铃一响,来势相当猛烈;刚蒂南太太和梭伐太太让三个穿黑衣服的人走了进来。为首的是初级法庭庭长维丹和他的书记官。第三个是弗莱齐埃,沉着脸,气色更难看了,因为他知道另有一份正式的遗嘱,把他那么大胆的偷来而当作法宝的一份给撤销了,不禁大失所望。

"先生,"庭长声音很柔和的对许模克说,"我们来封存财产……"

许模克好似听到了外国话,吓得呆呆的瞧着三个人。书记官接口道:

"我们是根据弗莱齐埃律师的声请而来的,他代表邦斯先生的外甥兼承继人,加缪索·特·玛维尔先生……"

"收藏就在这大客厅和故世的人的卧房里。"弗莱齐埃说。

"好,咱们就上那儿去。——对不起,先生,请吧,你尽管用饭。"初级法庭庭长说。

三个黑衣人物的光临把可怜的德国人吓得凉了半截。

"先生,"弗莱齐埃瞪着许模克,那副恶狠狠的眼神大有先声夺人的威势,好似蜘蛛能慑服苍蝇一样。"先生,你既有本领拿到一张公证遗嘱,就应当预备家属方面来反对。家属绝不会毫无抵抗,让外人抢掉家私的;咱们瞧吧,究竟是卑鄙龌龊的方面得胜,还是家属得胜!……我们以承继人的资格,有权要求封存遗产,我们一定办到这一点,而且要把手续做得非常周到。"

"上帝!上帝!我犯了什么天条呀?"淳朴的许模克叫道。

"屋子里大家都在谈论你呢,"梭伐女人说,"你睡着的时候,有个小伙子来找你,浑身穿着黑衣服,一个油头粉脸的家伙,说是汉纳耿先生的书记。他硬要见你,可是你睡着,昨天送丧等等又把你搅累了,所以我告诉他,你已经委托泰勃罗的书记做代表,有什么事可以找他。那小伙儿就说:啊!那好极了,我可以跟他去商量。我们要把遗嘱送法院。——我跟着托他赶快通知维勒摩先生来。哎,好先生,你放心,有人会来保护你的,他们绝不能拿你当绵羊似的随意摆布。维勒摩先生会替你尽心出力,把他们顶回去!我对那个不要脸的西卜女人已经发作了一场,一个看门的居然敢批评房客,一口咬定你抢了承继人的家私,软禁了邦斯先生,折磨他,又说他早已变了疯子。我老实不客气把她臭骂了一顿,我说:你是一个坏东西,你是一个贼!你偷了两位先生的东西,要不送你上公堂才怪!——她听了哑口无言。"

"先生,"书记官招呼许模克,"请你过来好不好,我们要在邦斯先生的屋子里贴封条了!"

"请吧请吧!"许模克回答,"我要清清静静的死大概总可以吧?"

"放心,你要死是不会有人干涉的,"书记官笑道,"我们在这儿的重要公事是封存遗产。可是我难得看见指定承继人会跟着遗嘱人进坟墓的……"

"我就要跟他进坟墓！"许模克再三受到打击，痛苦得受不住了。

"哦！维勒摩先生来啦！"梭伐女人叫道。

"维勒摩先生，你来代表我呀。"可怜的德国人对他说。

"我特意赶来通知你，遗嘱完全合格，法院一定会批准，让你执管遗产的。喔！你要得一笔好大的家私了。"

"我？得一笔好大的家私？"许模克觉得给人怀疑他贪财，急坏了。

"可是，"梭伐女人插嘴道，"那法官拿着蜡烛和布条子在那儿干什么呀？"

"哦！他在贴封条……——来，许模克先生，你应该到场。"

"不，你去吧……"

"干么要贴封条呢？先生不是在自己家里，一切东西都是他的吗？"梭伐女人像所有的妇女一样，是用一厢情愿的态度看法律的。

"先生不是在自己家里，太太，他是在邦斯先生家里；当然将来一切都是他的，可是遗产受赠人要等到法院核准之后才能执管遗产。倘若被剥夺承继权的承继人反对执管，那就得打官司了……因为遗产归谁还没决定，所有的东西都得封存起来，由承继人和遗产受赠人双方的公证人，在法定期限之内把遗产清册造好……"

许模克生平第一次听到这些话，完全给搅糊涂了，脑袋倒在他坐着的椅子上,重甸甸的再也抬不起来。维勒摩去跟法官书记官谈着话,拿出办公事的态度,非常冷静的参加他们封存的手续。遇到这种情形,只要没有承继人在场,大家把每样东西贴封条的时候,总免不了七嘴八舌说些打趣的话。四个吃法律饭的人,封了客厅的门,回到饭厅里。许模克心不在焉的看他们办理手续,把盖有法院官章的布条子贴在门中间,倘使是双扇门的话,而碰到单扇门或柜子等等,就贴在门缝上面。

"咱们上这间屋去吧。"弗莱齐埃指着许模克的卧房,那是有扇门跟饭厅通连的。

"这是先生的屋子呀!"梭伐女人叫着,跑过去站在门口,挡着那些办公事的人。

"我们在文件里头找到了租约,"可恶的弗莱齐埃说,"上面不是两个人的名字,而是邦斯先生一个人的。所以整个屋子都得归入遗产……"

他打开了许模克屋子的门,又道:

"并且,庭长,你瞧,里边还堆满了画呢。"

"啊,不错。"庭长这句话,当场使弗莱齐埃的主张得胜了。

74

弗莱齐埃的成绩

"啊，诸位，等一等，"维勒摩说，"你们想把指定承继人撵出去吗？至今为止他的身份还没有人争论。"

"怎么没有？"弗莱齐埃回答，"我们反对他执管遗产。"

"凭什么理由？"

"你慢慢会知道的，小子！"弗莱齐埃冷冷的说，"我们并不反对受赠人把他自己的东西从他屋里拿走；可是屋子一定得封起来。他先生爱上哪儿住都可以。"

"不，他绝不让出屋子！……"

"怎么呢？"

"我要法院来个紧急处分，当庭宣告我们是合租屋子的房客，你不能赶走我们……你们尽管把画拿出来，分清哪是邦斯先生的东西，哪是我当事人的，凡是他的就得放在他屋里……明白没有，小子？……"

"我走我走！"老音乐家说，他听着这番可厌的辩论，忽然提起了精神。

"对啦，还是这办法聪明！"弗莱齐埃说，"你可以省点儿钱；这件小事打起官司来你也赢不了的。租约是真凭实据……"

"租约租约！"维勒摩回答，"这是事实问题！……"

"哼，那像刑事案子一样不能靠人证的……你预备由法院派人调查，勘验……要求临时判决，来整套的诉讼程序吗？"

"不，不！"许模克吓得直嚷，"我搬家，我走……"

许模克过的是哲学家生活，那种朴素简陋差不多有点玩世不恭的意味。他只有两双鞋子，一双靴子，两套完全的衣服，一打衬衫，一打颈围，一打手帕，四件背心，另外还有邦斯送的一支精美的烟斗，和一只绣花烟袋。他气愤之下，跑进屋子，把自己所有的东西都捡出来放在椅子上。

"这些都是我的！……还有钢琴也是我的。"他说话时那种天真淳朴，就跟古希腊的高人隐士一样。

"太太……"弗莱齐埃吩咐梭伐女人，"你找个人帮忙，把钢琴推出去，放在楼梯台上。"

"你也欺人太甚了，"维勒摩抢着对弗莱齐埃说，"发号施令有庭长在这儿，这件事只有他才能做主。"

"里头很有些值钱的东西呢。"书记官指着卧房说了一句。

"并且他先生是自愿出去的。"庭长也表示了意见。

"从来没看到这样的当事人。"维勒摩愤愤不平的，回过来对许模克生气了，"你简直是个脓包！……"

"反正一个人死在哪儿都一样！"许模克一边出门一边说，"这些人都张牙舞爪像老虎似的……那些破东西我叫人来拿就是了。"他又补上一句。

"你上哪儿去呀，先生？"

"听上帝安排！"指定承继人做了个满不在乎的手势。

"你得把住址通知我。"维勒摩嘱咐他。

"你跟着他去呀。"弗莱齐埃凑着维勒摩的耳朵说。

他们指定刚蒂南太太看守屋子,在邦斯剩下的款项内先拨了五十法郎给她。

许模克一走,弗莱齐埃就对维丹说:"事情进行得不错。你要愿意告老,把位置让给我,不妨去见见玛维尔庭长太太,你一定跟她谈得拢的。"

许模克在院子里回头对窗子望了最后一眼,法官在楼上看了对弗莱齐埃说:

"你碰上了一个窝囊废!"

"不错,事情已经十拿九稳了!你不必三心二意,就把孙女儿嫁给波冷吧,他要当养老院的主任医师了。"

"慢慢再说吧!——再见,弗莱齐埃先生。"法官很亲热的和他告别。

"这家伙倒真有几招,"书记官说,"他会抖起来的,这小子!"

那时刚好十一点,德国老头心里想着邦斯,不知不觉走上了他平日和邦斯俩走惯的路;他时时刻刻看到朋友,觉得他还在自己身旁;临了他走到戏院前面,看见多比那在里头走出来。多比那一边想着经理的蛮横,一边擦着各处的灯,刚把工作做完。

"哦!办法有了!"许模克叫着把当差拦住了,"多比那,你可有地方住呀?……"

"有,先生。"

"有家吗?"

"有,先生。"

"你可愿意管我的膳宿？喔！我很能出点钱，我有九百法郎年金呢……并且我也活不久了……我绝不打搅你，吃东西挺随便！唯一的嗜好是抽烟斗……跟我一起哭邦斯的只有你，所以我喜欢你。"

"先生，我还有不乐意的吗？可是先告诉你，高狄沙先生把我排揎了一顿……"

"排揎？"

"就是说骂了我一顿，因为我关切你的事……所以咱们得留点儿神，倘使你上我家去的话！可是我看你住不了的。你才不知道像我这等穷小子的家是怎么回事呢！……"

"我宁可跟一些有良心的，不忘记邦斯的穷人在一块儿，可不愿意跟人面兽心的家伙住在王宫里！我才在邦斯家看到些野兽，他们把什么都想吞下去呢！……"

"来，先生，你自己去瞧吧……我们有个阁楼……去跟我女人商量一下再说……"

许模克绵羊似的跟着多比那，由他领到一个可称为巴黎之癌的贫民窟里。那地方叫作鲍打弄，是条很窄的巷子，两旁的屋子都是地产商为了投机，盖得挺马虎的。巷子的起点，是篷地街上给圣·玛丁戏院的大厦——又是巴黎的一个疣——遮得黑魆魆的一段；弄内的路面比篷地街低，从斜坡上往玛多冷街方面低落下去，可是半中间给一条小巷子截住了，使整个鲍打弄成为T字形。这两条交叉的小巷里头，一共有六七层高的三十来幢屋子。屋子里的院子，住房，全做了各种工场和堆栈。这简直是小型的圣·安东阿纳城关。其中有做木器的，做铜器的，缝戏装的，做玻璃器具的，给瓷器上颜色的，总而言之，凡是制造各式巴黎货的工业，无不应有尽有。巷子跟它的商业一样肮脏一样发达，老是挤满了来来往往的人，大大小小的货车，一切景象教人看了恶心。满坑满谷的居民，正好跟周围的环境调和。他们都是些耍手艺的工匠，把所有的聪明都用在手艺上的人。因为租金便宜，人丁之旺不下于巷内出产的商品。多比那住在鲍打弄左手第二幢屋子的七层楼上，从他的公寓里可以望到几个大花园，那是属于篷地街上硕果仅存的几座大宅子的。

多比那的住屋包括两个房间，一个厨房。第一间房是孩子们睡的，摆着两张白木小床和一只摇篮。第二间是多比那夫妇的卧室。厨房兼做了饭厅。从白木扶梯上去，顶上有个六尺高而盖着锌片的假阁楼，开着一扇老虎窗。这小间既美其名曰下房，多比那的屋子也就够得上称为完全的公寓，而要花到四百法郎租金了。一进门有个小穿堂，靠厨房的圆窗取光，统共只有三间屋子的房门的地位。屋内是砖地，墙上糊的是六个铜子一卷的花纸，壁炉架的漆是模仿木头的恶俗颜色。住的五个人中间，三个是孩子，所以壁上凡是孩子的胳膊够得着的地方，全给划满了很深的沟槽。

75

一个不大舒服的家

有钱的人万万想不到多比那家里的厨房用具多么简单,统共只有一座灶,一口小锅,一个烤肉架,一只煮菜锅,一只平底锅,和二三只白铁咖啡壶。白的和土黄的搪瓷碗盏,全套只值十二法郎。厨房桌子兼做饭桌,另有两张椅子两个圆凳。灶下有一个篓,堆着煤和木柴。壁角的木桶是洗衣服用的,而洗衣服多半还得等到夜里。孩子们的卧房内,拴着晾衣服的绳子,墙上花花绿绿黏着戏院的招贴,报上剪下来的画片,或是有插图的书籍的说明书。屋角堆着大儿子学校里的课本。晚上六点父母到戏院上班以后,就由这孩子管家。好些平民家庭中的孩子,一到六七岁就对小兄弟小姊妹代行母亲的职司。

这段简单的描写,足以表明多比那夫妇是那些俗语所谓穷而清白的人。多比那大约四十岁,老婆名叫洛洛德,也有三十岁了。她当过合唱队的领班,据说做过高狄沙前任经理的情妇,当年还是个美人儿,但前任经理的失败对她大有影响,使她不得不跟了多比那。她相信只要他们两人能挣到一百五十法郎一月,多比那一定会补办结婚手续;他多么疼他的孩子,绝不肯让他们永远做私生子的。多比那太太早上空闲的时候,在家里缝制戏装,晚上在戏院当案目。这两个勇敢的小职员,花了天大的气力才挣到九百法郎一年。

"还有一层。"多比那从四楼起就对许模克这么说着;许模克伤心透了,迷迷糊糊的已分不清是在上楼还是下楼。

多比那像所有的员工一样身上套着件白围身,一开大门,就听见他太太大声嚷着:

"喂,孩子们,别嚷!爸爸来啦!"

大概孩子们对爸爸是要怎么就怎么的,所以老大照旧学着在奥令匹克马戏班看来的玩意,骑在扫帚柄上冲锋,老二吹着白铁笛子,老三尽量学着老大的样。母亲正在缝一套戏装。

"别闹!"多比那大吼一声,"再闹我要揍了!"——他又轻轻的对许模克说:"一定要这样吓吓他们的。"——然后他招呼老婆:"小乖乖,这位便是许模克先生,邦斯先生的朋友;他没有地方住,想搬到我们这儿来;我告诉他我们家里谈不上体面,又是在七层楼上,只能给他一个小阁楼……他还是要来……"

多比那太太端过一张椅子让许模克坐下;孩子们看到陌生人都愣住了,彼此挤在一起,不声不响的把他仔细打量,一忽儿也打量完了。儿童和狗一样,对人不是靠判断而是用鼻子闻的。许模克望着这群美丽的孩子,看到一个五岁的小女孩,长着漂亮的金黄头发,便是刚才吹喇叭的。

"她倒很像一个德国娃娃!"许模克说着,对她招招手要她过来。

"先生住到这儿来是怪不舒服的,"多比那太太说,"倘使我不需要把孩子放在身边,我可以腾出我们自己的卧房。"

她打开房门让许模克进去。这间屋是全家的精华所在:桃花木的床上挂着白镶边的蓝布床帷,窗上也挂着同样的蓝布帘。柜子,书桌,椅子,虽然全是桃花木的,倒也收拾得很干净。壁炉架上摆着一口钟和一对烛台,显见还是从前破产的经理送的,他的一幅恶劣的画像就挂在柜子高头。孩子们因为不准踏进这间屋子,这时都在伸头探颈的张望。

"先生住在这儿才好呢。"多比那太太说。

"不,不,"许模克回答,"我活不久的了,只是找个地方等死。"

关上房门,大家走上阁楼。一到那儿,许模克就叫道:

"这才对啦!……我没有跟邦斯同住以前,就是住的这种地方。"

"那么,只要买张折床,两条褥子,一个长枕,一个方枕,两张椅子,一张桌子。这也没有什么大不了,连洗脸盆,水壶,床前的脚毯在内,一百五十法郎就能对付了……"

一切商量停当,只缺少一百五十法郎。许模克看到这些新朋友的艰难,当时离开戏院又只有几步路,自然想到向经理去要薪水了……他立刻上戏院,找到了高狄沙。经理拿出他对付演员们的态度,又客气又有点紧张的样子接见许模克;他听到许模克来讨一个月的薪水,不由得奇怪起来。可是一查账,果然没错。

"嘿,朋友,你真了不起!"经理说,"德国人哪怕在悲伤的时候,也忘不了他们的账……我还以为你会谢谢我一千法郎的津贴,那等于你们一年的薪水,还该出张收据呢!"

"我们什么都没拿到,"德国人回答,"我今天来见你,是因为我给人家赶到了街上,身边一个子儿都没有……你把津贴交给谁的？"

"你们的看门女人！……"

"喔，西卜太太！"德国人叫起来，"她害了邦斯的性命，偷了他东西，把他出卖了……她还想烧掉他的遗嘱……简直是个流氓婆！是只野兽！"

"嗳，你是指定承继人，怎么会没有一个钱，没有地方住，流落在街上呢？这真叫作从何说起！"

"人家把我赶出了大门……我是外国人，一点不懂法律……"

"可怜的老头儿！"高狄沙心里想，他已经料到这场一面倒的官司是什么结果了。"你可知道你该怎么办吗？"他对许模克说。

"我有个代理人呢！"

"那么你趁早跟承继人和解，还可以从他们那儿得一笔钱和一笔终身年金，这样你就能太太平平的过日子啦……"

"我只要能太太平平的过日子！"许模克回答。

"好吧，让我来替你安排。"

原来弗莱齐埃上一天已经把计划跟高狄沙谈过了。

76

高狄沙的慷慨

高狄沙以为替庭长夫人解决了这件肮脏事,一定能讨包比诺子爵夫人母女俩的喜欢;他想立了这一功,将来至少也得当个参议官。

"我全权拜托你吧……"许模克说。

"行!第一我先给你三百法郎……"这位戏院里的拿破仑从皮包里掏出十五枚金路易递给许模克。

"这是预支你六个月的薪水;要是你离开戏院,就还我这笔钱。咱们来算一算你每年要多少开支,要怎么样才过得快活。来!来!譬如你过着阔老的生活,你得花多少钱?……"

"我每年只要一套冬季衣服,一套夏季衣服……"

"三百法郎!"高狄沙说。

"四双鞋……"

"六十法郎。"

"袜子……"

"就算一打吧!三十六法郎。"

"六件衬衫。"

"布料子的,二十四法郎;再加六件府绸的,四十八法郎;以上一共四百六十八法郎,加上领带手帕等等,就算五百吧,加一百法郎洗衣服……六百!还有伙食,你要多少?……一天三法郎行吗?"

"喔,太多了!……"

"可是你还得头帽子呢……那就是一千五,五百房租,两千。要不要我替你要求两千法郎的终身年金?到期照付,绝不拖欠。"

"还有我的烟草呢?"

"那么再加四百!哎,许模克老头,你管这个叫作烟草吗?……行,你要烟草就给你烟草。那就是两千四的年金。"

"我的账还没完呢,我还要一笔现款……"

"哦!还要佣金!对啦!这些德国人还说自己天真!瞧他这个老奸巨猾!……"高狄沙心里这么想着,问道:"你还要什么呢?先告诉你,这是最后一笔,不能再节外生枝了。"

"那是为了一笔神圣的债。"

高狄沙私下想:"债!……想不到他这么坏,比浪子还要不得!居然会造假账,拿出些借票来!得趁早拦住他。那弗莱齐埃是手面很小的!"——他接着说:"什么债呀,朋友?你说罢!……"

"跟我一起追悼邦斯的只有一个人……他有个可爱的小女孩子,头发真漂亮,我刚才看见她,就像看到了我亲爱的德国!……当初我就不应该离开德国,巴黎不是我们住的地方,大家拿我们打哈哈……"他微微摆了摆脑袋,仿佛把人情世故看透了似的。

"他疯了！"高狄沙对自己说。

可是经理对这个忠厚的人也动了恻隐之心，不禁冒起一颗眼泪。

"啊！经理先生，你明白了我的意思！那小姑娘的父亲就是多比那，在乐队里当差，管点灯什么的；邦斯在的时候很喜欢他，常常照顾他；只有他一个人陪着我把邦斯送上教堂，送上公墓……我要拿三千法郎送给他，另外拿三千法郎给他女儿……"

"可怜的好人！……"高狄沙暗暗的想。

多比那送邦斯的葬，在一般人看来完全是不足道的小事，许模克却看作像鲍舒哀说的一杯水一样[1]，比征略者打的胜仗还重要：这点高尚的心胸使那位贪婪成性的暴发户也大为感动。因为高狄沙虽然虚荣，虽然极想不择手段的往上爬，跟他的老朋友包比诺并驾齐驱，骨子里还是有良心的。

他觉得刚才把许模克看错了，便一口答应说：

"没有问题，你要的款子我都替你办到！亲爱的许模克，我还想再进一步的帮忙。多比那是个诚实可靠的人……"

"是的，我才看到他跟他清苦的家庭，他多喜欢那些孩子呵……"

"鲍特朗老头辞职了，我想叫多比那当出纳……"

"喔！上帝保佑你！"许模克嚷着。

"那么，我的好人，你今晚四点到公证人贝蒂哀家里去；我替你把一切都办妥，老年的生活你别愁了……你要的六千法郎也照给，在乐队里你帮着迦朗育，像跟邦斯一样，照旧支你的原

---

[1] 鲍舒哀为法国十七世纪有名的说教家，曾言给穷人的一杯水，在最后审判时评量善恶功过的天平上极占重要。

薪……"

"唉！我怎么还活得下去！……我对什么都没心思了……我觉得自己完了……"

"可怜的绵羊！"高狄沙一边跟告退的德国人行礼，一边想。"不过，话得说回来，人总是吃荤的。"歌曲大家裴朗越说得好：

可怜的绵羊，早晚得给人剪毛！

他哼着这两句，想排遣心里的感触。

"教他们预备车子。"他吩咐当差。

一忽儿他下楼，对马夫嚷道："上汉诺威街！"

野心家的面目又整个儿恢复了，他眼里看到了参事院。

夺回遗产的办法

那时许模克买了花,买了点心,差不多很高兴的捧着去给多比那的孩子。

"我带点心来啦!……"他微笑着说。

这是他三个月来第一次的笑容,令人看了只觉得不寒而栗。

"可是有个条件。"他补上一句。

"先生,你太好了。"孩子们的母亲说。

"得让我抱一下这小女孩儿,还要她把花编在辫子里,像德国小姑娘一样!"

"奥尔迦,你得听先生的话,他要你怎办就怎办……"母亲沉着脸吩咐。

"别对我的德国娃娃这么凶啊!……"许模克嚷着。他在这个女孩子身上看到了他亲爱的祖国。

"你的东西我已经叫三个挑夫在那里搬来了!……"多比那从外边进来说。

"啊!朋友,"德国人招呼他,"这儿两百法郎是做开销的……你太太真好,将来你要跟她正式结婚的,是不是?我送你三千法郎……再送你女孩儿三千法郎做陪嫁，你给她存起来。你也不用再做当差，马上要升作戏院的出纳了……"

"我？接鲍特朗老头的差事？"

"是啊。"

"谁跟你说的？"

"高狄沙先生。"

"喔！那真要乐疯了！——哎！洛莎丽，戏院里的人不是要忌妒死了吗！——这简直不可能！"

"咱们的恩人怎么可以住在阁楼上？……"

"我活也活不了几天，有这么个地方住也很好了，"许模克说，"再见！我要上公墓去……看看他们把邦斯怎办了……还得给他墓上送些花去。"

加缪索庭长太太那时正焦急到极点。弗莱齐埃在她家里跟公证人贝蒂哀和诉讼代理人高特夏商量了一番。贝蒂哀和高特夏认为那份当着两位公证人和两个见证立的遗嘱，绝对推翻不了，因为汉纳耿起的稿子措辞非常明确。据正派的高特夏说，即使许模克被他现在的法律顾问蒙蔽一时，早晚也会给人点醒，因为想找机会出头而乐于帮忙的律师有的是。贝蒂哀和高特夏，不消说，早已把弗莱齐埃的底细打听清楚，所以等他在邦斯家办妥封存手续回来的时候，特意请庭长太太把他邀到庭长书房里去起草传票底稿；然后他们劝她提防弗莱齐埃。他们觉得加缪索先生以庭长的身份绝不宜牵入这种不清不白的事。两人把话说完就走了。

"哎，太太，那两位先生呢？"弗莱齐埃走出来问。

"走啦！……他们劝我放弃这件事！"玛维尔太太回答。

"放弃！"弗莱齐埃勉强抑捺着胸中的怒意说，"太太，您听着……"

于是他念出代执达吏起草的传票底稿：

兹据××××××状称……（套语从略）事缘汉纳耿与克洛泰二公证人，会同两外籍证人勃罗纳与希华勃，将故邦斯先生遗嘱送呈地方法院，请求执管遗产在案。查故邦斯先生将遗产赠予德国人许模克先生之行为，实属侵害具状人之权利；因具状人乃系故邦斯先生之法定的血亲继承人，而邦斯先生生前亦明白表示愿将遗产授予具状人之生女赛西尔小姐。关于此点，具状人可提出社会上素有声望之人士为证。讵许模克先生不惜以卑鄙伎俩，非法手段，乘病人神志昏迷之际赚取遗嘱；甚至于事先禁锢邦斯先生，使其不能接见家属，以遂其夺取遗产之阴谋；而一旦目的达到，于主办邦斯先生丧葬之时，许模克立即忘恩负义，行同禽兽，致引起邻里公愤。此外尚有其他罪行，具状人现方搜集证据，以备日后当庭陈述。基于上述理由，具状人特请求法院宣示撤销故邦斯先生遗嘱，并将其遗产判归血亲继承人依法执管。据此，本执达吏依法当面票传许模克于×月×日到庭，听候审理撤销故邦斯遗嘱一案。本执达吏并根据具状人请求，反对许模克取得受遗赠人之身份，并

反对其执管遗产……（下略）[1]

"庭长太太，我知道那个人的，他一收到这张请帖就会让步。他跟泰勃罗一商量，泰勃罗就会劝他接受我们的办法！您愿不愿意送他三千法郎的终身年金呢？"

"当然愿意，我恨不得现在就把第一期的款子给付了。"

"喔，三天之内一定办妥……他悲痛之下，拿到这张传票会大吃一惊的，因为这可怜虫的确在那里哀悼邦斯。他把朋友的死看作很大的损失。"

"传票送了出去还能收回吗？"庭长太太问。

"当然能收回，太太，案子随时可以撤销的。"

"那么，先生，行了！……你去办吧！……你替我张罗的那份家私值得我们这样干的！我已经把维丹先生退休的事给安排好了，只要你给他六万法郎；这笔钱将来在邦斯的遗产项下支付。所以你瞧……我们非成功不可！……"

"他已经答应辞职了吗？"

"答应了；维丹绝对听庭长的话……"

"好吧，太太，我早先预备给西卜太太，那个下流的看门女人，六万法郎，现在我替您省掉了。可是梭伐女人的烟草牌照一定得给的，还有我朋友波冷，希望能补上养老院主任医师的缺。"

---

[1] 法国执达吏的职权，除执行法院判决，为强制执行及假扣押等以外，得签发诉讼案件及非诉讼案件的传票，并负责送达。又以许模克委托泰勃罗为代表而论，执达吏似亦能接受私人委托代办非诉讼案件，但此点在现代法国诉讼程序上无可查考。又执达吏另有事务所，雇有书记等等助理其事。

"没有问题，都预备好了。"

"那么万事齐备了……为这件事大家都在替您出力，就是戏院的经理高狄沙也很帮忙。昨天我去看他，因为戏院里有个当差可能跟我们捣乱，高狄沙答应把他压下去。"

"哦！我知道。高狄沙完全是包比诺家的人！"

弗莱齐埃走了。可是他没有碰到高狄沙，那份催命符一般的传票马上给送了出去。

二十分钟以后，高狄沙来报告他和许模克的谈话，那时庭长太太心中的欢喜，是一切贪心的人都能了解，一切诚实的人都切齿痛恨的。她完全赞成高狄沙的办法，觉得他的话入情入理，而且自己的顾虑也给他一扫而空了，更对他感激不尽。

"庭长太太，"他说，"我来的时候就想到，那可怜虫有了钱还不知道怎办呢。他的忠厚淳朴，简直像古时的长老。那种天真，那种德国人脾气，竟可以把他放在玻璃罩底下，像蜡制的小耶稣般供起来！我看他拿了两千五年金已经为难死了，要不荒唐一下才怪呢……"

"戏院里的当差追悼我们的舅舅，他就送他一笔钱，足见他宅心仁厚。当初就怪那件小事，造成了我跟邦斯先生的误会；要是他再到我们家来的话，一切都会原谅他的。你真不知道我丈夫多么想念他。这一回没有得到他的死讯，庭长心里难过得不得了；他对亲属之间的礼数看得极重，要是知道了邦斯舅舅故世，一定要上教堂，要去送丧，连我也会去参加他的弥撒祭的……"

"那么，美丽的太太，"高狄沙说，"请你教人把和解据预备起来；准四点，我替你把德国人带来……太太，希望你在令爱包比诺子爵夫人面前为我吹嘘吹嘘；也希望她对她的公公，对我那位显赫的老朋友,对这个大政治家提一句,说我对他所有的亲属都愿意尽心出力,请他继续高抬贵手,提拔提拔我。他那个当法官的叔叔救过我的命,这几年他又让我发了财……太太,像你跟令爱这样有权有势的人,当然是众望所归,万人景仰,我很想沾点儿光。我的计划是想脱离戏院,做个有作为的人。"

"你现在不是很有作为了吗,先生?"

"你太好了!"高狄沙说着,吻着庭长太太那只干枯的手。

结　局

　　当天四点钟，贝蒂哀公证人的事务所里，陆续来了和解书的起草人弗莱齐埃，许模克的代理人泰勃罗，还有许模克本人也由高狄沙陪着来了。弗莱齐埃在贝蒂哀的书桌上放着六千法郎和第一期的年金六百法郎钞票，有心让许模克看到。他果然看了那许多钱愣住了，对于人家宣读的和解书内容，连一个字都没听进去。可怜虫在墓上向邦斯默祷了一番，说不久就要去跟他相会。他在回家的路上给高狄沙拉到了这儿。经过多少打击之后，他神智早就不大清楚，这时更有点神魂恍惚；所以和解书上说许模克亲自到场，由代理人泰勃罗在旁协助，以及庭长为女儿提起诉讼等等的案由，许模克一概没有听见。那时德国人显而易见当了个倒霉角色，因为他签这份和解书，等于承认弗莱齐埃状子上的话是事实。但他看到有这么多钱可以拿去给多比那，让那个唯一敬爱邦斯的人有好日子过，简直高兴之极，再也不把什么和解据听在耳里。他们把文件念到一半，贝蒂哀手下的一个书记进来向主人报告说：

　　"先生，有个人要找许模克先生……"

公证人看见弗莱齐埃做了个手势，便特意耸了耸肩膀，说道：

"我们在签订文件的时候，千万别来打搅！你去问问那个人的姓名……是个普通人还是上等人？是不是什么债主？……"

书记回来报告说："他一定要跟许模克先生说话。"

"他姓什么？"

"多比那。"

"我去，你尽管签字，"高狄沙对许模克说，"让我去问他有什么事。"

高狄沙明白了弗莱齐埃的意思，他们都咂摸到可能有点儿危险。

"你到这儿来干什么？"经理对当差说，"难道你不想当出纳吗？出纳员第一个条件是谨慎小心。"

"先生……"

"你走吧；再管闲事，你的差事就砸了。"

"先生，倘使每一口面包都要塞着我喉咙管，我是咽不下去的！——许模克先生！"他叫起来。

许模克签过了字，手里抓着钱，听见多比那的声音，跑来了。

"这是给你和德国娃娃的……"

"哎啊！亲爱的许模克先生，那些狐群狗党想破坏你名誉，你倒让他们发了财。我把这张传票给一个规矩人，一个认得弗莱齐埃的诉讼代理人看过了，他说你不应该怕打官司，他们作恶多端，应当受点儿惩罚，并且你一接受他们的诉讼，他们会退缩的……你把这个文件念一念吧。"

这位冒失的朋友把送到鲍打弄的传票递给许模克。许模克接过来念了，才知道受了诬蔑，可还不明白这些糟蹋他的话是怎回事，只觉得挨了一个闷棍。他心口好似给一颗石子塞住了，当场晕倒在多比那怀里。他们正在公证人屋子的大门下，恰好有辆车在街上过，多比那就把可怜的德国人抱上了车。他已经发作脑溢血，眼睛看不清了，可还挣扎着把钱交给多比那。许模克并不就死，但从此没有清醒过来，不饮不食，只有些无意识的动作。十天之后，他死了，连哼也不哼一声，因为他早已不能开口。他病中由多比那太太服侍；死后由多比那张罗着，无声无臭的给埋了，就葬在邦斯旁边；送丧的人也只有多比那一个。

弗莱齐埃当上了初级法庭庭长，在加缪索府上走得很熟。庭长夫人非常赏识他，不赞成他娶泰勃洛那等人的女儿，答应给他介绍一门比这个胜过万倍的亲事。庭长太太觉得，不但买进玛维尔的草场跟庄子都是他出的力，连庭长在一八四六年国会改选时当选议员也是他的功劳。

本书的故事，不幸连许多细节都是事实；它与它的姊妹作[1]放在一起，更足证明人的性格在社会上有极大的作用。读者谅必都想知道本书主人翁的下落；而我说的主人翁，凡是收藏家，鉴赏家，古董商，全会猜到是指邦斯的收藏。那么只要把下面一段对话提一提就行了，因为就在不久以前，包比诺伯爵招待几个外国人在家里看画。

"伯爵，你收藏的全是宝物！"一个英国绅士说。

"喔！爵爷，"包比诺很谦虚的回答，"关于图画的收藏，不但在巴黎，就是在欧洲，也没有人敢和那不知名的犹太人，叫作埃里·玛古斯的相比。他是个怪物，可以说是收藏图画的巨

---

[1] 指《贝姨》。《邦斯舅舅》与《贝姨》为巴尔扎克最后两部小说（本书发表尤在《贝姨》之后），统称为"穷亲戚"，故此处谓为姊妹作。

擘。他搜集的一百多幅画，简直教所有的收藏家望而却步，不敢再想收藏。法国政府真该花上七八百万，等这个守财奴故世之后把他的美术馆买下来……至于古董古玩，那么我的这一批还不算坏，值得人家一提的了……"

"可是像你这样的忙人，你当初的家业又是光明正大靠经商挣来的，怎么能……"

"对啦，"包比诺伯爵接口道，"靠卖药起家的，怎么会再去买进些起码东西……"

"不是这意思，"外国客人抢着说，"我奇怪你怎么能有时间去找！古玩古董不会自己来找你的……"

"我公公喜欢美术，原来就有些收藏，"包比诺子爵夫人插言道，"可是宝物之中最大的部分是我从家里带来的！"

"怎么，太太，是你带来的！……你这样年轻，已经有这种癖了？……"一位俄国亲王说。

俄国人最喜欢模仿别人，所以一切文明的病都会在他们国内蔓延。玩古董的习气在圣·彼得堡风靡一时，再加他们那种天真的勇猛，把货价抬得那么高，简直令人没法再买东西。那位亲王便是专程到巴黎来收古董的。

"王爷，"子爵夫人说，"这批宝物是一个非常喜欢我的舅公传给我的。他从一八〇五起，花了四十多年在各地收集这些精品，主要是在意大利……"

"他姓什么？"那位英国爵爷问。

"邦斯！"加缪索庭长回答。

"他是个挺可爱的人，"庭长太太装着很甜蜜的声音，"挺有风趣，挺古怪，同时心地又好得不得了。爵爷，你刚才赞美的那把扇子,原是篷巴杜夫人的遗物,邦斯先生送给我的时候还说过一句妙语,可是原谅我不告诉你了……"

她说完了望着女儿。

"子爵夫人,"俄国亲王说,"请你告诉我们吧。"

"哦,那句话跟扇子一样名贵!……"子爵夫人回答,她说话就喜欢用这种滥调,"他对家母说:宠姬荡妇之物,早该入于大贤大德之手。"

英国爵爷望着玛维尔太太,那种表示不信的神气,在一个毫无风韵的女人是看了最舒服的。庭长太太接着又说:

"他每星期要在我们家吃三四次饭,他真喜欢我们!我们也非常了解他;艺术家最得意的是有人赏识他们的才气。并且玛维尔先生是他独一无二的亲属。可是他得这笔遗产完全是出乎意外。包比诺伯爵不忍心让这批收藏给送出去拍卖,便全部买了下来;而我们也觉得这么办最合适。倘使把舅舅多么爱好的精品散失出去,我们心里也不好过。给这批东西估价的便是埃里·玛古斯……爵爷,我们这样才买下了令叔在玛维尔盖的那所别庄,以后还希望你赏光上那儿去玩。"

高狄沙把戏院盘给别人已有一年了,多比那还在那里当出纳。可是他变得沉默寡言,愤世嫉俗;人家觉得他像犯了什么罪;戏院里某些缺德的人,还说他的抑郁不欢是娶了洛洛德的缘故。诚实的多比那,只要听见弗莱齐埃的名字就会吓得直跳。也许有人奇怪,品格配得上邦斯的人只有一个,而这一个倒是戏院里的小职员。

雷蒙诺克太太鉴于风丹太太的预言,不愿意住到乡下去养老;她在玛特兰纳大街上一家漂亮铺子里又做了寡妇。雷蒙诺克因为婚约上订明夫妇一方死亡时,遗产即归对方承受,便有心在老婆身边摆着一小杯硫酸,希望她无意中会弄错;他老婆看见了,好意把杯子换了个地方,不料雷蒙诺克竟拿去一饮而尽。这恶棍的下场当然是自食其果,同时也证明上帝还是有赏罚的。一般人往往责备描写社会风俗的作家把这一点给忘了,其实是大家看那种千篇一律的,善有善报,恶有恶报的戏看得太多了。

书中倘有誊写错误,幸请读者原谅[1]。

一八四七年五月　巴黎
一九五二年二月　译

---

[1] 巴尔扎克自知对文字风格不甚讲究,故将此种责任推与誊写人负责,以示俏皮。

图书在版编目（CIP）数据

邦斯舅舅 /（法）巴尔扎克著；傅雷译. -- 上海：文汇出版社，2018.3
（人间喜剧）
ISBN 978-7-5496-2326-6

Ⅰ. ①邦… Ⅱ. ①巴… ②傅… Ⅲ. ①长篇小说－法国－近代 Ⅳ. ①I565.44

中国版本图书馆CIP数据核字（2018）第061343号

邦斯舅舅

作　　者　/　（法）巴尔扎克
译　　者　/　傅　雷

责任编辑　/　周小诠
特邀编辑　/　周　娇　姚红成
封面装帧　/　李子琪　刘　倩

出版发行　/　文匯出版社
　　　　　　上海市威海路755号
　　　　　　（邮政编码 200041）
经　　销　/　全国新华书店
印刷装订　/　北京盛通印刷股份有限公司
版　　次　/　2018年5月第1版
印　　次　/　2018年5月第1次印刷
开　　本　/　890mm×1270mm　1/32
字　　数　/　263千字
印　　张　/　12.75

ISBN 978-7-5496-2326-6
定　　价　/　489.90元（全十册）

侵权必究
装订质量问题，请致电010-87681002（免费更换，邮寄到付）

认准读客熊猫

读客所有图书，在书脊、腰封、封底和前后勒口都有"**读客熊猫**"标志。

两步帮你快速找到读客图书

1、找读客熊猫　　　　　2、找黑白格子

马上扫二维码，关注**"熊猫君"**

和千万读者一起成长吧！

激发个人成长

  多年以来,千千万万有经验的读者,都会定期查看熊猫君家的最新书目,挑选满足自己成长需求的新书。

  读客图书以"激发个人成长"为使命,在以下三个方面为您精选优质图书:

1、精神成长

熊猫君家精彩绝伦的小说文库和人文类图书,帮助你成为永远充满梦想、勇气和爱的人!

2、知识结构成长

熊猫君家的历史类、社科类图书,帮助你了解从宇宙诞生、文明演变直至今日世界之形成的方方面面。

3、工作技能成长

熊猫君家的经管类、家教类图书,指引你更好地工作、更有效率地生活,减少人生中的烦恼。

每一本读客图书都轻松好读,精彩绝伦,充满无穷阅读乐趣!

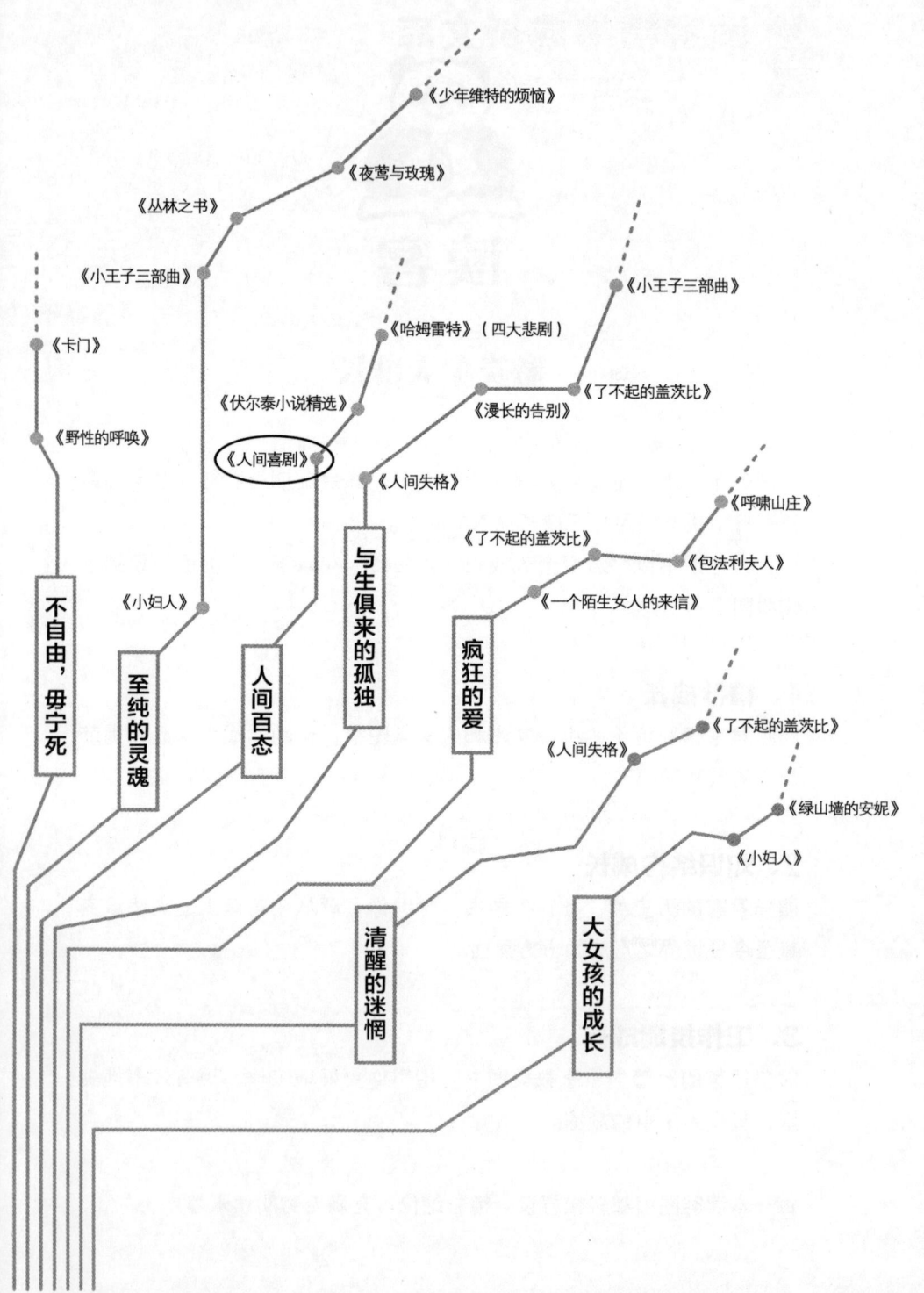

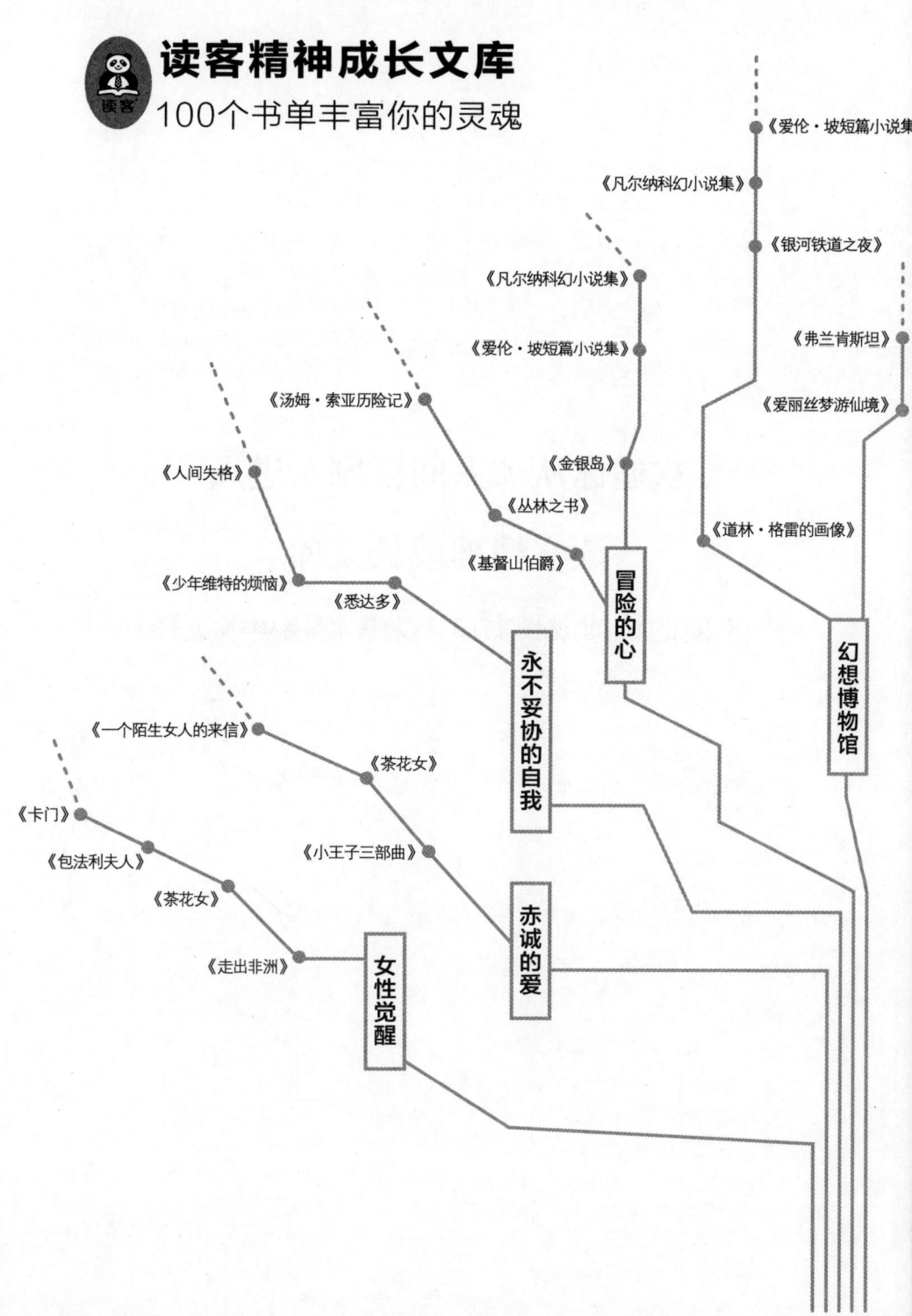

欢迎你从《人间喜剧》进入

读客精神成长文库

不同的精神成长书单,为你提供更多选择